国家社科基金
GUOJIA SHEKE JIJIN HOUQI ZIZHU XIANGMU
后期资助项目

多边平台理论视域下政府的平台型治理研究

Platform-based Governance from Perspective of
Multi-sided Platform Theory

刘家明　著

WUHAN UNIVERSITY PRESS
武汉大学出版社

图书在版编目(CIP)数据

多边平台理论视域下政府的平台型治理研究/刘家明著.—武汉：武汉大学出版社,2024.1(2024.12 重印)
国家社科基金后期资助项目
ISBN 978-7-307-24267-8

Ⅰ.多⋯　Ⅱ.刘⋯　Ⅲ.互联网络—应用—国家行政机关—行政管理—研究—中国　Ⅳ.D630.1-39

中国国家版本馆 CIP 数据核字(2024)第 019706 号

责任编辑:朱凌云　　　责任校对:李孟潇　　　版式设计:韩闻锦

出版发行:**武汉大学出版社**　　(430072　武昌　珞珈山)
（电子邮箱：cbs22@whu.edu.cn　网址：www.wdp.com.cn）
印刷:武汉邮科印务有限公司
开本:720×1000　1/16　印张:17.75　字数:305 千字　插页:1
版次:2024 年 1 月第 1 版　　2024 年 12 月第 2 次印刷
ISBN 978-7-307-24267-8　　定价:79.00 元

国家社科基金后期资助项目（21FGLB077）

国家社科基金后期资助项目
出版说明

后期资助项目是国家社科基金设立的一类重要项目，旨在鼓励广大社科研究者潜心治学，支持基础研究多出优秀成果。它是经过严格评审，从接近完成的科研成果中遴选立项的。为扩大后期资助项目的影响，更好地推动学术发展，促进成果转化，全国哲学社会科学工作办公室按照"统一设计、统一标识、统一版式、形成系列"的总体要求，组织出版国家社科基金后期资助项目成果。

全国哲学社会科学工作办公室

序 一

　　"政府搭台、市场运作、社会唱戏"是我们在完善中国特色社会主义市场经济体制中创新出的经济社会发展有效模式，也是日益清晰的中国之"治"：平台型治理模式。"平台型治理"源于西方国家的新公共管理运动，但已经在我国十八大以来的政府改革实践中凝练出鲜明的"中国特色"。现在本书讨论的平台型治理模式，是指公共部门（政府或政府部门）在治权放开和专项赋权的同时，建立多边公共平台，然后通过政策，引导利益相关者与公共平台连接，以促进供需匹配与互动合作，实现交易成本降低的公共物品供给模式。平台型治理是基于多边平台运行模式及创价机理的治理范式，是政府生态共建、共治、共享的治理模式，是一种包容性、综合性很强的治理工具体系。正如作者在文中指出"平台型治理放弃了公共产品由政府或市场来生产的简单二分法，选择多元主体基于多边公共平台开展合作供给，是对政府生产经营模式与行政化管理等管控型治理模式的颠覆与部分替代；平台型治理更加强调开放的治理权力与共治的操作框架，是对网络治理与协同治理的扬弃、修补与进化"。平台型治理是政府迎接平台时代、融入平台社会、抓住平台机遇，推动平台经济社会规范健康发展的需要，对于创新政府治理机制、提升治理效能、推进治理现代化，具有重要的实践意义与现实价值。

　　近年来，我国的平台型治理模式越来越广泛地在政府改革的实践中得到运用。一方面，传统的社区服务中心、就业服务中心等单边生产平台出现向多边平台转型的趋势；另一方面，中国政府在国际交流合作、民主政治与廉政治理、平台经济发展、公共服务供给与社会合作治理等越来越多的领域，创建平台载体、应用平台技术、推广平台模式，开启了新时代政府平台型治理的新格局。然而，平台型治理毕竟是"新生事物"，我们非常有必要建构平台型治理的理论体系，并阐释平台型治理的机理逻辑，阐述平台型治理的操作框架、运作模式，以及政府的平台领导角色。刘家明教授的《多边平台理论视域下政府的平台型治理研究》一书正是在这样的背景下问世的。

本书的研究主题就是基于多边公共平台的政府平台型治理的理论与实践。家明博士从平台时代背景出发，梳理多边平台的已有理论研究成果，基于政府治理能力现代化的立场，系统研究了政府何以推行平台型治理、平台型治理如何运行，如何创造价值、如何推行平台型治理等基本理论和实际问题。本书还以政府多边平台模式应用最成功的广交会与进博会为案例，深入探讨了政府在公共服务供给领域推广多边平台模式的可能性、可行性，以及平台型治理的适用条件和范围。最后展望了政府平台革命的前景、平台性政府的组织范式，提出了推进平台型治理的机理与策略。总体看，本书的理论体系是完整的，论证推演是严谨的，研究方法也是规范的。更可贵的是，本书能够提出一些颇具新意的学术思想，如提出并论证了政府的平台领导角色与职能、治权开放与赋权释能、平台性政府概念的内涵等，还构建了平台型治理的创价机理、绩效因子、选择逻辑及适合性判定等模型，展望了政府平台革命的向度、进阶与样态，等等。这些理论研究在本领域都是具有开拓和前瞻意义的。

作为刘家明的博士课程的教师和论文答辩专家，我知道本书是对其博士论文《多边公共平台战略研究》的继续拓展和深化。家明在读博期间就对当时还是新兴领域的政府平台或称公共平台型治理问题产生了浓厚的兴趣，并执意选择这个问题作为博士论文选题。这样算来，他执着于政府平台型治理问题的研究已经超过 10 年了。很高兴看到家明博士多年的学术耕耘已经取得了丰硕的成果。他在公共平台领域的研究获批了国家社科基金项目和多项省部级项目，出版了 3 部专著，还在 CSSCI 和核心期刊发表相关论文近 20 篇，并荣获省厅级学术奖励近 10 项。部分成果被著名学术公众号"公共管理共同体"及人大复印资料、社会科学文摘转载。这些成果让家明在国内平台型治理领域产生了一定的影响力。我非常期待看到家明更多高质量的研究成果！

中国石油大学克拉玛依校区、原中南财经政法大学　徐双敏教授

签名：

2023 年 11 月 6 日

序　二

　　步入 21 世纪以来，多边平台经济模式与互联网平台技术模式加速融合并席卷全球，引爆了平台革命，对各行各业和各类组织产生了深远的颠覆性影响。由此将世界带入平台革命时代和平台经济社会，同时正在公共治理领域产生广泛而又深刻的影响，注定了"21 世纪必然是平台的世纪"。平台革命时代与平台经济社会为政府平台型治理提供了时代逻辑、经济基础与社会土壤。多边平台作为一种组织运作形式、合作战略模式与综合性资源配置方式，在公共事务领域同样彰显着重要的治理价值。基于政府多边平台的平台型治理范式正在全球范围内兴起。

　　Evans 和诺贝尔经济学奖得主 Tirole 开拓的平台战略学与多边平台经济理论，发展至今已形成完整的理论体系，并且开枝散叶正在向平台组织学、平台社会学、平台规制理论拓展，为政府多边平台及平台型治理理论提供了一定的理论支撑和借鉴参考。政府与企业同属于资源配置机制，自然可以应用多边平台的组织形式、战略模式与资源配置方式，但却与企业在外部环境、产权属性、价值追求等方面有着根本的不同。为此，政府平台战略与平台型治理需要建构本土的、自主的、"纯正"的理论话语体系。

　　刘家明博士的专著《多边平台理论视域下政府的平台型治理研究》正是在平台革命时代背景、平台战略实践启发下与多边平台理论基础上开展政府自主理论建构与创新的一种尝试。这种尝试以适合于多元供给与合作共治的政府多边平台或多边公共平台为对象，既与传统的政府平台研究文献中的单边生产平台截然不同，也有别于当下大行其道、炙手可热的数字治理研究成果中的数字技术平台，体现了研究对象的突破性与研究选题的开拓性。绝大多数既有成果从技术治理及其工具理性开展政府平台研究，或者从企业多边平台的案例及成功经验中借鉴研究政府多边平台与平台型治理，而本成果从多边平台理论视角，结合的是传统社区服务中心、公共就业服务中心多边平台化转型后的平台型治理实践，因此有助于构建本土的、"纯正"的理论体系。

当前，学界有关"平台治理"的研究成果可谓汗牛充栋。但不外乎有三种研究取向：一是平台自治，即平台组织内部的常规治理或生态系统内部的共治机理；二是外部主体主要是政府机构"对平台的治理"，即假设平台存在负外部性条件下对平台风险的防治与平台失灵的治理；三是"基于平台的治理"，并进一步分为基于数字平台的技术性治理和基于多边平台模式的制度性治理，这是以假设平台存在正外部性为前提的。"平台自治""对平台的治理"与基于数字平台的技术性治理，共同构成了时下平台经济管理研究和公共管理研究的主流。为此，我们不能对"平台""平台治理"有着先入为主的执念而影响对本书中平台与平台型治理的理解。

刘家明博士旗帜鲜明地选择基于多边公共平台的政府治理范式与治理机制，虽不入主流与正统，但却另辟蹊径、独树一帜。其理论价值是不言而喻的：其一，从基于生产平台的整体性治理、基于数字平台的技术治理转向基于多边平台的平台型治理，有助于推进国内政府多边平台及平台型治理研究与国际接轨，诚如作者在文献综述指出的那样，平台型治理正在彰显重要的公共治理价值，并正在成长为一种新兴的治理理论模式。其二，推动多边平台经济理论向政府平台型治理理论的拓展，促进政府治理理论的发展与创新。"治理理论丛林"试图整合政府、市场与社会的力量，却无法给出明确的操作框架，易于构建实施框架和操作性更强的平台型治理为此提供了答案。从多边平台理论视角探索平台型治理机理，有助于推动政府生态共建共治共享与公共品多元供给的理论创新。当然，其现实意义是不言而喻的，平台型治理模式能够更好地发挥多边平台在组织和整合供给侧资源、促进供需匹配与协作创新、降低交互与协作成本等强大的互动共治促进功能，由此对于促进公共产品多元供给、公共服务协作创新、公共事务合作共治意义显著，对于政府创新治理机制、提升治理效能、推进治理现代化意义重大。

本成果将经济学与战略学领域的国际前沿——多边平台理论引入政府治理领域，是一种敢为人先的借鉴与尝试。虽然与政府平台型治理直接相关的成果不多，在理论基础支撑和文献参考借鉴方面带来了本土化、自主性理论建构的挑战，亦形成了本研究可能的不足。然而，作者从2012年开始就坚定地选择了政府多边平台的研究方向，在质疑、否定和突破中接受挑战，在该方向坚持了10余载的阅读、思考与写作，体现了难能可贵的学术执著精神与专注力。我在2017年有缘参加了作者的博士学位论文

《多边公共平台战略研究》答辩，亲身体会了刘家明博士敏锐的学术意识与厚重的知识基础。"十年磨一剑"，最终获批了国家社科基金后期资助项目，成就了本书《多边平台理论视域下政府的平台型治理研究》开阔的理论视野、扎实的理论基础、严谨的理论推演和比较完善的理论体系。

因此，欣然作序，予以推荐。

武汉大学　陈世香教授

签名：陈世香

2023 年 11 月 5 日

前　言

平台革命向公共治理领域的扩散推动着平台型治理，平台时代与平台经济社会呼唤着政府的平台型治理。平台革命将世界带入平台时代，正在公共治理领域产生广泛而深远的影响。平台型治理是在政府等公共部门治权开放及赋权释能的基础上，将多元利益相关者联接在多边公共（政府）平台上，利用平台的空间载体、治理规则及运行模式，整合供给侧资源，促进供需匹配与互动合作，以创造公共价值的一种生态系统共治模式。多边平台凭借强大的生态成员联接与资源整合、供需匹配、互动促进与激发创新、规模经济效应及降低交易成本等功能得到了我国各级政府的高度重视。多边平台在社会治理和公共服务领域的广泛应用迫切需要平台型治理理论的指导，同时亟待理论研究的跟进。

政府为社会搭台唱戏已成为中国之治的常态和缩影。党的十九大报告确立了国家治理体系与治理能力现代化的改革目标，十九届四中全会对此进行了战略部署，并强调社会治理创新与社会治理共同体建设。多边平台就是这样的治理支撑体与"社区共同体"（Evans，2007）。在平台时代，众多公共品生产平台纷纷向多边平台转型并开展平台型治理，基于政府多边平台的平台型治理有助于提升政府治理效能，对于创新政府治理机制、推进治理能力现代化意义重大。

鉴于"多边平台"及"平台型治理"概念为舶来品，本书第一章开展了研究述评，交待了理论渊源、理论基础及研究进展、研究启示。第二章阐释了提出平台型治理的背景及意义，重点探讨了其内涵及外延。第三章演绎平台型治理的操作框架及运作原理。第四章为平台型治理在中国社区治理中的实证检验。第五章梳理总结新时代中国平台型治理实践的总体进展、逻辑理路与经验启示。第六章是对平台型治理进一步推广应用的反思。通过对推广应用前提的反思，引出未来的应用展望即第七章。未来应用展望包括政府的平台革命、平台型组织建设及可能应用平台型治理助推作为中国式现代化本质的共同富裕。

在平台时代，以平台经济学和平台战略学为主体的多边平台理论已成为一门显学。自诺贝尔经济学奖得主 Tirole 最早提出双边平台模型以来，多边平台理论迅速成为学界研究热点和国际前沿动态。例如《哈佛商业评论》2016 年第 4 期就刊发了 3 篇平台研究论文，并宣告了美国平台思维实验室的成立。相比之下，在公共治理领域研究多边平台、平台战略及平台型治理的成果比较滞后与欠缺。但近年在美国已出现借鉴平台商业模式研究政府多边平台、平台型治理的最新研究动态。为此，本书第一章对此进行了文献梳理与研究述评。

总的来说，当前学界对"平台治理"有三种理解即三种研究倾向。其一是"平台自治"，即平台企业的内部治理，包括平台公司治理与平台生态系统治理，其目的在于推动利益均衡和平台生态系统的可持续繁荣。在平台经济管理研究的早期，绝大多数研究成果秉持这种理解及其研究倾向，至今平台对生态系统成员的负外部性行为、机会主义行为的监管仍是研究热点。其二是"对平台的治理"，即对互联网平台和垄断性平台企业的外部监管。其基本假设是平台市场存在失灵和平台组织存在负外部性风险。2019—2022 年，在国家的平台经济规范健康发展政策指引下掀起了研究高潮，并由经济管理学界的平台反垄断研究逐渐转向了公共管理和政治学界的平台经济监管政策研究。其三是"基于平台的治理"，即基于平台的公共事务合作共治。其基本假设是平台存在正外部性，从而利用平台的开放互动性、生态辐射性促进互动共治。"基于平台的治理"进一步分为两种研究倾向：一是基于数字平台的技术治理，这是当前学界研究的主流；二是基于多边平台运作模式的制度性治理，多边平台模式不仅是整合市场、社会与科层三种机制的资源配置制度，还是价值共创共享的制度安排。笔者提出的平台型治理模式倾向于基于多边平台战略思维及运行模式，以政府多边平台或多边公共平台为空间载体和运行模式的公共品多元供给、公共服务协作创新和公共事务的生态共治。

在平台时代，多边平台模式兴盛，平台组织崛起，平台经济爆发。果真像弗里德曼（2006）预料的那样：财富和权力越来越多地聚集到那些创建平台或连接到平台的组织那里，"平台将会处于一切事物的中心"。财富和权力的平台式聚集与整合以及平台式生产与分配，为资源配置、公共生产与公共治理提供了基本的运行逻辑。因此，平台时代必然呼唤一种新的治理模式。本书第二章认为，提出政府的平台型治理模式是综合考虑时代环境、实践价值与理论发展趋向的结果，更是对政府多种替代性常规治理模式权衡比较而做出的选择。比较研究发现，基于多边公共平台的平台型治理模式是一种易于构建实施框架和操作性更强的治理模式，具有与多边平台相关联的结构优势、功能优势与战略优势。

在平台时代，平台型治理已成为一种新的治理范式。政府等公共部门完全可借助多边平台的力量履行治理职能并创造公共价值。第三章以平台经济学和战略学为基础，并借鉴吸收平台商业模式，在学理上阐释了平台型治理的运行机理与操作框架。平台型治理依赖多边公共平台的运行模式和创价机制，以网络效应为核心运作机理，是基于平台价值网络的协同治理，也是多方建设者与多边用户相结合的生态治理。在平台型治理模式中，政府的平台领导是重要前提，赋权释能是推动政府搭台走向平台型治理的核心机理。政府作为平台领导，是各边用户群体的召集者、治权的授予者。因此，政府需要由传统的公共品生产者转化为多边平台的提供者、平台规则的安排者，由供给自己生产的产品转为供给用于他人生产的多边平台，以第三者的身份独立于平台式治理、供求、协商等具体事务，通过平台建设、平台领导与赋权释能推动多边用户群体的互动与共治。

在平台时代，多边公共（政府）平台如何建设、运行和管理，平台型治理如何实现并存在哪些模式或规律，其绩效受到哪些因素的影响，这些都是平台型治理实践推广与理论研究需要考虑的基本问题。第四章以政府在城市社区的平台型治理为例，通过对广东三地的四家社区社工服务中心的跨案例研究，完成三项基本任务：第一，描述政府多边平台的创立和建设过程，分析基层政府在此过程中的行为与角色，归纳政府多边平台建设的模式；第二，归纳地方政府在社区的平台型治理的方式及策略；第三，分析平台型治理的绩效影响因素，归纳推理不同的建设方式、运行管理策略分别对治理绩效产生的影响。

在平台时代，中国政府在国际交流合作、民主政治与廉政治理、平台经济发展、公共服务供给与社会合作治理等领域，创建平台空间、应用平台技术、推行平台型治理模式，积极开展平台实践的探索。为此，第五章主要通过政策文本的内容分析并结合现实观察，梳理概括中国政府自十八大以来平台型治理的实践，并试图分析其内在逻辑和经验启示。中国政府的平台型治理实践充分展现了与时俱进的时代发展观、开放共享的生态系统观、合作共治的治理方略、赋权释能的领导思维与造福民生的理政初心。政府搭台及平台型治理成为中国之治与中国之智的重要构成，也是中国式治理现代化的重要缩影，为国际社会提供了有益的经验启示。

在平台时代，平台型治理的实践推广和理论研究必然要反思其应用前提与条件、边界和范围等基本问题。本书第六章首先以政府多边平台模式应用最成功的广交会与进博会案例作为研究切入点，反思平台型治理在公共品供给与社会治理领域能否推广应用以及推广应用的条件与范围。然后，通过对各类治理工具与公共品供给方式的特征及适用情景的比较分析，构建了多边公共平台及平台型治理模式的适合性判定模型。

在平台时代与平台经济社会，随着治理现代化的推进和平台革命的深入发展，平台型治理（Platform-based Governance）与平台性政府（Platform Typed Government）有望成为继协同治理、服务型政府之后的重要实践及理论创新。只有政府自身成为平台组织，运用平台思维和多边平台模式，才能更好地理解与发展平台经济并领导社会平台型治理。平台性政府是政府拥有多边平台的组织形态及运作模式，即创建多边平台、主办平台业务的政府组织模式。本书第七章研究展望了政府平台革命的逻辑与图景，从多边平台视域界定了平台性政府的概念及价值。平台型治理作为一种新兴的治理模式（甚至有学者称其为"治理范式"），有必要用于推进政府治理能力现代化的进程，助力中国式现代化的征程。而作为中国式现代化基本特征的共同富裕最能考验中国政府的治理体系与治理能力。为此本章最后从新时代共同富裕需要何种政府治理模式的问题出发，展望了平台型治理推动共同富裕的可能性与可行性、实现机制与主要策略。

在新时代中国，约14亿的人口基础及由此决定的庞大客户流量、千万计的中小企业数量以及先进的城市基础设施、信息技术基础、互联网平台和BATJ平台生态网络等国情，为平台经济与平台社会的平台战略、平台政策提供了土壤，驱动着平台经济的迅猛发展和平台社会的快速成长。因此，中国政府应站在主导全球平台经济格局的战略高度，明确平台经济的战略地位和平台社会的影响力，扮演平台经济促进者和平台社会领导者的角色，致力于推动公共事务的平台型治理、公共服务的平台型创新及自身的平台性政府建设。

让人欣喜的是，中国政府和公共组织已越来越重视基于多边平台的平台型治理模式。在国际社会，中国政府的"一带一路"倡议已获得越来越多国家的响应和加盟。在国内，政府教育主管部门通过教师继续教育培训中心来培养教师素质，一些地方政府通过各类博览会、听证会等多边平台来改进城市治理，各类经济技术开发区、科技园区、自贸区、创新创业平台如雨后春笋，一批科研平台通过开放合作来实现平台型创新，大量具有成长性的中小企业和创新性骨干企业已通过中小板、创业板成功上市，社区服务中心、残联服务中心、妇女儿童服务中心、就业服务中心等纷纷向多边平台转型……因此，多边公共平台的实践推广迫切需求平台型治理理论的指导与政府的平台领导。

目　　录

第一章 政府多边平台及治理研究
述评与实践启示

第一节 研究背景

近年来，多边平台经济模式与互联网平台技术模式融合叠加所引发的平台革命席卷全球，对传统的市场、行业和组织模式、治理体系产生了巨大的冲击，进一步推动着社会的平坦化和产业的平台化。平台的崛起引发了经济、社会各个方面颠覆式的变革，与此同时也给政府治理和自身建设带来了极大的挑战。事实上，政府也具备发生平台革命的诸多条件：信息密集、部门分散、信息不对称并涉及多元主体互动，因而政府的平台革命不可避免①。随着平台革命的持续与广泛推进，平台经济时代与平台社会悄然来临，平台经济政策、平台社会政策、政府平台战略、平台型治理呼之欲出②③。多边平台日趋渗入公共治理领域④，平台型治理范式正在公共治理领域兴起⑤，平台正在彰显重要的治理价值⑥。因此，基于多边平

① Sangeet Paul Choudary, Marshall Van Alstyne, Geoffrey Parker. Platform Revolution. New York: W. W. Norton & Company, 2016: 262-264.

② Victoria Nash, Jonathan Bright, et al. Public Policy in the Platform Society. Policy & Internet, 2017, 9 (4): 368-373.

③ José van Dijck, Thomas Poell, Martijn de Waa. The Platform Society: Public Values in a Connective World. New York: Oxford University Press, 2018.

④ Chris Ansell, Alison Gash. Collaborative Platform as a Governance Strategy. Journal of Public Administration Research & Theory, 2018, 28 (1): 16-32.

⑤ Janowski Tomasz, Elsa Estevez, Baguma Rehema. Platform Governance for Sustainable Development: Reshaping Citizen-administration Relationships in the Digital Age. Government Information Quarterly, 2018, 35 (4): 1-16.

⑥ Christopher Ansell, Satoshi Miura. Can the Power of Platforms be Harnessed for Governance? Public Administration, 2020, 98 (1): 261-276.

台的平台型治理模式的研究潜力巨大。

在平台时代，多边平台模式已遍布各行各业，政府和社会组织的多边平台实践亦在多个领域广泛推进。例如，中央政府层面的"一带一路"、自贸区、博鳌论坛、广交会、进博会、园博会，地方政府层面的城博会、贸易促进平台（如商洽会）、听证会、经济或技术开发区、产业园区、科技园区、政产学研合作平台、社区社工服务中心等。笔者 2017 年参与评标的广东某市残疾人就业服务中心就是当地残联主办、政府主管、公司经营的就业服务多边平台。无论是根据新闻媒体还是笔者调研发现，近些年由政府搭台、社会唱戏、市场运作的政府平台如雨后春笋般涌现，这类平台实际上是在治权开放基础上旨在促进互动合作的双边（多边）平台。可以说，基于政府多边（双边）平台的治理正在成为一种新型的治理方案和治理模式。

在平台革命和平台经济时代，以多边平台理论为基础的平台经济学、战略学和领导学迅速成为国际前沿动态，并逐渐开拓出平台组织学、平台规制学、平台社会学和平台政策学，衍生出多学科交叉的平台型治理理论。众多著名学者，如麻省理工学院的 Cusumano、Gawer、Hagiu，哈佛大学的 Eisenmann，芝加哥大学的 Evans 以及美国平台思维实验室的创办人 Choudary 纷纷开展多边平台研究。因此，以平台经济学和战略学为核心的多边平台理论日益成熟，为政府平台型治理研究提供了新的视角和理论基础。相比之下，政府多边平台及治理研究暴露出一定的滞后性。在公共服务与政府治理领域，国外已出现政府多边平台与平台型治理的国际研究动向并已取得一定的研究成果，然而其在国内还处于起步阶段。

在国内，多位学者已开启了政府平台研究，例如陶希东最早提出平台经济呼唤政府平台型治理模式的观点[1]；卢小平研究了公共服务 O2O 平台的建设路径[2]；丁元竹主张积极探索建设平台政府以推进国家治理现代化[3]，但他认为平台性政府的实质是数字（电子）平台，并设计了平台性政府的运行机制与建设准备[4]；李锋、周舟认为数字政府建设与数据治理驱动着科层制政府向平台型政府的演进[5]；孟庆国、鞠京芮构建了人工智

---

[1] 陶希东：《平台经济呼唤平台型政府治理模式》，《浦东发展》2013 年第 12 期。

[2] 卢小平：《公共服务 O2O 平台建设研究》，《中国特色社会主义研究》2017 年第 3 期。

[3] 丁元竹：《积极探索建设平台政府，推进国家治理现代化》，《经济社会体制比较》2016 年第 6 期。

[4] 丁元竹：《如何为平台性政府建设作准备》，《中国党政干部论坛》2017 年第 6 期。

[5] 李锋、周舟：《数据治理与平台型政府建设——大数据驱动的政府治理方式变革》，《南京大学学报（哲学·人文科学·社会科学）》2021 年第 4 期。

能支撑的平台型政府：技术框架与实践路径①。遗憾的是，这些学者更多地将政府平台理解为网络平台、数字平台，忽视了政府多边平台这一新型的平台类型及其多边平台理论基础。平台型公共行政事务的发展推动了平台型政府治理模式的产生，继而构建了新型平台型行政法律关系②。韩万渠研究认为，平台型政府以跨界整合主导的协作网络为组织基础，以数字政府转型为技术基础③，吸纳多元主体参与并助推互动以解决跨界公共治理，是一种具有治理范式转换特征的政府形态④，并从组织形态、治理范式视角界定了平台型政府，从而跳出了技术架构及技术治理的认知视野。闵学勤、陈丹引也指出，公共平台既可以是数字平台，也可以去数字化，平台架构的要素超越于数字之上，强调公共平台不能"被数字绑架"而忽略其模块化架构⑤。综上，网络时代的平台型治理与平台建设依然以数字平台、网络平台为主要形态。笔者积极响应多边平台尤其是多边实体平台在政府治理领域的借鉴引入研究，并开展了对其概念、类型、结构、功能、机理等维度的基础性研究。

在平台时代与平台社会，尤其是平台经济兴盛和政府平台革命的大背景下，很有必要对国外的政府多边平台及治理研究成果进行跟踪报告及趋势展望，以期引起国内学者的积极响应。因此，在政府多边平台研究的开拓性阶段汇报研究进展、述评研究成果、展望未来研究，并在已有成果的基础上探讨实践启示与继续研究，显得尤为必要。

第二节　政府多边平台的概念引入与基础探索

随着 ICT 在公共服务与治理领域的推广普及，作为互动机构及其支撑体系的公共服务平台、数字政府平台、公共事务治理平台逐渐引起学者的关注。相关的政府平台概念、类型及功能研究陆续开展并取得了一定的成果。

---

① 孟庆国、鞠京芮：《人工智能支撑的平台型政府：技术框架与实践路径》，《电子政务》2021 年第 9 期。
② 彭箫剑：《平台型政府及行政法律关系初论》，《兰州学刊》2020 年第 7 期。
③ 韩万渠：《跨界公共治理与平台型政府构建》，《科学社会主义》2020 年第 1 期。
④ 韩万渠、柴琳琳、韩一：《平台型政府：作为一种政府形态的理论构建》，《上海行政学院学报》2021 年第 5 期。
⑤ 闵学勤、陈丹引：《平台型治理：通往城市共融的路径选择》，《同济大学学报（社会科学版）》2019 年第 5 期。

一、政府多边平台的渊源与概念演化

"多边平台"（muti-sided platform）起源于诺贝尔经济学奖得主 Tirole 等人提出的"双边市场"（two-sided market）概念，"双边市场"是一种价格结构会影响市场两侧用户交易量的市场①。在双边市场中，平台是把不同类型的用户联接起来的产品或服务，其他主体借以提供互补产品、服务和技术②；还可以是能够吸纳两类或更多类型的用户并让其直接交互的组织③。双边市场中必然存在双边平台，双边平台强调组织开放合作的经营战略。后来学者发现，在平台网络中存在更多类型的群体。因此，"多边"比"双边"的称呼更准确，但二者的本质相同。由此，多边平台概念开始在学界流行并取得了共识。

多边平台通过把供需主体等多元利益相关者连接在一起创造价值④，治权开放基础上的用户间直接互动是其核心识别标准⑤。多边平台有一套明晰的治理规则、激励性的产权安排和一揽子的创价工具⑥，其本质是组织的合作供给战略与协同治理模式，这有利于打破自上而下的线性决策模式⑦，因而能够为现代公共治理与公共服务提供落地的形态、操作的框架和实施的工具。在国外相关研究成果中，最早与政府双边（多边）平台比较接近的概念是查尔斯·J. 福克斯与休·T. 米勒提出的民主协商的公共平台原型——公共能量场⑧。公共能量场使政府公共政策在协商对话的平台基础上产生。遗憾的是，尽管福克斯等人意识到政治协商与对话平台的必要性与作用，但对其运行机理和建设模式甚少涉及。

① Jean Rochet, Jean Tirole. Platform Competition in Two-Sided Markets. Journal of the European Economic Association, 2003, 1 (4): 991-1205.

② Thomas Eisenmann, Geoffrey Parker, Marshall Van Alstyne. Strategies for Two-Sided Markets. Harvard Business Review, 2006, 84 (10): 92-101.

③ Andrei Hagiu, Julian Wright. Multi-Sided Platforms. International Journal of Industrial Organization, 2015 (43): 162-174.

④ ［美］戴维·S. 埃文斯、理查德·施马兰奇：《连接：多边平台经济学》，张昕译，北京：中信出版社，2018 年，第 14 页。

⑤ Andrei Hagiu. Merchant or Two-Sided Platform. Review of Network Economics, 2007, 6 (2): 115-133.

⑥ David Evans, Richard Schmalensee. Catalyst Code: The Secret Behind the World's Most Dynamic Companies. Boston: Harvard Business School Press, 2007.

⑦ ［美］马歇尔·范阿尔斯丁、杰弗里·帕克、桑杰特·保罗·乔达例：《平台时代战略新规则》，《哈佛商业评论》2016 年第 4 期。

⑧ ［美］查尔斯·J. 福克斯、休·T. 米勒：《后现代公共行政——话语指向》，楚艳红等译，北京：中国人民大学出版社，2002 年，第 117~123 页。

Janssen 等人将平台视为一种数字基础设施并能够促进交互的社会技术系统①。该定义虽然仍将平台局限于数字基础设施，但看到了平台的交互特质和社会技术属性。Tim O'Reilly 最早提出"政府即平台"，在将政府视为信息技术平台的同时，主张学习借鉴企业的平台战略②，但在很大程度上过分依赖信息技术及数字治理。其实，政府多边平台也可以是机构、基础设施等转化而来的实体平台。Aaron Wachhaus 将政府平台视为提供一个开放发展的协同治理框架，内含结构、操作规则和发展机制等内容③。与此类似，Ansell 和 Miura 也从公共治理的角度出发，认为政府多边平台实质就是政府治理平台，是一种能够战略性地部署参与架构、可扩展架构、中介架构、动员架构等平台体系结构以促进内外部主体互动、协作、创新的政府机构④。

综上所述，政府多边平台自提出至现在，内涵不断丰富发展，从刚开始被狭隘地看成信息数字技术平台，到如今被视为具有互动、协调、共治与创新等功能于一体的中介机构。随着平台革命的深入推进，政府多边平台作为多元主体互动的结构，必然表现出更多的样态，赋权释能基础上的互动共治才是其核心特质。

二、政府多边平台的类型

在平台时代，大量平台涌现，平台类型繁杂。平台类型及概念是平台理论研究的逻辑起点。政府多边平台作为一种治理模式甚至治理范式，因其特殊性和重要性逐渐成为众多学者研究的热点。通过对国外文献的分析，我们发现多数国外学者对政府多边平台的划分基本遵循平台的功能标准，即根据平台的架构功能将其主要分为：数字技术服务平台、互动平台、生产平台、开放创新平台以及共同创造平台⑤。

早期的研究成果基本上均视政府平台为数字技术服务平台，而政府扮演着提供技术服务的角色，主要为公众提供信息服务、技术服务以促

---

① Marijn Janssen, Soon Ae Chun, J. Ramon Gil-Garcia. Building the Next Generation of Digital Government Infrastructures. Government Information Quarterly, 2009, 26 (2): 233-237.

② Tim O'Reilly. Government as a Platform. Innovations, 2010, 6 (1): 13-40.

③ Aaron Wachhaus. Platform Governance: Developing Collaborative Democracy. Administrative Theory & Praxis, 2017, 39 (3): 206-221.

④ Christopher Ansell, Satoshi Miura. Can the Power of Platforms be Harnessed for Governance? Public Administration, 2020, 98 (1): 261-276.

⑤ Christopher Ansell, Satoshi Miura. Can the Power of Platforms be Harnessed for Governance? Public Administration, 2020, 98 (1): 261-276.

进政府系统内外的互动与创新。其中，Tim O'Reilly 提出的"政府即平台"思想最具有影响力，其后有多项文献成果均对此作了进一步研究。

互动协商是民主政府、回应性政府的主要特征，多边平台具有支撑互动协商的功能，因而也成为其重要类型之一。政府互动平台通过实现和促进信息、知识和其他资源的交互以达到协议与谈判的成果，具体包括参与协商平台和配对平台①。通过参与协商平台（包括线上线下的论坛等协商渠道），公民可以参与政府的决策以及法律法规的制定过程。通过配对平台，推进需求主体有效获取信息并进行供需匹配以提高资源的利用效率。Aaron Wachhaus 在剖析民主的解构及其局限的基础上提出政府多边平台应当是一个参与互动平台，政府要将自己所需和公民参与进行"点对点"配对，使具有专业知识的公民在自己所了解或擅长的领域充分发挥自己的才能与想象力，以促进强有力的公共言论和行动②。

随着平台研究的深入，有些学者将政府多边平台从信息技术服务平台的狭隘理解中解放出来，开始重视政府平台的公共品多元供给与协作功能。Ansell 和 Miura 在综合多个学者观点的基础上，认为政府的知识管理平台（从信息技术服务平台演化而来）和联合制作平台是一体的，联合制作以信息披露为前提，信息披露以政府与公民的联合制作为目的，两者统一为政府的生产平台；在生产平台上，政府通常采取数字化的方式或非数字的生产基础设施提供信息与技术支持，促进政府与公民协同生产、联合制作③。事实上在多年前，Marijn Janssen 和 Elsa Estevez 就主张政府应引入信息技术服务平台，促进公民参与公共品与公共服务的协作生产④。

开放式创新平台以互动和创新为基础，在互动平台的基础上促进创新。政府多边平台的存在不仅只是为了在公民与政府之间形成良好的互动媒介，其主要目的还是为了政府在服务、治理过程中可以充分利用公民与社会的集体智慧，促进政府服务与治理的健康发展。这一目的的达成则主

---

① Christopher Ansell, Satoshi Miura. Can the Power of Platforms be Harnessed for Governance? Public Administration, 2020, 98 (1): 261-276.

② Aaron Wachhaus. Platform Governance: Developing Collaborative Democracy. Administrative Theory & Praxis, 2017, 39 (3): 206-221.

③ Christopher Ansell, Satoshi Miura. Can the Power of Platforms be Harnessed for Governance? Public Administration, 2020, 98 (1): 261-276.

④ Marijn Janssen, Elsa Estevez. Lean Government and Platform-based Governance—Doing More with Less. Government Information Quarterly, 2013, 30 (1): 1-8.

要通过众包平台与开放数据平台两种方式来实现①。政府众包平台以公共品生产权的适度开放为基础，通过问题与挑战来诱导开放式创新，且其解决方案由公民提交。Aaron Wachhaus 也主张政府要利用群众的集体智慧，推广应用众包模式②。开放数据平台为公民提供可利用数据及数字基础设施以创新性地解决公共问题。

共同创造平台以互动平台为基础，在生产平台的基础上鼓励公民通过开放共享平台进行创新，公民与政府深度合作，实现从解决地方性问题向解决全球可持续发展问题过渡的目标。从政府的国家责任、国际责任来看，政府多边平台是一个共同创造平台，需要每个国家政府与公民一起努力创造③。Janowski Tomasz 等提出可持续化的政府多边平台，全球各个国家政府都在追求可持续化发展，在这一过程中各国政府与公民的关系不应再是政府主导公民参与的模式，而是各国政府与公民共同合作、协同共治，共同创造可持续发展的全球治理模式④。

平台类型研究是政府平台型治理理论体系建构的基础。笔者参考平台经济学中多边平台的分类标准，结合公共平台的实践场景，确立了公共平台的基本类型：即生产平台、技术平台与双边（多边）平台，并按照功能领域、政府参与模式、业务类型、参与主体、开放程度、所有权等标准重点划分了多边公共平台的类型⑤，在此不再赘述。

三、政府多边平台的功能

多边平台虽然促进了多边用户群体之间的价值互动，但自身却不介入其中的价值互动，而是在供需互动过程中扮演着联结者、匹配者、空间或市场的提供者、规则设计者等角色⑥。多边平台通过发现和减少交易成本

---

① Christopher Ansell, Satoshi Miura. Can the Power of Platforms be Harnessed for Governance? Public Administration, 2020, 98 (1)：261-276.

② Aaron Wachhaus. Platform Governance：Developing Collaborative Democracy. Administrative Theory & Praxis, 2017, 39 (3)：206-221.

③ Christopher Ansell, Satoshi Miura. Can the Power of Platforms be Harnessed for Governance? Public Administration, 2020, 98 (1)：261-276.

④ Janowski Tomasz, Elsa Estevez, Baguma Rehema. Platform Governance for Sustainable Development Platform Governance for Sustainable Development：Reshaping Citizen-administration Relationships in the Digital Age. Government Information Quarterly, 2018, 35 (4)：1-16.

⑤ 刘家明：《以双边平台为重点的公共平台分类研究》，《高等学校文科学术文摘》2017 年第 4 期，原载《广东行政学院学报》2017 年第 2 期。

⑥ Sangeet Paul Choudary, Marshall Van Alstyne, Geoffrey Parker. Platform Revolution. New York：W. W. Norton & Company, 2016：262-264.

创造价值，通过降低交易成本使多边用户群体更容易汇聚在一起互动①。具体来说，多边平台具有四大功能：一是吸引和汇聚供需两侧的用户；二是促进供需用户间的一对一匹配，减少供需间的信息不对称与不匹配；三是提供空间载体、公共基础设施、互动的工具与支撑技术以及一揽子服务，以促进高质量交互和价值创造；四是通过规则和标准的制定来保障交互权益和价值的实现②。正是主要凭借平台的网络交互功能，多边平台模式才能够打败以往的管道式生产经营模式（包括自上而下的科层制自主生产模式)③。

与企业多边平台相类似，政府多边平台自身也并不会介入用户群体的价值创造与互动，它扮演着类似于中介的角色，一般有着联接、匹配、协调、规范的功能，具体来说包括：第一，连接平台提供者与其他多边主体，推动交互的发生；第二，将平台提供者及其活动、信息与多边利益群体进行"点对点"式配对，促进交互有效地进行；第三，协调与整合多元主体间的关系、资源与能力，促进资源的共享与利用，扩大交互效能并降低交互成本；第四，制定规则对多元主体进行监督与约束，规范交互行为④。Ansell 和 Miura 进一步研究指出，平台的价值生成源于交互杠杆、生产杠杆、创新杠杆，由此认为政府多边平台有三大功能：交互、生产、创新⑤。

Brown 等人以英国公共服务改革为例，评估了政府作为平台即政府平台模式的影响和作用，认为政府（数字）平台在普及公共服务方面具有公开性、平坦性、公平性等功能特征⑥。平台通过利益整合推动着政府跨领域、跨部门的协同治理⑦，并且推动着政府服务的数字化转型，进而公

---

① ［美］戴维·S. 埃文斯，理查德·施马兰奇：《连接：多边平台经济学》，张昕译，北京：中信出版社，2018 年，第 14 页。

② ［美］亚历克斯·莫塞德，尼古拉斯·L. 约翰逊：《平台垄断：主导 21 世纪经济的力量》，杨菲译，北京：机械工业出版社，2017 年，第 29 页。

③ Marshall Van Alstyne, Geoffrey Parker. Sangeet Paul Choudary. Pipelines, Platforms, and the New Rules of Strategy. Harvard Business Review, 2016, 94（4）：54-62.

④ Christopher Ansell, Satoshi Miura. Can the Power of Platforms be Harnessed for Governance? Public Administration, 2020, 98（1）：261-276.

⑤ Christopher Ansell, Satoshi Miura. Can the Power of Platforms be Harnessed for Governance? Public Administration, 2020, 98（1）：261-276.

⑥ A Brown, J Fishenden, et al. Appraising the Impact and Role of Platform Models and Government as a Platform in UK Government Public Service Reform: Toward a Platform Assessment Framework. Government Information Quarterly, 2017, 34（2）：167-182.

⑦ Heewon Lee. Collaborative Governance Platforms and Outcomes: An Analysis of Clean Cities Coalitions. Governance, 2022：1-21.

平高效地向公民提供公共服务①。综上，政府多边平台直接在创造和协调公共价值②。

第三节　政府平台研究的三个视角

诺贝尔经济学奖得主 Tirole 最早研究双边平台（市场）以来，以双边（多边）平台为对象的平台经济学、平台战略学与平台领导学迅速成为国际前沿。在平台经济战略研究热潮的推动下，随着多边平台商业模式的推广和政府多边平台实践的广泛开展，学者们也开启了政府平台研究的多元视角。但总的来说，公共治理领域的多边平台及其治理研究才刚刚起步，研究内容大多停留在概念及思维的阐释，研究视角主要集中于政府平台战略、平台政策以及平台型治理三个方向。

一、政府平台战略

多边平台模式本身就是一种产品合作供给的战略决策，它放弃了传统的自主生产或经销模式，是一项重要的治理战略与工具③。这种平台战略首先开始于平台商业模式中，因平台商业模式的重大成功与潜在风险，让大批学者开始思考商业平台的战略发展问题。Andrei Hagiu 指出，平台面临四大战略问题，即参与边的数量、平台设计、定价结构、管理规则，而平台需要紧紧围绕这四大挑战作出战略决策④。平台战略研究早期的成果《触媒密码——世界最具活力公司的战略》一书构建了催化剂战略的"六步曲"⑤，为政府搭台及平台生态系统建设奠定了理论基础。此后，该书

---

① Parijat Upadhyay, et al. Continual Usage Intention of Platform-based Governance Services: A Study from an Emerging Economy. Government Information Quarterly, 2022, https://doi.org/10.1016/j.giq.2021.101651.

② Antonio Cordella, Andrea Paletti. Government as a Platform, Orchestration, and Public Value Creation: the Italian Case. Government Information Quarterly, 2019, 36 (4): 1-15.

③ Chris Ansell, Alison Gash. Collaborative Platform as a Governance Strategy. Journal of Public Administration Research & Theory, 2018, 28 (1): 16-32.

④ Andrei Hagiu. Strategic Decisions for Multisided Platforms. Mit Sloan Management Review, 2014, 55 (2): 71-80.

⑤ [美] 戴维·S. 埃文斯、理查德·施马兰西：《触媒密码——世界最具活力公司的战略》，陈英毅译，北京：商务印书馆，2011年。

的作者发表的专著《连接：多边平台经济学》①，成为平台经济战略的经典之作。国内的徐晋、陈威如、刘学、王旸、张小宁等许多学者纷纷跟进。平台战略及领导研究的成果非常丰富，多位学者对此进行了研究综述②③④⑤。

平台战略在经济领域取得了重大成功，一批学者开始思考在公共治理与公共服务领域政府如何借鉴应用平台战略。最早开始思考并借鉴企业多边平台战略的是 Tim O'Reilly，他直接提出政府平台战略的两个问题，即：政府如何成为一个开放的平台来推动政府系统内外的创新；如何设计一个支撑系统，使得系统运行的结果是通过政府与公民的互动来达成，而不是政府事先都规定好的。基于这两个问题，Tim O'Reilly 提出政府应该向 Google、EBay、Facebook 等企业平台学习，利用外部用户的力量实现公共品的多元协作创新⑥。此外，其他学者也发现了政府平台战略的意义与功能。Janssen 和 Estevez 旗帜鲜明地主张政府平台战略，以推动公共品的协作创新与精简高效型政府建设⑦。在国内，陈威如、余卓轩预言在公共事业发展及公共服务供给等人流聚集之地，均可引入平台战略，政府和非营利组织完全可以运用平台战略创造公共价值⑧。

政府平台战略的功能还在于改进协商治理与民主治理。Kelley 和 Johnstion 的研究表明，政府平台战略有利于改进政府与公众间的关系⑨。Wachhaus 以及 Ansell 和 Gash 都明确提出政府平台战略有助于发展协商民主，实现协作治理⑩⑪。政府协作平台优先考虑中介（而不是控制）作为

---

① ［美］戴维·S. 埃文斯、理查德·施马兰奇：《连接：多边平台经济学》，张昕译，北京：中信出版社，2018 年。
② 刘家明：《双边平台战略研究的进展与趋势》，《企业经济》2016 年第 2 期。
③ 刘家明：《国外平台领导研究：进展、评价与启示》，《当代经济管理》2020 年第 8 期。
④ 张小宁：《平台战略研究评述及展望》，《经济管理》2014 年第 3 期。
⑤ 罗兴武、林芝易等：《平台研究：前沿演进与理论框架——基于 CiteSpace V 知识图谱分析》，《科技进步与对策》2020 年第 22 期。
⑥ Tim O'Reilly. Government as a Platform. Innovations, 2010, 6 (1)：13-40.
⑦ Marijn Janssen, Elsa Estevez. Lean Government and Platform-based Governance—Doing More with Less. Government Information Quarterly, 2013, 30 (1)：1-8.
⑧ 陈威如、余卓轩：《平台战略》，北京：中信出版社，2013 年，第 279 页。
⑨ Tanya M. Kelley, Erik Johnston. Discovering the Appropriate Role of Serious Games in the Design of Open Governance Platforms. PAQ, 2012 (Winter)：504-556.
⑩ Aaron Wachhaus. Platform Governance：Developing Collaborative Democracy. Administrative Theory & Praxis, 2017, 39 (3)：206-221.
⑪ Chris Ansell, Alison Gash. Collaborative Platform as a Governance Strategy. Journal of Public Administration Research & Theory, 2018, 28 (1)：16-32.

动员和整合分布式行动的一种方式，其战略目标是促进管理开放和封闭参与之间的平衡以鼓励承诺和多样性；通过吸引、学习、杠杆、协同作用产生积极的价值创造反馈。根据协作平台这一逻辑与目标，政府协作平台不仅仅可以用作扩大或深化协作治理，还可以扩展到政府治理之外。①

二、平台经济社会政策

平台在经济社会中还将不断扩张，平台资本主义有种内在扩张的天然倾向，平台能巩固垄断力量并获取巨大财富；社会越来越依赖平台，平台的社会影响力也越来越广泛。为此，国家必须拥有控制平台的权力。政府的平台规制与反垄断可以阻止或禁止平台的发展，以促进竞争与创新，保护隐私及消费者权益。政府除了监管企业平台，还可以创建公共平台，支持平台所需的技术，并将其用于公共事业发展；"我们可以推动后资本主义平台，利用平台收集的数据来分配资源，实现民主参与，并进一步发展技术"②。

随时平台经济的发展，平台的风险和失灵也接踵而至。平台该不该监管、如何监管成了学者们重点关注的话题。处在经济市场下的平台因其自身的开放性与公共性，容易导致平台低效、失灵以及用户的负外部性行为③。平台虽然扮演着自我管制的角色，但由于其短视行为及有限理性而容易损害消费者或整个社会的权益④。同时遗憾的是，政府对平台经济的监管暴露出平台访问权限、兼容性、公平定价、数据隐私和安全、对信息资产的国家控制、税收政策以及劳动法规等方面的诸多问题。对于这些问题，《平台革命》一书指出平台要进行监管，需要将政府监管、平台内部监管与第三方监管相结合，再加上法律法规的加持，便可以对平台进行有效监管⑤。国内也有学者研究认为，平台市场需要政府的公共监管、平台所有者的私人监管及生态系统成员的协同监管⑥。

---

① Chris Ansell, Alison Gash. Collaborative Platform as a Governance Strategy. Journal of Public Administration Research & Theory, 2018, 28 (1): 16-32.
② ［加］尼克·斯尔尼塞克：《平台资本主义》，程水英译，广州：广东人民出版社，2018年，第139~141页。
③ David Evans. Governing Bad Behavior by Users of Multi-sided Platforms. Berkeley Technology Law Journal, 2012 (27): 1201-1250.
④ Kevin Boudreau, Andrei Hagiu. Platform Rules: Multi-sided Platforms as Regulators. Working Paper, Harvard University, 2008.
⑤ Sangeet Paul Choudary, Marshall Van Alstyne, Geoffrey Parker. Platform Revolution. New York: W. W. Norton & Company, 2016: 262-264.
⑥ 王勇、刘航、冯骅：《平台市场的公共监管、私人监管与协同监管》，《经济研究》2020年第3期。

　　平台经济社会中出现的系列问题往往归因于平台垄断的原罪。自2021年《国务院反垄断委员会关于平台经济领域的反垄断指南》出台后，平台反垄断受到学界频频关注。由于平台垄断问题严重且复杂且不同于传统经济，平台经济新业态及其特性要求平台监管的理论创新与模式转型①。由此，近年来学界对平台经济监管及反垄断政策进行了热烈的探讨。

　　平台监管不仅仅针对平台企业以促进平台经济规范健康发展，公共平台自身也应该受到监督。Nash等人从平台社会的影响出发，认为政府平台同样需要进行监管，政府数字平台不仅是能够自由分享、交流或交易的技术，实际上也是控制、交互和积累的管理系统。对政府多边平台的监管要注重考虑社会公平、平等和非歧视性的重要性，在监管过程中要学会创新性地寻求监管策略，尤其是不要让监管受那些最大的获益主体驱动，而是要经过对构成公共利益的要素进行评估之后，再决定监管的重点与方式方法；此外，扩大公民话语权，引入公民监管，能够保障政府平台不会偏离方向走向歧途②。Jean-Christophe Plantin从《平台社会：连接世界中的公共价值》和《互联网的守护者：平台、内容适度和塑造社交媒体的隐藏决策》这两本书的解析入手，阐释了政府平台自我监管的危险以及过度监管或过度放松管制的危害，在此基础上提出政府多边平台是一个由多边主体组成的生态系统，需要生态系统中的多元利益相关者协同监管，同时保持适度的放权、适度的监控，在保证平台自主性、开放性的基础上，利用提高公民话语权、塑造公民价值的方式来进行适度的管制③。

　　平台崛起引发了国家-社会-平台间权力结构的变化④，需要强化平台社会的虚拟整合⑤。考虑到平台经济牵涉国家利益、社会利益及用户权利配置，政府在国家安全等重点领域的社会规制仍需加强⑥。平台经济已经成为经济利益配置密集和社会矛盾集中的场域，政府的社会规制更应有所作为⑦。平台社会中出现的公共安全、公民健康、权益保障及公平正义问

---

①　孙晋：《数字平台的反垄断监管》，《中国社会科学》2021年第5期。

②　Victoria Nash, Jonathan Bright, et al. Public Policy in the Platform Society. Policy & Internet, 2017, 9 (4): 368-373.

③　Jean-Christophe Plantin. Review Essay: How Platforms Shape Public Values and Public Discourse. Media, Culture & Society, 2018, 41 (1): 1-6.

④　刘金河：《权力流散：平台崛起与社会权力结构变迁》，《探索与争鸣》2022年第2期。

⑤　张兆曙：《虚拟整合与平台社会的来临》，《社会科学》2021年第10期。

⑥　陈兵：《互联网平台经济运行的规制基调》，《中国特色社会主义研究》2018年第3期。

⑦　数据来源：国家信息中心《中国共享经济发展报告2021》。

题已逐渐引起公共政策研究者、社会学研究者的关注①。

　　国内外关于平台经济社会规制的相关研究主要在于以下方面。首先，已有研究意识到对政府社会规制的必要性和迫切性。平台经济带来了数据安全与隐私保护、消费者与劳动者权益保障、社会公平等系列问题与挑战，这些新挑战需要政府监管创新②。在数字资本主义的制度语境中，平台化可广泛理解为利用新的数字机制来控制市场，推动监管职能私有化和数字化进程，从而替代了以往的国家手段，中断了原有的社会监管模式③。其次，已有研究认为在行动方面政府不宜过早行动④。鉴于"监管悖论"，政府需要基于积极、包容和审慎的原则，以技术使能的智能监管是平台经济健康发展的良方⑤。最后，已有研究予以尝试构建规制内容。例如，肖江平构建了包括社会规制在内的政府规制框架体系⑥。大部分研究聚焦于对社会规制相关细分领域的讨论，诸如安全规制⑦、信息规制⑧、互联网文化内容规制⑨及平台经济用工的社会保障政策⑩，等等。

三、平台型治理

　　多边平台与互联网平台融合发展引发的平台革命及其开创的平台经济时代与平台社会，必然呼唤平台型治理。多边平台本身就是合约控制权（在公共领域即为治理权力）开放基础上的多元主体互动的结构，不仅契

---

① 于萌：《在灵活性与保障性之间：平台劳动者的社会政策保护》，《南京社会科学》2021年第8期。

② 于凤霞：《平台经济：新商业 新动能 新监管》，北京：电子工业出版社，2020年，第148~166页。

③ Törnberg P. How Platforms Govern: Social Regulation in Digital Capitalism. Big Data & Society, 2023, 10 (1): 1-13.

④ Alain Strowel, Wouter Vergote. Digital Platforms: To Regulate or Not To Regulate? Message to Regulators: Fix the Economics First, Then Focus on the Right Regulation [EB/OL]. 2018.

⑤ Sun Jin. Anti-Monopoly Regulation of Digital Platforms. Social Sciences in China, 2021, 43 (1): 70-87.

⑥ 肖江平：《监管还是规制：制度框架的学理思考》，《中国市场监管研究》2021年第12期。

⑦ 郑彬睿：《总体国家安全观视域下平台经济发展规制路径研究》，《江淮论坛》2021年第6期。

⑧ 满振良、马海群：《总体国家安全观下平台经济的信息规制》，《情报杂志》2021年第10期。

⑨ 杨传张、祁述裕：《互联网文化内容规制：基本框架、现实困境与优化路径》，《中国海洋大学学报（社会科学版）》2021年第5期。

⑩ 曹佳：《平台经济、就业与劳动用工》，北京：研究出版社，2020年，第142~143页。

合公共治理的理念，而且为公私合作治理提供了操作框架。平台型治理是继参与式治理之后兴起的一种新范式，即政府通过平台将数据、服务、技术和人员聚集在一起，赋予公民价值创造及公共治理权利的一种新兴治理范式①。平台不仅能够用于治理，而且展现了重要的治理价值②。平台型治理要求作为平台共同体成员的公众、各类机构和政府在信息及沟通互动的基础上担负起维护整个平台社会的责任③。因此，这种治理范式有利于促进公共服务的多元化供给和协作创新，在复杂社会中能够增加政府的开放性、回应性、高效性、创新性，促进多元利益主体间的互动共治④。平台型治理调动了多边用户内容生产、服务创新的动能及用户广泛参与治理的积极自主性⑤。通过利用公民、企业和其他利益相关者的多重角色，地方政府的平台型治理推动着治理的创新，并提升了治理活力⑥，还增强了城市韧性⑦。

Marijn Janssen 和 Elsa Estevez 最早直接提出了基于多边平台的政府平台型治理模式及政府治理改革。作者分析了平台的用户群体行为、平台的战略地位及关键成功要素⑧，在吸收企业多边平台模式的同时融入了治理的思想。作者多次强调多边平台是政府的治理模式，但始终围绕着精简高效型政府建设而展开。

Aaron Wachhaus 从民主的结构出发提出协作性平台型治理，认为要通

① Janowski Tomasz, Elsa Estevez, Baguma Rehema. Platform Governance for Sustainable Development: Reshaping Citizen-administration Relationships in the Digital Age. Government Information Quarterly, 2018, 35 (4): 1-16.

② Christopher Ansell, Satoshi Miura. Can the Power of Platforms be Harnessed for Governance? Public Administration, 2020, 98 (1): 261-276.

③ Robert Gorwa. What is Platform Governance. Information, Communication & Society, 2019, 22 (6): 308-323.

④ De Blasio Emiliana, Selva Donatella. Implementing Open Government: a Qualitative Comparative Analysis of Digital Platforms in France, Italy and United Kingdom. Quality & Quantity, 2019, 53 (2): 871-896.

⑤ Sam A. Kasimba, Päivi Lujala. Community Based Participatory Governance Platforms and Sharing of Mining Benefits: Evidence from Ghana. Community Development Journal, 2022, 57 (4): 635-654.

⑥ Kaisu Sahamies, Arto Haveri, Ari-Veikko Anttiroiko. Local Governance Platforms: Roles and Relations of City Governments, Citizens, and Businesses. Administration & Society, 2022: 1-26.

⑦ Dong Qiu, Binglin Lv and Calvin M. L. Chan. How Digital Platforms Enhance Urban Resilience. Sustainability, 2022.

⑧ Marijn Janssen, Elsa Estevez. Lean Government and Platform-based Governance—Doing More with Less. Government Information Quarterly, 2013, 30 (1): 1-8.

过构建协作的在线空间来促进有意义的公民参与①。协作性平台型治理通过众包适度下放权力，利用"专家评审"模式找出具有专业知识的人并发挥其长处，通过开放互动以鼓励大众参与，继而达到广泛的公民协商民主。基于同样的思想，Janowski 等人提出可持续化的平台型治理模式，通过案例研究提出四种治理范式（即官僚范式、消费主义范式、参与范式、平台型治理范式），继而通过对这四种治理范式及 15 种公民政府间关系的整合分析，揭示出四种治理范式下政府的行政行为特征。其中，平台型治理范式下行政行为以授权、学习、协调、创造和协作为主②。这些要素共同构建起可持续发展的平台型治理的整个框架。虽然作者没有明确提出平台型治理的定义及其推广应用范围，但提出了该框架的雏形，具有非常大的开拓意义。

平台主办方的主要职责是安排治理规则以提供合作共治的秩序，安排规则制度是平台型治理的基本路径。Thomas Koetz（2012）等人评价一种保护生态系统的政府间合作治理平台的潜在价值，指出这种制度平台有助于解决科技政策与制度的不匹配③。政府多边平台的另一重要功能在于整合供给侧资源，促进公共品的多元供给与协作创新。Jaime Hoogesteger 实地调研了位于南美洲的水资源治理平台，即全球知名的多方利益相关者平台 WRF（Water Resources Forum），随后他撰文剖析了多方利益相关者平台的治理方式。WRF 开放、民主和多元的平台空间汇集了多民族团体、基层组织、个人、非政府组织、国家机构和学术界人士来共同讨论和建议水资源治理，已经为厄瓜多尔水资源的治理民主化作出卓越贡献，使得非政府组织和民间组织能够积极参与新的国家法律框架④。但作者并没有深入探讨多元利益相关者基于平台型治理的机理与逻辑，更没有探索 WRF

① Aaron Wachhaus. Platform Governance: Developing Collaborative Democracy. Administrative Theory & Praxis, 2017, 39（3）: 206-221.

② Janowski Tomasz, Elsa Estevez, Baguma Rehema. Platform Governance for Sustainable Development: Reshaping Citizen-administration Relationships in the Digital Age. Government Information Quarterly, 2018, 35（4）: 1-16.

③ Thomas Koetz, Katharine N. Farrell, Peter Bridgewater. Building Better Science-policy Interfaces for International Environmental Governance: Assessing Potential Within the Intergovernmental Platform for Biodiversity and Ecosystem Services. Int Environ Agreements, 2012（12）: 1-21.

④ Jaime Hoogesteger. NGOs and Democratization of Ecuadorian Water Governance: Insights from the Multi-Stakeholder Platform el Foro de losRecursos Hidricos. Voluntas, 2016（27）: 166-186.

平台推广应用的价值及潜力。

综上，大多数国外研究成果是在数字技术平台的基础上阐释平台型治理。成果主要集中在治理参与、公共服务等领域的平台框架设计或是数字平台、智慧平台型治理的经验总结。例如，Klievink 等人考察了公私信息平台的架构设计，以促进公共价值和商业目标的协同实现①。Mukhopadhyay 等人探讨了数字平台基础上的平台型治理，认为平台型治理应秉承以平台开放为中心的方法论，为所有人提供可扩展的普及性政府服务②。随着研究的推进，基于政府数字平台的平台型治理逐渐与智慧治理、开放政府研究相融合，但大多遵循数字技术路径的工具理性思维。类似地，国内研究大多从数字治理、智慧治理视角研究平台型治理。这些成果集中在治理参与、公共服务等领域的平台框架设计或是数字平台、智慧平台治理的经验总结。例如，闵学勤、陈丹引（2019）从信息社会、智慧社会建设视角探讨了平台型治理架构和运作机制③；随后闵学勤（2020）分析了基于掌上社区的平台型治理模式及其让社区功能承载从无限走向有限的路径④。

第四节　研究评价与展望

通过文献研究发现，政府多边平台及平台型治理研究已成为国际研究的前沿动态和重要趋势，并取得一定的奠基性成果，但在总体上处于开拓性研究阶段，研究潜力和研究空间巨大。这些成果为政府的治理变革、平台经济与平台社会政策、平台建设与平台型治理提供了有益启示。平台型治理模式在社会治理、公共服务中大有用武之地，政府多边平台研究的实践意义与理论价值显著。

---

① Klievink B, Bharosa N, Tan Y H. The Collaborative Realization of Public Values and Business Goals: Government and Infrastructure of Public-private Information Platforms. Government Information Quarterly, 2016, 33（1）: 67-79.

② Mukhopadhyay Sandip, Bouwman Harry, Jaiswal Mahadeo Prasad. An Open Platform Centric Approach for Scalable Government Service Delivery to the Poor: the Aadhaar Case. Government Information Quarterly, 2019, 36（3）: 437-448.

③ 闵学勤、陈丹引:《平台型治理：通往城市共融的路径选择》,《同济大学学报（社会科学版）》2019 年第 5 期。

④ 闵学勤:《从无限到有限：社区平台型治理的可能路径》,《江苏社会科学》2020 年第 6 期。

一、研究评价

从各类外文数据库中可检索到的政府平台文献不是很多，且明确以政府双边（多边）平台为对象的研究成果相对较少，这与取得丰硕成果的平台经济学、平台战略学、平台领导学相比，确实存在明显的滞后性。理论创新源自实践又要引领实践，肥沃、深厚的多边公共平台实践土壤才能让政府平台理论枝繁叶茂、开花结果。政府平台既有研究成果的单薄根源于政府平台实践不够成熟，多边平台模式及平台思维未能深入人心，多边平台的价值性和战略性未得到充分认可。但政府多边平台模式具有广阔的应用潜力，能够发挥更强大的社群联结、供需匹配、合作共治功能，创造出更多的公共价值。显然，这需要政府多边平台理论的指引和更多学者的不懈努力。

根据政府多边平台的应用领域与研究视角，将国外政府平台研究成果归纳总结为：政府多边平台概念、类型及功能研究；政府多边平台战略与平台政策、平台型治理研究。事实上，这些应用领域与研究视角存在一定的交叉，例如近年来出现比较多的是基于互联网的政治参与平台研究[①]。这是多边平台的多元表现形态及其多重功能的必然结果。这些领域和视角的政府平台研究成果对于政府多边平台的运作模式及其实践推广具有重要的指导意义，也为进一步的研究提供了重要的研究主题和研究基础。

总的来说，政府多边平台研究在文献成果总体上呈现出碎片化，同时也存在一些研究局限。

首先，国外大多数文献将政府平台理解为数字基础设施及其促进交互的社会技术系统[②]，未明确将政府多边平台作为研究对象，且忽略了多边实体平台。多边平台是多主体互动的结构，与信息技术没有必然关联[③]。因此，不能理所当然地认为政府平台就是数字（网络）平台，多边平台并不是必须利用互联网、数字（电子）平台技术。如果将平台狭义地理解为信息技术平台，势必造成政府平台对数字技术和互联网的过度依赖，而忽略了政府多边平台的治权开放等前提和用户间直接交互的特质。而

① Liu, Helen K. Exploring Online Engagement in Public Policy Consultation: The Crowd or the Few? Australian Journal of Public Administration, 2017, 76 (1): 33-47.

② Marijn Janssen, Soon Ae Chun, J. Ramon Gil-Garcia. Building the Next Generation of Digital Government Infrastructures. Government Information Quarterly, 2009, 26 (2): 233-237.

③ Russ Abbott. Multi-sided platforms. Working paper, California State University, 2009.

且，从技术治理、智慧治理的工具理性出发探讨平台的技术框架、建设经验，往往会忽略治理模式及治理现代化的价值理性。

其次，平台战略视角的政府平台研究文献一般过于注重对著名平台企业成功经验的借鉴研究。在理论支撑及研究深度上，很多文献成果缺乏多边平台经济学与战略学的理论支撑。这将一方面导致研究视角局限于互联网商业平台的构建逻辑，忽视现代治理理论的融入；另一方面，没有将企业平台与政府平台加以比较区分，可能过于强调多边平台模式的通用性而忽略了二者在价值导向、生态环境、治权关系、组织属性等方面的差异。因此，国外平台型治理研究成果还不够体系化，平台型治理模型与框架都比较宽泛。

再次，既有文献大多从个案出发，介绍个别部门、某个行业和某一领域的政府平台建设经验，描述性研究较多，解释性、探索性研究较少，而且大多停留在各类成功的商业平台及公共平台案例介绍和经验宣传的研究层次，没有从共性的角度探讨政府多边平台建设、运行和治理的一般规律性。尤其是缺乏对多个案例的跨案例复制研究，从而忽略了对政府多边平台实践的实证研究和基于实证研究的归纳式理论建构。

最后，既有文献在研究视角与研究方式上主要从技术治理、智慧治理的工具理性出发，探讨平台技术框架与建设经验，往往忽略了治理模式与治理机制的价值理性。在理论支撑及研究深度上，很多成果缺乏多边平台经济学与战略学的理论支撑，更缺乏对平台治理机理的共性归纳与理论建构。因此，一种易于构建实施框架和操作性更强的治理理论与模式——平台型治理亟待提出。从多边平台视角探索政府平台型治理，有助于推动政府生态治理与公共品多元供给的理论创新。

二、研究展望

当前，政府多边平台研究处于开拓性阶段。尽管近年来政府平台文献的涌现表明其已经引起国内不少学者的兴趣，但既有研究成果大多缺乏平台经济学、平台战略学的理论基础，或缺乏对政府多边平台实践的实证研究。因此，研究范围有待拓展，研究内容有待丰富，研究深度有待加强，研究方法应该多元。具体来说，未来的研究方向和研究空间可以从以下几个方面展开探索。

一是针对既有文献主要对单一领域、单一组织的单案例经验描述，未来可以尝试运用多种方法和多数据链进行多案例归纳式理论建构，寻求政府多边平台在建设、运行和治理方面的共性模式与机理逻辑，使研究方法更加科学规范，使研究结论更加可信。

二是针对政府平台概念的模糊与泛滥，需要在平台分类的基础上考辨、界定不同类型的政府平台，并将研究重点由传统的行政服务中心等单边生产平台、基于电子政府与互联网的技术平台转向多元供给与合作治理领域的多边平台，因为政府多边平台模式更能代表治理能力与治理体系现代化的发展方向。

三是大力拓展研究内容，未来不仅可以探讨政府多边平台自身的供给与创建模式、价值创造机理与效能转化机制、运作模式与治理策略、平台演化与平台转型等新兴方向，还可以研究政府在社会治理与公共服务平台以及平台社会治理中的角色、职能与行为策略。

四是对政府多边平台绩效、平台应用范围及其边界的实证与反思性研究。现实中，不乏政府多边平台失败的案例，诸如婴儿安全岛的关停、部分政府就业服务中心的绩效低劣、社区社工服务中心的冷遇、教育培训中心的形式化与强制性培训，等等。也有一些绩效优良的社区社工服务中心等社会治理平台和政府主办的广交会、进博会等成功的产业博览平台。因此，研究政府多边平台是如何成功或失败的以及绩效影响因素有哪些是必要的。同时，反思其应用边界和范围有助于更有效地推广应用基于政府多边平台模式的平台型治理范式。

五是对于平台社会的公共政策研究要更加具体、细致，研究视角可以更加开阔。目前学者们对于平台社会政策研究仅仅停留在是否应该监管的层面上，对于如何监管并未做出深刻研究，很少有学者提出明确的监管方法与途径。在平台时代与平台经济社会，未来可能会遇到各种各样的政策难题。因此，对于平台社会政策研究应该开拓视野，研究内容也不一定局限于监管方面。例如，法律法规的支持与保障、如何平衡平台利益与生态系统利益及社会利益、政府多边平台的发展如何适应公共服务政策，以及如何促进平台经济的规范健康发展与如何保障平台社会的公平正义等问题，都值得深入研究。

第五节 研究成果的实践启发

政府为社会搭台唱戏已成为治理常态，并正在走向平台型治理。政府多边平台以其强大的联结多元主体、整合供给侧资源、促成供需匹配、促进互动合作与协作创新、降低交易成本等功能得到了各国政府的高度重视。多边平台模式在公共治理和公共服务领域的广泛应用，迫切需要政府多边平台与平台型治理理论的指导。通过研究进展报告和文献述评，我们发现国外既有研究成果有助于我们正确理解政府多边平台的内涵及外延，对政府多边平台适用范围与应用场景、平台建设及平台型治理、政府自身建设及治理变革方面有着重要的借鉴价值和启发意义。

一是在政府多边平台实践中要正确理解多边平台的实质，尤其是把握好其与网络平台、数字平台的关系。政府多边平台是政府组织向两类或更多类型的用户群体开放公共品生产运作、公共服务开发、公共事务合作共治等治权，进而促进多元利益相关群体进行价值交互的支撑结构，其本质是政府主导的多元主体互动合作的战略模式与治理机制，核心识别标准是政府治权的开放与用户之间的直接互动。若政府网络平台、技术平台仅仅停留在垂直的信息发布、静态的数据库平台建设和单向的业务流软件层次，而忽略治权开放、赋权释能、互联互通、用户间交互合作等核心特质，这类政府网络、技术平台则不能称为"政府多边平台"。因此，我们在实际操作中不能将政府多边平台简单理解为网络平台、技术平台，更不能在应用网络技术、数字技术的政府平台建设过程中忽略多边平台赋权释能、互动合作的核心特质。

二是政府多边平台适用范围与应用场景的启示。通过研究进展报告，我们发现政府多边平台的适用范围可谓是相当广泛，如民主协商、公众参与、公共资源治理、公共卫生服务提供、智慧政府建设等。未来，还将在国际交流合作、社会治理、公共服务的领域继续推进。政府多边平台的应用情景存在如下共性：利益相关者群体众多、信息不对称比较严重、公共品供给短缺或公共服务创新性不足、合作共治的交易成本高昂。因此，当公共部门无法单独掌控或合作的成本高昂时，或社会治理创新能力不足或缺乏互动的空间、渠道等支撑结构，或公共产品单一供给无法满足人民群众多样化、个性化、柔性化需求时，或公共治理领域信息不对称或缺乏治理规则进而导致民主参与积极性不强或供给侧资源难以整合时，基于政府多边平台模式的多元供给与合作治理是必要的[①]。然而，针对不同应用场景如何选择不同种类的政府多边平台，这需要政府部门科学识别遇到的治理症结，结合自身实际因地制宜布局政府多边平台模式的治理规则和治权安排。

---

① 刘家明、蒋亚琴：《如何提高公共就业培训服务绩效：多边平台战略的启示》，《中国人力资源开发》2020年，第7期。

　　三是政府多边平台建设的启示。从研究进展报告中我们可以看到，诸如"协商对话""网络协作""互动协作""多元创新""共同分享"等用词贯穿于既有文献，各学者一致强调政府多边平台模式在构建过程中要始终坚持治权开放下的互联互通、协同创新和合作共赢。这无疑是对政府多边平台实际建设过程中出现的"新瓶装旧酒"现象的有力驳斥。通过综述国外学者对政府多边平台建设过程中的理论成果，启示我国政府要在平台建设过程中从多边平台的本质与标准出发，坚持治权的开放与共享，确保平等的参与权、利益群体的直接交互权，大力建设兼具公平、开放、平坦与效率的政府第三方甚至第四方平台。多年前，中国台湾学者陈威如就指出，在社会治理和社会服务的诸多行业和细分领域，政府均可引入多边平台模式来推动公共品的多元供给与合作治理①。为此，政府要加快平台化转型的步伐，从多边平台的视角建设与优化合作治理平台与公共服务平台。

　　四是政府多边平台实践的启示。一个成功运行并能源源不断产生公共价值的政府多边平台不仅要因地制宜地规划布局、科学建设，更需要良好的治理。随着政府多边平台面临问题的复杂性与不确定性的增强，如果交互与治理没有合作激励、规则制约和保障措施，平台就难以得到公正和令人满意的结果。这启示政府部门作为政府多边平台主办方和提供者要制定出有效的治理规则，既鼓励良好的交互行为以培育平台生态系统中的正反馈网络效应和相互监督的生态共治，也要惩罚抑制不良的交互行为，同时政府部门也要激发平台用户群体的治理智慧和参与治理的积极性，授权并激励公民、企业、社会组织等平台用户共同参与到平台生态型治理中来。

　　五是平台社会及政府政策的启示。随着平台革命的持续深入推进，平台社会已悄然来临。不仅网络社交平台聚集了全球大部分的人口，而且大部分的其他私人活动、社会活动都在平台上发生。例如，新冠疫情治理给我们呈现了平台社会公共危机治理的新特征与新问题，近来还出现了部分政府官员网络直播带货的新现象。因此，政府要直面平台社会平台型治理的新问题、新挑战，在平台经济政策与平台社会政策上敢于探索创新，特别要保持开放的姿态听取平台生态系统成员的意见与建议；同时保持适度的审慎，在防范风险的同时尽量赋权释能以促进平台社会的生态共治、平台经济的繁荣健康发展。

　　六是政府自身建设与治理变革的启示。平台经济新动能与新经济基础

---

① 陈威如、余卓轩：《平台战略》，北京：中信出版社，2013年，第279页。

以及平台社会的时代环境，必然触发政府组织形态、治理职能、运作模式的变革，进一步塑造政府治理体系与提升治理效能。政府治理体系与治理能力现代化是国家治理体系与治理能力现代化的基础和驱动力，基于多边平台的平台型治理有助于推动政府治理能力现代化。只有政府顺应平台革命大势，推动自身的平台化转型，在平台思维的指引下应用多边平台模式建设平台性政府组织形态、推行平台型治理范式，才能更好地融入平台时代、迎接平台革命的挑战，才能更好地推动基于多边平台的公共事务合作治理和公共产品多元供给，才能更好地建设服务型政府、整体性政府。

第二章　平台型治理的提出与理论边界

党的十八届三中全会指出中国改革的总目标是推进国家治理体系和治理能力现代化。治理现代化的视野要求我们重新认识我们所处的时代环境并提出相应的治理模式。平台型治理的提出，是综合考虑当今时代环境、理论动因、实践诱因和几种基本治理模式比较的结果。平台型治理已成为与科层治理、网络治理等治理范式并列的"第四种治理模式"，能够应用于更复杂的治理领域①。本章通过探讨平台型治理与上述基本治理模式的区别，由此进一步辨析平台型治理的理论边界。

第一节　平台型治理的应用潜力与研究价值

平台在政治、经济、社会、科技等领域都有广泛的应用，已成为经济社会的新常态，以至于很多人认为平台时代已然来临。在平台时代，平台革命在世界范围内悄然发生②。在公共治理领域，许多传统的公共服务中心纷纷向平台化转型。以平台革命时代为重要标签的新时代为公共行政、公共治理提出了新的命题，新时代必然要求新的治理模式。

一、新时代呼唤平台型治理

（一）合作治理时代

文献研究和大量证据表明我们身处合作治理时代。首先，合作治理

---

① Arto Haveri, Ari-Veikko Anttiroiko. Urban Platforms as a Mode of Governance. International Review of Administrative Sciences, 2021: 1-18.

② Sangeet Paul Choudary, Marshall Van Alstyne, Geoffrey Parker. Platform Revolution: How Networked Markets Are Transforming the Economy & How to Make Them Work for You. New York: W. W. Norton & Company, 2016.

反映了后工业化进程中的期望，后工业时代造就了新的社会形态，已呈现出多元主体参与治理的局面，这一现实要求建构合作治理模式①。其次，合作治理是时代环境深刻演变的必然结果，是公共管理范式转换的需要，也是对公共事务复杂性的应有回应②。最后，从公共部门的实践来看，网络化治理已经成为公共部门的新形态③，协同治理在全球范围内别无选择④，协同治理 2.0 时代更需要强化利益相关者之间的网络联结⑤。在合作治理时代，治理实践遍地生花，治理研究如火如荼，治理理念已经植入政府的改革议程和战略部署。例如，党的十八届三中全会报告全文使用"治理"一词高达 24 次，前所未有。为此，合作治理的理念要落地生根，治理机制要付诸实施，需要借助政府多边平台的运作模式。同时，治理生态系统成员的互动合作也离不开平台等空间载体及运行机制。

（二）全球化 3.0 时代

全球化 3.0 时代提出者托马斯·弗里德曼认为，"世界是平的"必定成为 21 世纪的发展简史。在全球化 3.0 时代，每个个体和组织都能够在全球范围内参与竞争与合作。平台能够使世界上任何地方的个人及组织，出于生产、创新、教育、娱乐等目的进行合作；每种合作方式要么是由平台直接造就，要么在它的推动下得到强化，再往前发展，"平台将会处于一切事物的中心"⑥。社会财富和权力会越来越多地聚集到成功建设平台或连接到平台的国家、组织或个人那里⑦。放眼世界，我们发现那些发展得最快、最好的组织无不是平台组织模式。全球化 3.0 时代与世界平坦化进程为基于平台的合作治理提供了必要性与可行性。

---

① 张康之：《合作治理是社会治理变革的归宿》，《社会科学研究》2012 年第 3 期。
② ［英］菲利普·海恩斯：《公共服务管理的复杂性》，孙健译，北京：清华大学出版社，2008 年，第 9～17 页。
③ ［美］斯蒂芬·戈德史密斯、威廉·D. 埃格斯：《网络化治理：公共部门的新形态》，孙迎春译，北京：北京大学出版社，2008 年，第 13～21 页。
④ Simon Zadek. Global Collaborative Governance：There Is No Alternative. Corporate Governance，2008，8（4）：374-388.
⑤ Andreas Rasche. Collaborative Governance 2.0. Corporate Governance，2010，10（4）：500-511.
⑥ ［美］托马斯·弗里德曼：《世界是平的：21 世纪简史》，何帆等译，长沙：湖南科学技术出版社，2008 年，第 72 页。
⑦ ［美］托马斯·弗里德曼：《世界是平的：21 世纪简史》，何帆等译，长沙：湖南科学技术出版社，2008 年，第 157～159 页。

（三）信息时代与网络社会

随着信息通信技术的迅猛发展，当今时代被贴上了很多标签：电子商务时代、移动互联网时代、大数据时代、自媒体时代、网络社会、创新2.0时代等，相应地，公共治理领域也被冠以新的称谓：电子政务或数字政府、政府2.0、智慧城市或智慧政府、数字治理或大数据治理、网络社区等。以信息技术为基础的虚拟网络社会和社会实体网络渗透交融，使得网络社会真正到来。网络社会打破了不同阶层社会互动的壁垒，社会化的力量促使人们开展开放的协同活动，在社会网络中人与人之间的关系是一种平等的合作关系，机械的行政管理方式失去了效果[①]。互联网平台已广泛融入商业平台，还将向公共治理领域扩散。在公共事务治理领域，互联网平台表现出以下特征：互联网是一个开放的平台，是一个平等表达的平台，还是一个互动合作的空间，具备这些特征的网络参与倒逼政府治理模式的转型，加强了公民社会对公权力的监督，促使政府转变政府职能及治理模式[②]。网络平台与数据技术为公共治理的平台运作模式提供了契机，不仅提供了合作共治的空间、渠道，而且促进了公共服务的供需匹配，降低了交易成本。

（四）创新2.0与政府2.0时代

伴随着信息通信技术的快速发展、网络社会的崛起及创新的大众化进程，传统工业时代以生产为导向、以技术为出发点的创新1.0模式，逐渐进化到知识时代以人为本、以服务为导向、以应用和价值实现为核心的创新2.0模式。创新2.0强调公众参与，主张利用各种技术手段让知识和创新得以共享和扩散。政府2.0模式是创新2.0在公共治理领域的创新实践。正如创新2.0所具有的开放、参与、协作等特征，政府2.0同样强调用户参与、互动协作和开放的平台架构，强调政府、企业、社会多方的互动协同。

创新2.0视野下的政府2.0是以合作共治为使命、以服务为导向的政府治理创新模式，其基本特征是开放（包括平台开放与数据开放）、多元参与、互动协作[③]。政府2.0是一个政府、市场以及公民社会共同参与、

---

① 蔡剑：《协同创新论》，北京：北京大学出版社，2012年，第154页。
② 汪玉凯、高新民：《互联网发展战略》，北京：学习出版社，2012年，第4页。
③ 宋刚、孟庆国：《政府2.0：创新2.0视野下的政府创新》，《电子政务》2012年第2期。

互动协同的开放平台。在创新 2.0 与政府 2.0 时代，在新型网络技术、数据技术的推动下，用户导向的以平台为基础的公共服务协作创新、平台型嵌入创新已成为创新的新模式；企业、社会组织和社会公众通过网络平台以便捷的方式、低廉的成本参与公共事务的合作治理和公共服务的协作创新；政府已经从传统的行政化管理与管控型治理模式向平台时代治权开放基础上的合作治理模式转型。

（五）平台革命与平台经济时代

进入 21 世纪后，平台革命悄然发生，以不同的角度、方式和程度驱动着经济、政治、社会和科技的变革从而极大地改变整个世界。"平台正在吞食整个世界"，平台时代已经到来，这无疑是对当下世界革命和世界观的精准概括。

平台革命最直接、最显著的影响就是平台经济的大发展、大繁荣。平台作为一种经济景观，平台商业模式与平台经济战略正大放光芒。在著名的平台企业案例中，国外的有 Facebook、苹果、亚马逊等，国内的有 BAT、字节跳动、滴滴、美团等。多边平台模式已经深入生产生活的各个领域，平台商业模式正在成为席卷全球的商业革命①。平台作为一种组织模式，那些发展最快、市值最高的组织尤其是互联网公司无一例外都是平台组织模式。因此，在平台革命时代，平台组织崛起，平台战略兴盛。蓦然回首会发现，我们的社交、娱乐、购物、支付、教育、出行等社会生活再也离不开平台；各类组织都在搭建平台或推动平台化转型，积极开展平台型治理。

平台革命不仅仅是科技革命，而且是一场观念、制度的重大变革与商业模式、组织范式、治理模式的革命，更是一场社会革命，因为它联结的、整合的、促成的都是人与人之间的交互，创造并分配了人类的价值。在平台革命时代，无论是公共组织还是私营部门，都必须联结平台生态系统及其价值网络来实现价值创造和创新。平台经济及其商业模式的革命，必然倒逼政府治理模式的改革与治理机制的创新，只有构筑与平台经济时代相适应的平台型治理模式，才能顺利推动经济社会创新与转型发展②。平台革命必然呼唤新的治理模式与治理对策，因而平台型治理呼之欲出。

---

① 陈威如、余卓轩：《平台战略》，北京：中信出版社，2013 年。
② 陶希东：《平台经济呼唤平台型政府治理模式》，《浦东发展》2013 年第 12 期。

综上，五种时代图景共同构成了政府平台型治理的深刻时代背景，而这幅图景的中心就是平台。平台商业模式的兴盛与平台经济战略的异军突起为平台型治理提供了实践参考及模式借鉴。在当前的环境下，无论私营企业还是公共组织都必须建立和参与平台生态系统及其构成的价值网络来发展自己的事业。政府治理与企业平台战略具有根本的一致性：对生态成员的开放连接、互动合作和共治共赢的激励机制。因此，平台商业模式及平台战略对公共事务合作共治、公共品供给多元协作与创新具有重大的借鉴和启发意义。公共事务的合作治理、公共品的协作供给与公共服务的开放创新可以引入基于多边平台的治理思维与治理模式。

二、走出治理困境的现实诱因

进入新时代，复杂性与不确定性日益增强的环境使公共事务治理与公共服务供给的难度增加，政府依靠自身有限的资源与能力已显得力不从心；消费者主权的时代必然是一个服务为本的创新时代，公共服务需求呈现出多元化、多样性的特征，既要实现基本公共服务均等化又要推动服务创新，这考验着政府的水平思维、平台工具与治理能力。为了降低政府治理的成本同时增强公共服务创新，政府必须利用新的方法、工具和治理模式，平台型治理有助于实现政府精简高效与服务创新①。

我们处于一个既分散又统一的复杂性世界：服务环境、生产环境逐渐集中统一，而消费环境越来越分散、细化和多样化②。只有建构比环境更加复杂的治理模式，才能更好地应对来自环境的挑战。这种复杂的趋势决定了处于枢纽位置的平台进一步壮大。当消费者的需求偏好多元化且难以预料以及技术具有不确定性时，选择的重要性就很突出；当补足品具有很大的选择空间时，外部补足品生产者对平台的贡献就很大。如果平台主办方不能实现这些多元化选择的价值，就必须吸引外部的生产者进驻平台来提供多样化的互补品③。广交会就是国家促进进出口贸易的最佳案例。面对治理的各种挑战和治理变革的趋势，平台型治理模式为政府部门提供了良好的契机。因此，未来的公共品多元供给与公共事务合作治理可以选择基于多边平台模式的平台型治理。

---

① Marijn Janssen, Elsa Estevez. Lean Government and Platform-based Governance—Doing More with Less. Government Information Quarterly, 2013, 30 (1): 1-8.
② ［韩］赵镛浩：《平台战争》，吴苏梦译，北京：北京大学出版社，2012年，第199页。
③ Carliss Baldwin, Jason Woodard. The Architecture of Platform: A Unified View. Working Paper, Harvard University, 2008.

三、多边平台理论的拓展与启示

多边平台商业模式所取得的巨大成功和多边平台研究取得的丰硕成果，在政治界、产业界、科技界和学术界都产生了重大的影响，在公共治理领域亦不例外。美国还专门成立了平台战略研究与咨询机构——Platform Thinking Labs。近年来，国外出现了借鉴多边平台理论与实践来研究政府平台与公共治理的动向，国内也对其积极地响应。

以平台经济学和平台战略学为主要内容的多边平台理论在近 10 年迅速发展，成为经济学和战略管理学中最为活跃的研究领域，论文和著作大量涌现，当前已形成较完整的平台经济学理论体系。平台经济学逐渐拓展出平台战略学、平台领导学，当前正在向平台组织学、平台社会学、平台规制理论拓展。随着平台革命的深入推进，多边平台理论必将向政府多边平台及平台型治理理论、平台政策学拓展。

平台战略学是平台经济学在企业战略管理领域的延伸。平台战略学内容涵盖平台的建设模式、运行模式、创价机理、管理策略等各个环节，涉及平台的开放与管制、创价关卡、不对称定价、扩大规模、动态演化、互联互通等策略，其中重点是竞争与合作战略。平台型治理模式在平台创建与供给、运行管理策略、创价机理与路径等方面与平台商业模式有很多相通之处。因此，这些环节和策略对平台型治理模式均具有借鉴启发意义。多边平台模式的基础是网络效应，简单来说是平台一边用户的数量会影响另一边用户的数量和效用。网络效应接近于协同治理中利益相关者之间交互协同产生的协同效应，因此也是平台型治理的重要概念基础。

平台经济学与平台战略学启发我们，多边平台模式的优势与功能明显，平台建设的必要性显著。平台在沟通与交易、竞争与合作中大有用武之地，在公共治理与公共服务中亦不例外。政府同样需要在整个生态系统中与其他部门和组织紧密联系、互动合作，从而实现善政与善治。无论是政府部门之间的信息共享、资源整合与业务集成，或是政府与第二、第三部门之间的网络治理与协同治理，抑或是公共产品的多元供给、协作创新都可以借助多边平台的能量。基于政府多边平台的平台型治理模式必将不辱时代使命，成为一种新型的公共事务合作治理模式。因此，平台型治理应该借鉴以多边平台商业模式为对象的平台经济学与平台战略学的理论与实践。

四、平台型治理研究的理论价值

在政治更加民主、经济高度发达、社会治理多元化、科技十分先进的当代社会，类型纷杂、功能各异的公共平台不断涌现。平台的内涵和应用领域越来越广泛，不仅引起科技工作者的重视，也引起政治家、企业家的高度关注，近年来成为经济学、战略学等领域的研究热点。以双边或多边平台为对象的平台经济学和平台战略学研究兴盛，并在国内外已掀起一股热潮。然而在政治学与公共治理领域，平台型治理理论研究显得相对明显地滞后。

既有的政府平台研究文献对一些基本问题的探讨仍显不足，甚至留下了许多空白。这些问题包括：政府多边平台到底是什么，如何识别其真伪，其有着怎样的治理理念和思维模式；平台型治理有哪些特征与优势，发挥着怎样的功能；政府多边平台如何建设、运作和管理，其价值如何实现；如何评价治理效果，其成功取决于哪些因素；如何推动公共事务的平台型治理、公共服务的平台型创新和政府的平台领导；如何推动政府自身的平台化转型与平台组织建设。

平台型治理理论是公共行政学、公共管理学、公共治理理论自身发展和走向融合的需要。新公共行政将平等、公平等价值伦理引入行政管理，却停留在精神世界的呼吁，但为平台型治理确立了基本的价值导向。新公共管理运动主张借鉴引入工商管理的理论与方法来大力改进政府效率，却遭受公共性流失的批评。新公共服务与公共治理理论为政府平台的运作指明了方向和应用领域，但公共服务的多元供给与协作创新要付诸现实，协同治理、网络治理要落地生根，需要借助于一定的平台空间、载体、渠道与机制。因此，无论是公共服务的多元供给，还是公共事务的合作共治，都可以建立在多边公共平台或政府平台运作模式的基础上。后现代公共行政的话语理论实际上已提出了用于政治参与、协商对话的平台原型——公共能量场，但并未研究公共能量场的建设和运作原理。因此，平台型治理理论以上述理论为基础，又是对上述理论的发展和融合，这是理论和实践结合的需要。

有学者指出：治理理论强调多方参与却无法达成共识，更无法明确给出参与的具体框架；试图整合政府、市场等多种力量，发挥社会管理和公共服务多元供给的作用，却缺乏明确的操作章程[1]。因此，一种易

---

[1] 姚引良、刘波、汪应洛：《网络治理理论在地方政府公共管理实践中的运用及其对行政体制改革的启示》，《人文杂志》2010 年第 1 期。

于构建实施框架和操作性更强的治理理论——平台型治理理论亟待提出。

五、平台型治理研究的实践意义

平台型治理实践迫切需要理论研究的跟进。我国各地的政府平台实践也在如火如荼地进行，政府多边平台在民主政治、经济发展、社会治理、公共服务等方面均有广泛的实践。因此，政府为社会搭台唱戏已成为治理新常态与中国之治的一个缩影。近年来，国家层面的一带一路、国家级开发区、自贸区与国家级创新中心纷纷推出。传统的政府就业服务中心、社区服务中心等单边平台纷纷向政府多边平台转型并开展平台型治理，但暴露出治权不够开放、网络效应难以激发、治理效能不高等问题。政府多边平台在政治、经济与社会治理领域的广泛应用，迫切需要平台型治理的经验总结与理论建构。

政府多边平台为合作共治提供了载体、空间、渠道和运行机制，扩展了公共部门原本有限的资源与能力，为无边界合作、网络治理奠定了基础；多边平台是平坦的、透明的、开放的、可复用的，这些特性决定了平台型治理可以包容多样性，创造多样性和高效性的价值。平台型治理意味着政府等公共组织将公共品及互补服务的生产权力、监督管理权力开放给其他组织，对生产与供给、管理与治理进行了区分，有利于打破政府与市场的二分法，推动政府职能与治理模式的转变。基于多边平台的平台型治理让公众获得赋权，有助于推动公民参与及协同治理[1]。

党的十九届五中全会提出"提升国家治理效能""完善共建共治共享的社会治理制度"。平台型治理正是平台生态共建、共治共享的治理模式，有助于提升政府治理效能。推行平台型治理，对于创新政府治理机制、提升治理效能、推进治理现代化意义重大。公共品多元供给和协作创新要付诸现实、协同治理要落地生根，完全可以借助于多边平台的交互空间与治理机制。平台型治理是政府赋予公民自身创造公共价值权利的一种新兴治理范式[2]，其实践潜力难以估量，实践意义不言而喻。

---

① Aaron Wachhaus. Platform Governance: Developing Collaborative. Administrative Theory & Praxis, 2017, 39 (3): 206-221.

② Janowski Tomasz, Elsa Estevez, Baguma Rehema. Platform Governance for Sustainable Development: Reshaping Citizen-administration Relationships in the Digital Age. Government Information Quarterly, 2018, 35 (4): 1-16.

第二节 平台型治理的内涵

"平台型治理"的界定涉及"平台"和"治理"两个关键概念。平台的定义有很多种，不同的定义涉及的平台类型及其性质不同。已有文献较少涉及平台性质的探讨，日常生活中对平台的提法又几乎达到泛滥的程度。公共平台话语泛滥的直接后果是以概念作为逻辑起点、以分类作为研究基础的公共平台理论体系无法建构。因此，这里引入、借鉴相对成熟的平台经济学中的多边平台概念，并将其发展为政府多边平台概念。平台型治理的理论界定建立在现代治理理念和政府多边平台概念的基础上。因此，对治理概念及政府多边平台概念的界定至关重要。

一、概念基础

治理是各种公共的或私人的机构管理共同事务的诸多方式的总和①。其实质是建立在市场原则、公共利益和认同之上的合作，治理机制主要依靠合作网络的权威，通过合作、协商、伙伴关系和共同目标等方式参与治理；目标是善治，善治的本质在于它是政府与公民社会的合作管理②。此后，随着治理理论不断拓展，公共治理的定义多达数十种，但其基本理念与要义得以传承：其一，治理主体是多元的，权力是分化的，除国家和政府外，各种私营组织、民间组织、群体和个人都有参与治理的权力；其二，治理是基于民主和信任的，是一种协商与合作的机制与过程；其三，治理的社会导向性，注重吸收公民社会的力量和公民的自治能力；最后，治理的服务取向，从重管制转向重服务，以共同事务为对象，以公共需求为出发点，旨在创造公共价值和供给满意的公共服务。

平台型治理的实践基础是基于双边（多边）平台战略模式或商业运作模式（而非数字平台技术模式）。双边（多边）平台模式由来已久，广场和集市就是早期典型的例子。只是随着互联网的普及以及与数字平台技术革命的融合叠加效应，多边平台模式才以席卷全球之势表现出全新的内涵、庞大的规模和广泛的影响力。

---

① 全球治理委员会：《我们的全球伙伴关系》，牛津：牛津大学出版社，1995年，第23页。

② 俞可平：《治理与善治》，北京：社会科学文献出版社，2000年，第4~8页。

在合作治理领域，参与共治的群体类型多元，为此笔者更倾向于选用"政府多边平台"或"多边公共平台"的概念。政府多边平台（多边公共平台）是连接政府（公共部门）生态系统中的多边群体，在治权开放的基础上提供互动机制以实现群体间相互满足的一种治理结构及其支撑体系。将其定义为"支撑体系"，实则回答了所有类型平台的共性。"治权开放"是识别多边（双边）的最重要标准，使之与其他类型的供给模式区别开来。因此，治权开放基础上的多边用户之间的直接互动是多边平台的核心特征①。多边（双边）平台以开放互动为核心特征，同时意味着用户群体的多种选择和参与，且互动合作行为是可以重复的②。政府多边平台通过开放治理权力并提供互动合作的空间与机制来创造公共价值的战略模式与治理支撑体系。作为各种互动的结构和治理支撑的载体，多边平台的表现形式多姿多彩，具体包括如下类型：平台组织——平台体提供者或平台业务主办者，是将两类或更多类型的用户吸附其中并让其直接互动合作的组织；合作治理的空间载体或基础设施，例如产业园、培训中心、互联网；基础性公共品或公共服务，允许其他主体在其基础上开发新的应用，如一卡通、社区服务中心；合作治理的工具、渠道或路径，如公益基金会、听证会；以及包括上述形式在内的综合支撑体。

政府多边平台有别于传统的公共品生产平台，如行政服务中心、市民服务中心；也有别于单纯的技术平台，如政府门户网站、数据库平台。即双边和多边平台有别于平台的另外两种基本形式：生产平台、技术平台。多边（双边）模式不同于生产自销模式与经销模式，后者没有开放生产经营的控制权和剩余索取权。因此，以多边（双边）为基础的平台型治理模式，是公共品供给（有别于生产）的一种策略和模式。在笔者的已有研究中，根据平台功能领域、政府参与模式、平台连接性质、平台竞争性、所有权、开放程度、平台形态等维度对政府多边平台进行了分类和整理，这里不再赘述。

在经济领域，政府主办的广交会、高交会、进博会、园博会、数博会等会展平台是比较成功的案例；在公共服务和社会治理领域，地方政府主办的已开放运作管理和服务生产等治权的各类服务中心诸如社区社工服务中心、就业服务中心、残联服务中心、妇儿服务中心等近些年发展迅速、

---

① Andrei Hagiu, Julian Wright. Multi-Sided Platforms. International Journal of Industrial Organization, 2015（43）：162-174.

② Tim O'Reilly. Government as a Platform. Innovations, 2010, 6（1）：13-40.

成效显著。当然，互联网平台、数字平台也往往具有多边开放互动的属性，因此在理论上也符合多边平台。而本研究以这些实体性政府多边平台（而非数字平台、互联网平台）为主要研究对象，目的是强调多边平台的组织属性、治理属性及赋权释能的运作模式、治理模式，而非强调数字平台的技术优势及其技术治理路径。这与当下炙手可热的平台技术治理路径有所不同，但本书研究对象并非有意排斥政府数字平台，尽管数字平台往往符合多边平台治权开放的核心特质，但实体性政府多边平台研究在数字时代更容易被忽略，尤其是已处在数字化转型之中的多边实体平台被研究者更多地看到其技术治理的一面，而忽略了其多边平台的组织本性、运作模式及其治理范式。

二、平台型治理的定义

学界对"平台型治理"有三种理解，相应地有三种研究倾向。其一是"平台自治"，即平台（组织）尤其是大型平台企业的自我治理、内部治理，包括平台公司的治理结构与治理机制安排、生态系统的合作共治及平台组织作为所有者和主办者对生态系统成员的负外部性行为、机会主义行为的监管，治理范围限于平台组织内部和平台生态系统，其目的在于推动利益均衡和平台生态系统的可持续繁荣。在平台经济管理研究的早期，绝大多数研究成果秉持这种理解及其研究倾向。其二是"对平台的治理"，即对互联网平台、垄断性企业平台的外部监管。其基本假设是平台市场存在失灵和平台组织存在负外部性风险。该模式遵循的是安全优先、规范健康的价值逻辑，强调的是对平台风险及失灵的有效回应与行政管控。2019—2022 年，在国家的平台经济规范健康发展的政策指引下掀起了研究高潮，并由经济管理学界的平台反垄断研究逐渐转向了公共管理和政治学界的平台经济监管政策研究。三是"基于平台的治理"，即基于平台的公共事务合作共治。其基本假设是平台存在正外部性，从而利用平台的开放互动性、生态辐射性促进互动共治。现实中平台承担了越来越多的公共品供给、公共事务治理等原由政府主要履行的公共职能，由此平台实践构成了政府治理创新的重要维度[①]。该模式遵循发展优先、共创共享的价值逻辑，强调的是对平台网络性与开放互动性的主动吸收和合作共治。

"基于平台的治理"模式进一步分为两种研究倾向，一是基于数字平

---

① 王谦、何晓婷：《场域拓展、资源整合与平台实践：信息社会政府治理创新的认知维度》，《中国行政管理》2019 年第 12 期。

台、互联网平台的数字技术治理路径，这是当前学界研究的主流。二是基于多边平台运作模式的制度性治理路径，多边平台模式不仅是整合了市场、社会与科层三种机制的资源配置制度，还是价值共创共享的制度安排。

笔者提出的平台型治理模式倾向于基于多边平台战略思维及运行模式的公共品多元供给、公共服务协作创新和公共事务的生态共治。简言之，平台型治理是以多边公共平台或政府多边平台为基础的治理模式。更进一步地，平台型治理是在生产经营权、服务开发权等治权开放共享的基础上，借用多边（双边）公共（政府）平台的空间载体、基础设施、共享资源和互动规则，联接生态系统中的双边或多边群体，促进它们之间互动合作、相互满足并创造公共价值的治理模式。例如，某些地方政府将原由街道办掌控的社区服务生产权、社区服务中心运作管理权统一开放给社工机构，由社工机构与社区居民直接互动合作以实现社区共治与服务创新。政府单边生产平台——传统的社区服务中心就转型为多边公共平台——社区社工服务中心，而基于社区社工服务中心这类多边公共平台空间载体及其运作模式的治理就是平台型治理。还如，中央政府和省政府合作创办的广交会、进博会等外贸平台，由于开放了进出口贸易、参展及相关服务的生产权、互补服务开发权，而成为繁荣的多边市场（平台）。基于此类多边市场（平台）的政府治理，也是平台型治理——把供求两侧的多边用户连接起来，通过赋权释能让其直接互动共治的治理模式。相应地，基于多边市场（平台）的政府也变为集市型政府[①]（后文将其概念拓展为平台性政府，因为公共治理领域的多边平台不一定是多边市场）。

平台型治理是一种治理模式，不是单方的生产经营行为或管理控制方式，也不是单纯的技术理性行为，而是开放互动的合作治理行为。平台型治理的前提是公共治权和平台资源的开放共享，其中重点是公共事务治理和公共品供给的多项权力开放共享，不仅包括基础设施与公共空间的开放、数据及信息渠道的开放、资金供给或技术开发的对外开放，更重要的是公共品生产经营权、公共服务开发运作权、决策权和话语权以及监督评价等公共治理权力的开放。

多边平台本身是一种产品供给与协作创新的组织战略，是实现多元权利主体合作共治的运行机制。多边平台是一种创造价值的过程，是通过推

---

① Tim O'Reilly. Government as a Platform. Innovations, 2010, 6 (1): 13-40.

动两组或更多相互依赖的客户群体之间的互动而创造价值的①。因此，平台型治理实质是政府等公共组织的开放式互动及共治模式。它不同于生产自销模式——像行政服务中心那样的"自动售货机"政府，而像"集市型政府"；也不同于经销模式——单纯的买入卖出模式（例如公共服务外包），而是供求主体间的直接交互而非经销方代替或控制他们的互动；也不同于供应链的垂直整合模式——供应链上上下游组织的加盟或合并②，而是平台供给侧主体享有独立的生产经营权等合约控制权与剩余索取权。这种开放式互动共治模式，依据生态系统论、水平思维和价值网络思想，吸引多边用户群体进驻平台以组建平台生态系统，使多边群体基于平台的空间和规则开展合作互动，激发彼此间的网络效应，促进互利共赢继而增进公共价值。平台型治理的基本途径是，政府等平台主办方借助于各边用户群体之间的相互依赖、互相吸引，将它们联结在平台上互动合作，促进它们之间直接相互满足和彼此价值实现的同时，巧妙地履行着自身的治理责任并发挥自身的影响力。

三、平台型治理的思维

"现代管理之父"德鲁克曾说，当前社会不是一场技术革命，而是一场观念上的革命③。治理模式变革更是一种观念上的革命，其首先解决的是治理思维的问题。治理思维决定治理的立场和视野，从而影响到治理过程、方式及其效果。平台型治理模式体现了开放意识、生态系统思维、合作思想，体现了开放与共享、分权与合作、有限政府与有效政府的治理理念。

平台型治理模式首先承认世界平坦化的发展趋势，封闭与孤立、控制取向的理念都是逆时代潮流的，互动合作是必然的选择；其次，世界是多元的而不是以政府为中心的一元化、单极化，相应地，采取去一元化、非行政化的治理思维；最后，世界是复杂不确定性的，要求多元主体采纳多元方法实现合作治理。平台型治理的核心思想是开放、互动与合作共治，这种核心思维是平台运作及其价值创造的指南。平台型治理的基本目标是实现平台生态系统内或整个社会的共同利益与整体效能最大化，而不是平

---

① David Evans, Richard Schmalensee. Catalyst Code: The Secret behind the World's Most Dynamic Companies. Boston: Harvard Business School Press, 2007: 5.

② Andrei Hagiu, Julian Wright. Multi-Sided Platforms. International Journal of Industrial Organization, 2015 (43): 162-174.

③ 抑扬:《杜拉克谈企管"观念革命"》,《中外管理》1999 年第 2 期。

台所有者或主办方的利益最大化，否则平台难以为继。平台型治理模式也维护秩序的价值，但不是静态的、单一可控的秩序，而是权力分享、有序参与、协同联动的动态秩序，因此通过开放共享、整合集成、互动合作等方式创造用户主权、公平正义、协作创新、互利共赢的价值。

平台思维就是鼓励利用其他组织的能力和资源来产生补足者的新型范围经济，目的是利用网络外部性和广泛的生态系统创新将供应商甚至竞争对手变成补充者或者合作伙伴①。水平的平台思维实质是一种开放互动的网络合作思维。水平的平台思维与平台型治理模式还改变了大政府与小政府之争，公共服务由政府来生产还是企业来生产是一种错误的二分法，平台战略模式及其思维意味着二者的合作供给②。形象地说，平台思维与互联网思维存在异曲同工之妙，都主张开放互动与合作治理。

四、平台型治理的特征

平台型治理的特征根源于多边平台的运作模式和结构特征，其优势源自平台的水平思维产生的优势。除了水平思维的特征及其优势，平台型治理的其他特征和优势主要体现在以下几个方面。

平台型治理的核心思想是开放、互动和共治。平台型治理将参与公共事务治理和公共品供给的多项权利开放共享，与利益相关群体结成公共价值网络，让多边群体之间互动合作、互利互惠、相互满足，来实现平台方的使命与责任，从用户群体的价值实现中兑现自身的价值创造。

平台型治理的核心特征是互动合作。平台型治理通过推动互动合作满足多边群体彼此间的需求，借此履行平台主办方自身的责任，而不是由平台主办方替代多边用户群体之间的互动来直接满足需求或直接生产产品。多边平台连接的这些利益相关群体构成了平台生态系统，其互动合作形成了平台价值网络。多边平台只是为它们的互动合作提供载体、空间和互动规则，发挥了"催化剂"的功能③。因此，多边平台通过推动他方的互动合作实现自身的价值，平台发挥了一种杠杆的作用：撬动了各方的资源和能力，实现了生态系统内群体间的资源与能力的连接共享，扩展了组织原本有限的资源与能力，为平台型治理夯实了基础，并提供了落地形态及操

---

① Michael A. Cusumano. Staying Powder: Six Enduring Principles for Managing Strategy and Innovation in an Uncertain World. London: Oxford University Press, 2010: 203.

② Tim O'Reilly. Government as a Platform. Innovations, 2010, 6 (1): 13-40.

③ David Evans, Richard Schmalensee. Catalyst Code: The Secret behind the World's Most Dynamic Companies. Boston: Harvard Business School Press, 2007: 19.

作空间。

平台型治理的多边平台运作模式以网络效应为核心，通过激发网络效应，实现多边群体之间的相互吸引、权利和责任的相互依赖、价值和利益的相互促进，调动了利益相关方合作共治的积极性，有利于推动公共品的多元供给和公共服务创新。政府多边平台是公共价值网的枢纽，能够充分发挥政府等公共部门的影响力和元治理功能，且具有规模经济、范围经济等多种优势。可以说，平台的用户规模越大，其价值就越大。

第三节　平台型治理的外延及比较优势

从政府治理模式的运行方式和主体间关系来看，我们倾向于将治理模式分为管控型治理、网络治理与协同治理等基本类型。平台型治理模式的提出，不仅是基于对其创价机理所产生的战略优势的考虑，也是对几种基本治理模式比较的结果。Himmelman（2002）认为，多元利益主体参与治理的共事策略一共有四种：网络、协调、合作、协同，在协同治理过程中，各方相互信任的程度很高，共担责任和风险，共享收益，共享权力范围①。由此，网络治理、协同治理及基于传统科层治理的管控型治理一道构成了当今社会公共治理的三大基本模式。通过探讨平台型治理与上述基本治理模式的区别，深入挖掘平台型治理的内涵、外延与优势特征，从而进一步思辨其适用场景与边界。

一、平台型治理与网络治理的比较

基于公共事务治理的复杂性及学界对新公共管理的批判，网络治理随之提出②。与单一的市场治理或单一的科层治理相比，网络治理是有别于且可以融入这两种治理模式的第三种治理模式③。陈振明（2003）认为，

---

① Arthur T Himmelman. Collaboration for a Change: Definitions, Decision-making Models, Roles, and Collaboration Process Guide. Minneapolis: Himmelman Consulting, 2002: 1-5.

② Eran Vigado. From Responsiveness to Collaboration: Governance, Citizen, and the Next Generation of Public Administration. Public Administration Review, 2002, 62（5）: 527-540.

③ Louis Meuleman. Public Management and the Metagovernance of Hierarchies, Networks and Markets: The Feasibility of Designing and Managing Governance Style Combinations. Heidelberg: Physica-Verlag, 2008: 31.

网络治理是政府部门和私营机构、第三部门或公民个人等多元利益相关主体彼此平等合作，在相互依存的环境中分享公共权力，管理共同事务的过程①。"网络"原指多元主体间相互依赖的社会关系结构，后来在网络信息时代不自觉地加入了互联网网络的元素，认为网络技术是网络治理的重要工具。无论其思想如何阐发，网络治理阐发的基本主张和达成的共识主要包括：治理主体多元化、治理结构网络化，主体间相互依赖、平等协商互动，致力于解决共同事务。与一元化的政府管控型模式相比，网络治理彰显的是民主平等和合作共治的价值主张。

但在实践中，网络治理可能面临一些挑战和风险。第一，利益相关主体的"搭便车"等机会主义行为可能导致参与网络治理的合作困境。第二，"网络"是一种非常松散且不稳定的合作形态，运行结果通常是网络解散或者合并成一个组织②。第三，网络治理缺乏网络的主导方和网络结构的维系者，其发起、组织和维护工作往往缺乏行动指南。同时，网络治理的实施可能遭遇以下困境：一是多元主体间的职责难以划分导致的责任困境；二是政府权力下移导致的公共责任流失及政府合法性困境③。正是基于网络治理的困境、挑战与风险，Karin Grasenick 等学者（2008）指出，网络治理不会自动实现，战略管理才是成功的关键④。

平台型治理基本吸收了网络治理的核心思想和价值主张，二者有一些共通的地方。首先，平台型治理与网络治理都是水平思维指导下的多主体合作治理，平台型治理主张创建平台生态系统、联结公共价值网络，这是对网络治理核心思想的继承和发扬；其次，平台型治理强调"平"的特质，符合网络治理对治理主体间地位平等的基本主张；最后，平台型治理追求的政治价值与网络治理的价值主张也是基本一致的。因此，从某种意义上说平台型治理是网络治理实现的一种机制和路径。

在平台型治理模式中，多边公共平台由政府等平台主办方、主管方和所有者来建设和主导治理，责任主体明确；政府等公共部门向平台多边用户群体开放基础设施、内容供给、服务供给、评价监督等治理权力，并提供治理规则与互动机制，拥有一揽子治理工具可供操作，合作治理的行动

① 陈振明：《公共管理学》，北京：中国人民大学出版社，2003 年，第 86 页。
② 田培杰：《协同治理概念考辨》，《上海大学学报（社会科学版）》2014 年第 1 期。
③ 李静：《网络治理：政治价值与现实困境》，《理论导刊》2013 年第 7 期。
④ Karin Grasenick, Gabriel Wagner and Kristina Zumbusch. Trapped in a Net: Network Analysis for Network Governance. The Journal of Information and Knowledge Management Systems, 2008, 38 (3)：296-314.

框架和实施路径更加清晰，多元主体间的分工协作与权责配置明确；多边公共平台通过网络效应实现多边群体相互吸引、互利互惠，网络效应把利益相关群体紧密联结在一起形成共同体；政府不参与平台业务的运行管理，但供给公共平台并安排治理规则，同样履行了公共品供给的责任，而且政府更加精简高效。因此，基于多边公共平台的平台型治理模式有利于化解和克服网络治理的风险和困境，是对网络治理的扬弃。

二、平台型治理与协同治理的比较

协同治理是指参与者以平等伙伴的身份一起合作的情形，在协同治理中，参与者需要通过正式或非正式的协议放弃自己的一部分独立性或自主性①。"协同"作为治理的修饰语，强调的是不同治理主体之间参与集体行为的目标一致性、行动统一性、能力整合性、资源共享性、优势互补性、责任共担性、效果整体性。协同治理实际上是不同部门之间进行的社会或政治参与的新模式，仅凭单个部门的一己之力是无法实现的②。因而，协同治理对于提高公共治理效果指明了协同的要求和治理的方向。

在治理实践中，协同治理如何实现以及协同的机理何在，协同的路径和方式有哪些，均缺乏具体的操作体系。协同治理付诸实施的风险在于：由于资源、能力、信息等主客观方面的不平等事实，协同治理主张的平等原则难以落实到不平等的现实中；协同治理要求的统一性与多元主体的利益多样性之间存在矛盾，当统一性遇到多样性威胁时，便会被各个击破，因而协同可能以分裂而告终③。此外，由于社会公平感的缺失、责任分散等原因也可能导致协同治理过程中出现搭便车等行为。有研究总结认为，协同治理面临的困境包括：目标达成一致的困难、监督管理的困境、社会惰化，以及对公共服务多元供给的质疑和政府合法性流失的批评④；还有批评指出，协同治理工具的实用性难以应对治理结构的复杂性⑤。

平台型治理与协同治理一样，强调基于正式协议或规则的互动与合作，同样追求治理的协同性与整体性。在治理主体、治理理念、行动方向

---

① Keon Chi. Four Strategies to Transform State Governance. IBM Center for the Business of Government：Washington，DC.，2008：25.

② John Donahue. On Collaborative Governance. Cambridge：Harvard University，2004：1.

③ 杨清华：《协同治理的价值及其局限分析》，《中北大学学报（社会科学版）》2011年第1期。

④ 刘伟忠：《协同治理的价值及其挑战》，《江苏行政学院学报》2012年第5期。

⑤ Chris Huxham. The Challenge of Collaborative Governance. Public Management，2000，2（3）：337-357.

及治理目标等多方面有着高度的契合。因此可以说，平台型治理秉承了协同治理的基本思想，也可以认为平台型治理是协同治理的实现机理与运作模式。同时，平台型治理有着自己的丰富意蕴、独特视角和工具优势，尤其是其独特的、实用的运行机制与创价模式。平台型治理强调的"协同"是一种在治理生态系统中治权开放基础上的互动合作，是把相关群体联结在平台上共享治权和公共资源，而且基于平台规则直接互动而实现相互满足、协作创新，通过激发网络效应把这些群体紧密地"捆绑"在一起形成利益共同体。因此平台型治理模式更加强调治理的生态性、价值的完整性、服务的创新性。平台型治理的分工合作是在对其他群体开放治理权力的基础上，基于治理主体各自的职责和比较优势而做出的选择。平台型治理为多元主体的合作共治提供了系统的、务实的平台运作模式，有助于克服协同治理的风险与困境。平台型治理模式提供了合作治理的载体、空间、渠道、工具与规则，是更高级别的而非一般的资源整合性的联盟合作，其高级性在于平台向外部群体开放了生产运作、监督评价等治理权力，让它们直接互动合作并相互满足，网络效应的核心运作机理实现了这些权利主体间的相互吸引、相得益彰和协同共赢。与协同治理明显不同，平台型治理不要求参与者放弃自身的独立性与自主性，它主张供需双边或多边群体之间直接互动、自主运营、自担风险，因此对治理参与者的激励更加有效。

共治需要一个前提，这就是合作的意愿。要解决合作治理的动机问题，实现多主体之间彼此促进、互相满足，必须借助于价格、营销、评价、话语权规则等运行机制和策略，平台型治理凭借多边公共平台的优良属性、运行模式与功能优势，通过联结价值网络、激发网络效应、独特的创价机理和一揽子治理工具，显现出它的治理优势和魅力。另外，网络治理与协同治理往往忽视了合作行动的发起、合作网络的建设与管理，而平台型治理模式中政府的多边平台供给与平台领导，解决了合作网络中的组织管理问题，有助于明确多元利益主体的分工与权责，调动了平台型治理参与者的积极性。

根据上文的分析，表 2-1 在基本理念、理论基础、运行机制、操作路径、治理困境等维度，将平台型治理与网络治理、协同治理进行比较。从表中可以看到，与网络治理或协同治理相比，平台型治理更加强调治理权力的开放与政府的平台领导；平台型治理的运行机制和操作路径更加务实可行，可操作性更强，但对平台领导能力提出了更高的要求，更加依赖政府的公共平台供给。

表 2-1　　　　平台型治理与网络治理、协同治理的比较

	网络治理	协同治理	平台型治理
基本理念	主体多元、平等协商	多主体在目标、行动及效果上的协同	多主体基于平台空间与规则的互动合作
产生缘由	复杂性及对新公共管理的批判、信息网络时代	资源能力难以整合、协作性不高、整体治理效果差	平台时代的治理困境、平台经济与平台社会的崛起、平台革命
理论基础	技术网络、社会网络理论	协同学、博弈论	平台经济学、平台战略学
关键特征	结构网络性	协同、整合	治权开放、网络效应、平台空间
运行机制	政策网络	笼统模糊的协同机制	价值网络、价格机制、创价关卡
操作路径	不明确	正式或非正式的协议	平台建设、运行及管理，多元路径
关键能力	网络整合	能力整合、行动协同	激发网络效应与平台领导力
局限性	无组织方、结构松散不稳	操作路径不明	投入较大、运行复杂，需动态调整
治理困境	参与困境、责任困境	责任分散、监督管理困难	网络效应难以激发
潜在风险	政府公信力、合法性缺失	协同变强制、平等难以落实	平台失灵、利益分配不均

资料来源：作者自制。

综上所述，平台型治理与网络治理、协同治理的理念一脉相承，是实现多元利益主体合作共治的运行模式，是治理的一种战略及操作体系。平台型治理可以成为网络治理、协同治理的践行机制，也是网络协同治理的一种运行模式。如果说企业多边平台是"市场的具体"①，那么可以认为多边公共平台是合作治理的具化。无论是网络治理还是协同治理，要付诸实施都要借助于载体性、规则性与共享性的支撑体系。平台所有者和主办方把基础设施运作、公共品生产、服务开发、评价监督等治理权力开放给

① 徐晋：《平台经济学》，上海：上海交通大学出版社，2013 年，第 21 页。

外部其他主体，调动它们参与治理的积极性，整合了多方资源和能力，通过平坦化的运行机制，为网络治理、协同治理提供空间、载体、路径和运行模式。而且，平台型治理模式有着深厚的理论根基——多边平台理论，有着丰富的企业多边平台战略实践经验可供借鉴，因此其理论框架更具体系性，实现机制更具操作性。

三、平台型治理与政府管控型治理的比较

政府管控型的公共品供给与治理模式具体有三种方式：一是政府部门直接生产运作的科层制生产，二是政府部门按市场模式购买其他部门生产的经销模式（这两种方式统称为"政府生产经营模式"），三是政府部门按科层制模式推动的由其他部门生产运作的行政化管理模式（主要发生在公立事业组织和基层自治组织）。平台型治理是这些公共品供给及治理方式的破除与颠覆，为此通过比较以探讨其对立性关系与本质区别。

（一）平台型治理与政府生产经营模式的比较

政府部门的科层制生产无疑是主要的公共品供给方式与治理模式。大部分公共品由政府亲自生产，或由政府主办的事业单位、企业来生产，各地的政府办公大楼与行政服务中心就是公共品分散或集中生产的场所。即便是在电子政务"平台"上，几乎所有的服务都是政府部门来供给。近些年比较流行的PPP以及政府购买社会服务模式，通常是以竞投标方式，由政府选择具有相应资质和运营管理实力的社会组织或企业，按照双方约定的产供协议要求来生产，政府购买其产品或服务项目，最终向公民提供公共品。这实际上是政府买入再卖出的经销模式，与传统的自产自销模式相比，仅仅放弃了亲自生产。即便如此，政府通过协议的方式仍然保留了公共品生产的绝大部分控制权，诸如生产规格、生产方式、生产要素的投入规制等，政府与公共品生产者签订协议控制生产经营权；而在多边平台模式中，外部生产者与消费者签订协议、直接互动交易。科层制生产与PPP经销模式的共同点是政府对公共品生产经营权的控制，政府作为生产者或者经销者忽略了甚至取缔了生产者与消费者直接互动。当然，科层式生产模式、政府购买公共服务的经销模式都有自己的应用场景，政府对公共品生产的规制也是必要的。

平台型治理作为一种开放合作的公共品多元供给模式，需要考虑更多的影响因素。不仅要根据平台的建设使命与业务性质、资源与能力、业务

流与价值网，还要考虑生态系统成员和利益相关者的期望，例如需求的性质与消费者的行为特征等。笔者参考中介组织在多边平台模式和经销商模式间选择的各项影响因素①，构建了公共品供给的两种基本模式——平台型治理模式与生产经营模式的影响因素和适用情景模型，见表2-2。比较研究发现，政府生产经营模式的适用情景如下：公共品自身具有权威性、强制性消费特征（如国防、治安）；生产者处于紧急状况、不利预期（如难以收费排他、消防应急服务）；中介组织不愿意持续投资；政府对公共品生产有非常必要的控制性要求，否则就要承担严重的风险及后果的重大责任。而当需求具有很强的不确定性、多样性，或消费者处于严重信息不对称的劣势情况；供需主体之间的互动非常必要或供给者之间的竞争比较充分，或公共事务治理具有网络性、民主性要求时，基于多边平台的平台型治理模式是必要的供给策略。

表 2-2　　平台型治理与政府生产经营的影响因素及适用情景

影响因素	平台型治理	政府生产经营
公共品或服务自身的权威性、强制性	-	+
生产者的不利预期	-	+
需要中介持续投资	-	+
消费者需求的不确定性	+	-
消费者对产品多样性、柔性化的需求	+	-
消费者不熟悉卖者的产品	+	-
生产者与消费者直接互动的必要性	+	-
公共品的竞争性程度	+	-
政府对产品生产的控制性要求与直接责任	-	+
公共事务治理的网络性、民主性要求	+	-

注：本表参考 Hagiu（2007）中的表1②。"+"表示正向影响，"-"表示负向影响。

---

① Andrei Hagiu. Merchant or Two-sided Platform. Review of Network Economics, 2007, 6（2）: 115-133.
② Andrei Hagiu. Merchant or Two-sided Platform. Review of Network Economics, 2007, 6（2）: 115-133.

（二）平台型治理与行政化管理模式的比较

传统的政府治理属于单中心自上而下的管控型治理模式，主要追求秩序稳定可控的价值，在全社会推行行政化的管理模式。行政化管理即政府对其他组织的管理以及在社会组织内部，沿袭行政组织结构和运作管理模式，遵循上级集权、控制取向、指挥命令的基本管理原则。行政化管理模式具有如下特征：在世界观方面，认为世界是单中心的，基本主张是在中心的权威下实行统一的、标准化的管理；将组织定位于相对封闭、孤立、静态的生态环境；核心思想是命令和控制，主张一元主体的单一管控与高度集权；采用计划机制与行政化、科层化的运行机制，通过创建秩序与层级控制，追求统一、稳定、可控的统治秩序，结果却造成官僚主义、本位主义；实行统一指挥、层级节制的管理模式，管理主体与客体间是等级系列关系及控制与被控制的关系；执行垂直单向的信息沟通，从上到下输送决策和指令，自下而上传递信息和情报；在资源利用与配置方面，注重开发利用内部资源，公共部门垄断资源，根据计划指令配置资源。

行政化管理虽然具有政令畅通、增强上级权威与控制力等方面的优势，但暴露出诸多局限：等级系列、层级节制和管控性治理及其垂直思维，不利于发挥其他组织和群体的积极性；集权取向和专制的领导风格容易造成中央掠夺地方与政府权侵社会的格局，妨碍了社会资本的成长，不利于市场力量、社会力量参与公共事务的治理。在相对稳定、比较简单的运行环境中或在紧急状态下，行政化管理模式是必要且有用的，但是其垂直、单一的控制性管理模式无法应对平坦化世界的公共服务需求多元化与公共事务合作共治的诉求。行政化管理在世界观、核心思想、运行机制、管理模式、主客体关系、权力取向、资源配置、核心能力等方面与平台型治理模式迥然不同。表 2-3 从不同维度对平台型治理与行政化管理进行了比较。

表 2-3　　　　　　　　平台型治理与行政化管理的比较

	平台型治理	行政化管理
世界观	平坦化，多元论，复杂性	中心化，一元化，同一性
核心思想	开放、平等互动与合作共治	命令和控制，单一治理，官本位

续表

	平台型治理	行政化管理
组织生态定位	系统开放，生态系统中的价值网络与创价关卡	封闭，孤立，静态
追求的价值	用户主权，经济效率，创新，共赢	统一，稳定，可控
价值创造模式	治权开放、基于平台空间与规则的合作共治	秩序创造价值，控制及垂直管理
运行机制	网络效应，供求机制，平坦化机制	计划机制，行政化、泛政治化
运作出发点	公共需求导向，从生态系统整体利益出发	上级指令出发，预算最大化
管理/治理模式	多元主体基于平台的开放式合作治理	统一指挥，层级节制
主客体关系	市场供求关系，合作关系，共生关系	等级系列关系，控制与被控制关系
权力取向	权力多元化，权力开放共享与动态平衡，权力回归社会	权力集中与中心化，行政权力驾驭社会权力
资源利用与配置	资源整合共享，需求反向匹配，不对称定价	政府资源及其独占，行政指挥来配置
核心能力	协同整合能力，平台领导与演化	控制能力，维稳能力

资料来源：作者自制。

（三）比较的结果

通过上述多个维度的比较发现，平台型治理不同于科层制系统内部的自主生产模式——像行政服务中心那样的"自动售货机"[1]，也不同于科层制驱动并推广至社会组织和事业单位的行政化管理模式。平台型治理更不同于单纯基于公共服务买入卖出过程的政府经销模式，例如传统的公共服务外包。

平台型治理与政府生产经营模式、行政化管理在各个维度的区别，实

---

[1]　Marijn Janssen, Elsa Estevez. Lean Government and Platform-based Governance—Doing More with Less. Government Information Quarterly, 2013, 30 (1)：1-8.

际上根源于两者治理思维的根本不同。政府生产经营模式与行政化管理实质是一种权力集中、等级节制的垂直治理思维。垂直思维至少存在两大弊端：一是对网络的开放共享和多向的互动合作缺乏正确理解和认识；二是缺少相互的尊重和信任①。垂直思维指导下的政府生产经营模式或行政化管理，无疑损害政府下属部门或下辖单位参与治理的积极性，难以凝聚与整合社会资源、市场资源，难以形成合作共治的格局。与此不同，平台型治理模式遵循的是平等交互的水平思维。水平思维是从最终结果与产出效应出发，为了达成这种目标而把整个网络中不同的节点水平地联结，这必然引向平等互动与合作共治；而垂直性思考经常要求思考从是谁控制着什么系统开始，容易引向权力和利益之争②。二者的优劣在治理思维中可见一斑。因此可以说，平台型治理是对政府生产经营模式与行政化管理的冲击、颠覆与部分替代。

四、本章小结

随着平台革命的推进和平台经济社会的到来，众多公共品单边生产平台纷纷向多边平台转型，平台型治理正在成为一种新兴的治理范式。平台型治理范式有着成熟的多边平台理论可供参考和丰富的企业平台实践经验可供借鉴，其理论框架更具体系性，治理模式更具操作性，实践路径更具可行性。平台型治理是政府等公共组织的开放式合作治理模式与多元主体的合作供给策略，并非政府的单边生产平台模式或基于信息平台的单纯技术理性行为，既有别于政府单中心的生产经营模式或政府对社会的行政化管理模式，也不同于网络治理、协同治理等参与治理范式中政府作为第二方的运作模式。在平台型治理范式中，政府以第三方甚至第四方的角色介入。从这个意义上讲，平台型治理是有别于政府作为第一方、第二方角色等传统治理的新兴范式。平台型治理放弃了公共产品由政府或市场来生产的简单二分法，选择政府、企业、社会组织、公民个体等多元主体基于多边公共平台开展合作供给。因此，平台型治理是对政府生产经营模式及行政化管理的颠覆与部分替代。平台型治理更加强调开放的治理权力与共治的操作框架，是对网络治理与协同治理的扬弃、修补与进化，是后者的实施机制与落地形态。

---

① ［美］马歇尔·范阿尔斯丁、杰弗里·帕克、桑杰特·保罗·乔达例：《平台时代战略新规则》，《哈佛商业评论》2016 年第 4 期。
② ［美］托马斯·弗里德曼：《世界是平的：21 世纪简史》，何帆等译，长沙：湖南科学技术出版社，2008 年，第 158~159 页。

　　时代呼唤、实践诱因、理论动因与比较优势是平台型治理模式提出的四大缘由。平台型治理提出的论证框架见图 2-1。平台型治理的提出，既是对当下时代环境思考与回应的产物，也是应对公共治理挑战、指引公共平台实践的需要，还是公共治理的价值理性与工具理性融合发展的需要，更是以多边平台为基础的治理模式的战略优势、创价机理吸引的结果。

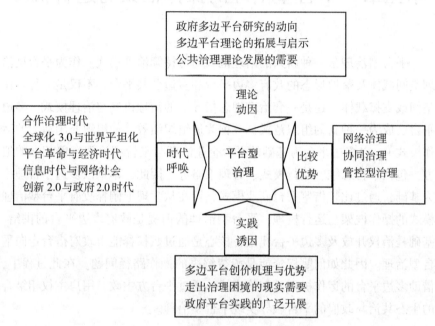

图 2-1　平台型治理模式的论证框架

图形来源：作者自制。

第三章　平台型治理的操作框架与运行机理

平台型治理是一种新兴的治理范式与可持续治理模式。作为平台型治理空间载体及落地形态的政府多边平台和多边公共平台，不仅是一种合作空间或支撑载体，还是一套治理理念指导下的治理机制与治理模式。多边平台已成为一种新的组织范式，一种改进组织绩效、使组织充满活力的运作模式①。以多边平台为基础的平台企业治理与平台型治理有着相通的地方，包括平台思维、运行模式、管理策略等。因此，本章以多边平台理论为基础，通过比较借鉴平台商业模式，旨在从学理上阐释政府平台型治理模式的操作框架与运行机理。平台型治理的前提是政府多边平台的供给，基础是治权开放及多边平台建设，核心是通过赋权释能由政府搭台走向平台型治理。因此如何赋权释能是亟待解决的操作路径问题。在此过程中，借助多边平台的运作机理及创价模式，通过平台方主政、用户主权相结合的生态共治与政府的平台领导实现平台型治理。

第一节　政府多边平台的供给

政府多边平台是一种基础性、中介性公共产品，具有一定的非竞争性——边际成本与边际拥挤成本为零，和（或）一定的非排他性（排他的技术困境和高昂成本）。大多数公共平台是一种准公共品，具备非排他性和非竞争性的一种或两种：具有非排他性的拥挤性公共品，具有非竞争性的俱乐部公共品。因此从公共经济学角度来讲，公共平台供给是政府的职责。国外学者也指出，政府应该做伟大的平台创建者，通过创建共享平

---

① Howard Rubenstein. The Platform-driven Organization. Handbook of Business Strategy, 2005, 6 (1): 189-192.

台来促进创新和经济增长①。

一、政府平台供给的类型

根据政府是否参与公共平台的创建和使用，可将政府平台供给分为四种类型：一是政府自建自用的政府第一方平台——由政府机构建设，向政府系统内部的相关部门和公务员群体开放，供其信息共享、公务协作之用；二是政府建设的自用与他用相融合并直接提供部分公共服务的政府第二方平台；三是政府仅提供平台但不生产经营与运作管理的政府第三方平台；四是政府不参与平台创建，既不是主办方也不是平台所有者，但供给着平台运作所需的资金、治理规则，这类平台被称为政府第四方平台。

政府第一方平台、第二方平台往往是政府主办的产品生产平台或技术平台，政府第三方平台、第四方平台往往为多边（双边）公共平台。政府第二方平台是政府为私营机构、第三部门和公民群体提供的用于政治参与或公共服务的平台。当政府第二方平台向其他主体开放公共品运营管理权力时，例如开放公共品生产权或监督管理权，它就转型为多边（双边）平台。政府第三方平台由政府部门单独创建或与其他社会组织共同创建，但政府不参与平台的生产运作和管理，而独立于供求双边群体之间的直接互动。政府第四方平台由非营利部门、非政府部门或志愿群体创建，甚至是企业建设，政府部门不参与创建平台，但可能涉及监督评估或购买该平台提供的公共服务。

政府第三方平台和政府第四方平台是政府多边平台供给的主要模式，意味着政府退出公共品自主生产，不参与公共平台业务的具体运作，反映了政府职能的转型，代表着政府多边平台供给的发展趋势。政府第三方、第四方平台尤其是第三方平台在社会治理和公共服务领域大有用武之地，反映了政府有所为、有所不为的公共品供给模式。根据平台连接的用户群体，政府第三方平台进一步分为：公众——公众（如体育赛事平台、社区自治组织等），公众——私营部门（如招聘会、员工维权、听证会），公众——第三部门（如社会营销、志愿者招募与服务、展览馆），私营部门——私营部门（如商洽会、广交会），私营部门——第三部门（如产学研合作），第三部门——第三部门（如交流合作、监督评估），公众——私营部门——第三部门（如公共危机治理、教育培训、文

---

① ［美］罗宾·蔡斯：《政府，做伟大的平台创建者》，《中国战略新兴产业》2016 年第 5 期。

博会、城博会）。

综上所述，从政府第一方平台到政府第四方平台，政府的治权越来越开放，平台的开放程度越来越高，撬动的社会力量越来越多，政府越来越精简高效。四类政府平台都有自己的开发使命与应用范围，需要根据平台主办方和所有者的意图、平台的建设规划和使命、政府在平台中扮演的角色及其开放策略，综合权衡政府多边平台的供给与创建模式。

二、政府多边平台的创建模式

政府多边平台可由政府部门单独创建，也可以由多个机构共同建设，关键是要划分确定平台各方的职能和权责。只有明确了各自的职能和权责，才能各行其是、各司其职、分工合理。权利与权利之间的均衡、权利和责任之间的对称非常关键，权利和责任的失衡是平台战略最忌讳的事情。例如，"婴儿安全岛"中涉及的家长与部分政府职能部门没有担负起相应的责任，造成弃婴规模过大和平台资源供求失衡。由于公共平台在价值导向、功能领域、类型及结构等方面的差异，平台的创建模式也表现各异，从不同的视角来划分，得出的结论也不同。从创建主体的视角来看，政府多边平台的创建模式主要有以下几种类型。

第一种类型，简称公共部门主建模式，由政府等公共部门承担平台创建的主要任务和供给平台所需的主要资源，凭借政府的权威和影响力召集其他平台创建方和运作方参与平台的供给和业务运作，或者通过公共政策或经济优惠诱导其他主体参与平台的建设。例如，欧盟国家在电子政务平台建设上采用 PPP 模式，而企业的介入则保证了资金的投入和服务项目的运作①。

第二种类型，是第三部门或企业主建模式，政府部门也可参与平台要素的供给，如政府可以提供政策支持或援助资金。例如广东某县残疾人联合会主办的就业服务中心（康复及培训服务项目向外界公开招投标），还如社会组织或企业主办的基金会等。这种建设模式充分利用了第三部门和企业的资源与社会影响力，通过社会和市场的力量，在某些领域开展专业化的服务，因而有助于克服政府失灵、扭转公共平台建设不足和公共品供给短缺的局面。这种建设模式非常灵活，既可以在组织原有业务模式的基础上实行开放策略形成多边平台，也可以直接在已有平台的基础上通过裂变诞生新的子平台，例如腾讯基金会、工会服务中心、妇联服务中心、共

---

① 童腾飞：《欧洲国家公共服务平台建设情况》，《中国行政管理》2008 年第 S1 期。

青团服务站等。

第三种类型，简称多边召集模式，往往由平台载体的所有者发起，基于开放协作的水平思维，根据多边用户群体间的相互依赖、互利共生关系，先后召集一个又一个的用户群体进驻平台，最终结成平台价值网络。即平台所有者组织、吸引多边用户群体进驻和联结价值网络的过程。平台创建的关键在于，平台所有者如何把供求双边用户汇聚在一起。多边召集模式涉及两个关键问题：一是供求双边用户群体进驻的动力问题，二是优先推动哪一边用户群体加入。因为双边（多边）平台的典型特征是：生产者在考虑是否加入平台时，对消费者的数量、需求存在预期，只有符合自己的有利预期，生产者才会考虑加入平台；消费者也是同样道理。这就产生了"鸡"和"蛋"谁先进驻的问题，平台所有者必须设法召集双边用户进驻平台①。

因此，多边召集模式需要对双边用户群体各个击破，打破互相观望的僵局，设法鼓励其中的一边群体优先进驻平台，然后通过该用户群体吸引另一边群体的参与。各个击破的策略主要包括：观念引导，通过政府营销或社会营销转变观念和心理预期；利益诱导，诸如财政资助、免费或补贴等经济优惠。先推动哪边群体的进驻或聚焦哪个群体（或群体中的某个阶层）取决于哪一边群体的优先进驻与壮大能够决定平台生态系统初建的起步优势和发展速度②，进一步地，主要取决于网络效应的方向和强弱。网络效应更强的一边群体应该优先吸引进来，另一边群体则自然而然地跟着进来。例如，广交会把大型采购商作为进出口贸易平台的生命线，以吸引参展商的进驻。即便平台双边用户群体间不是供求关系，例如合作伙伴关系或彼此依赖的共生关系，道理也是类似，就是优先吸引吸附力、辐射力更大的一边群体。

三、政府多边平台的建设方式

根据平台业务模式与原有业务模式之间的关系及平台与原组织、原平台之间的关系，政府多边平台的建设方式可归纳为以下几种：

一是在政府既有平台体的基础上通过演化转型生成新的政府平台，简称平台网络延展方式。这种方式是在已有平台体及其结构的基础上，通过平台的寄生、裂变、聚合或母子平台关系，孕育、催生独立或逐渐独立的

---

① 徐晋：《平台经济学》，上海：上海交通大学出版社，2013年，第5页。
② 陈威如、余卓轩：《平台战略》，北京：中信出版社，2013年，第188页。

平台；或在其他平台的帮扶下，依赖平台间的联盟关系、主从关系、共生关系、互补关系，衍生、嫁接出新的平台（例如国家社科基金、红十字会、电子政务平台）。这种类型的平台创建模式最"省力"，而且有诸多好处，譬如新旧平台之间可以互通共享、互利合作。现实中也有不少的例子，例如腾讯公司平台云搭载北京奥申委官网，能大大提高公众对青奥会的关注度，也会拓宽腾讯平台的覆盖面。

二是在原来的基础设施和政府业务基础上，按照多边平台的理念和模式来建设和运作，向其他群体开放产品生产、互补服务开发或其他参与生产及管理等权力，将政府由非平台业务或单边平台转化为多边平台的过程，简称组织改造型平台建设。政府的基础设施、技术体系、基础性产品或服务、经营渠道可以视为单边平台。在单边平台的基础上进行设计改造，是多边（双边）平台建设的一种策略模式①。具体来说，可以在原技术平台、生产经营平台的基础上通过经营控制权的开放，将其转化为多边（双边）平台。例如，传统社区服务中心引入社工机构生产社区服务后，就由政府生产平台转为政府多边平台。

三是政府成立新的机构或为政府的新业务、新服务的运作创建新的平台，即创建的新平台与原机构、原业务之间没有直接关联，这种方式简称始创型平台建设。这种平台建设模式难度大、周期长，而且与前两种模式相比缺乏用户基础和资源优势，但能直接应用多边平台建设和运行原理，不用受到政府原有业务和科层制思维的束缚。始创型平台建设比较适合于政府的新兴业务，尤其是非常规性的合作项目。

四、把基础性公共产品转化为多边平台

很多产品，尤其是公共产品具有转化为平台的潜质②。基础性公共产品尤其如此，其具有功能基本性、庞大的用户基数和借以开发新应用的潜力。一种有平台建设潜力的产品或服务，首先必须表现出一种关键的功能，然后必须授权他方在其基础上延伸功能、生产产品或提供服务③。换言之，公共产品转化为平台必须满足两个条件：第一，产品必须表现出作

---

① Andrei Hagiu. Multi-Sided Platforms, From Microfoundations to Design and Expansion Strategies. Harvard Business School, Working Paper, 2009.

② John Sviokla, Anthony J. Paoni. Every Product's Platform. Harvard Business Review, 2005（83）: 17-18.

③ Geoffrey Parker, Marshall Van Alstyne. Six Challenges in Platform Licensing and Open Innovation. Communication & Strategies, 2009, 74（2）: 17-35.

为"基础应用系统"的必要性功能；第二，产品易于连接，或作为扩展应用系统的基础，并允许新的终端应用。检验第一个条件，关键是看如果没有该产品或服务，整个系统能否运转；检验第二个条件，关键是看外部组织能否在该产品的基础上成功地开发出互补品。只有这两个条件同时具备，多边平台模式才能启动①。把产品转化为多边平台需要平台管理者从技术和业务合作两个方面去努力：在技术方面，需要设计合适的技术架构、平台界面或联结点；在业务合作方面，激励第三方的互补品创新，提供合作动力与合作机制②。

将基础性公共品或公共服务转化为政府多边平台可以迅速增加公共价值，但未必都能成功。成功地把公共产品转化为政府多边平台需要以下四个步骤：第一步，实际上是前提，就是要有运作成功的、可作为他方应用的产品及其广泛的用户基础，只有能够集拢大量客户的产品才能吸引第三方的互补品开发；第二步，采用混合商业模式，注重创新和分享新价值，即转化为多边平台模式后仍然保留原有的经营模式，但注重对第三方创新的激励，在不至于失去原有客户的同时还可以激励创新；第三步，吸引用户进驻平台，为用户提供人性化的服务，让用户参与改进服务流程和提高服务质量；第四步，掌握核心创价关卡，通过制定专有标准或培育新的增长点，不断扩张延伸平台以提高平台覆盖面、用户规模与用户黏性。③

公共产品因为其非竞争、非排他性，往往表现出一种必要的共享功能，为各个产业、各个行业的合作治理提供基本的保障；且庞大的需求群体必然对公共产品存在多元化、柔性化的需求。因此，在基础性公共品的基础上，最容易也最需要延伸出互补的多元服务。这需要政府首先开放公共品生产运营的权力，其次需要拓宽参与公共品生产与创新的空间、渠道与路径，在人流汇聚之处构建易于联结相关群体、便于互动合作的平台空间，最后通过激励机制和平台创价工具激发用户群体之间网络效应，促进公共品的多元供给与合作创新。

五、把单边平台改进为双边或多边平台

在单边生产平台、单边经销平台或纯技术平台的基础上进行转型改

---

① Annabelle Gawer, Michael A. Cusumano. How Companies become Platform Leaders. MIT Sloan Manegement Review, 2008, 49 (2): 27-35.

② 刘家明：《国外平台领导研究：进展、评价与启示》，《当代经济管理》2020 年第 8 期。

③ ［美］朱峰、内森·富尔：《四步完成从产品到平台的飞跃》，《哈佛商业评论》2016 年第 4 期。

造，是多边（双边）政府平台建设的一种常用策略。《哈佛商业评论》有文章指出，从单边平台或渠道转向多边（双边）平台，涉及三个重要的转变：从控制资源转为精心管理资源，从优化内部流程转向促进外部互动，从增加用户价值转为将平台生态系统整体价值最大化①。

单边的运营模式扩展为多边（双边）平台模式是一种简单易行的平台创建策略，关键是找到并利用单边网络的影响力，激发强大的网络效应，吸引另一边群体的加入。这种平台建设策略实施的步骤包括：一是确定平台为用户创造价值的根本功能；二是确定与这些用户存在频繁互动的另一类用户，从而降低成本或提升价值；三是开放互动的合约控制权，实现单边控制业务向双边互动合作业务的转变来创造价值。②

政府运作管理的单边平台包括行政服务中心、传统社区服务中心、枢纽型社会组织、残联学校等公立事业单位、公共基础设施，等等。单边公共平台转化为双边或多边政府平台的原理看似很简单：从操作层面来看仅仅需要把原来由政府在单边平台上行使的公共品生产权力或互补服务的生产权力、监督权力等开放给外部其他群体来行使，双边或多边平台就成型了。但是，这需要治理规则及政策层面的跟进，例如社会组织的孵化、社工行业的扶持政策、招投标政策、公共服务购买政策以及其他相关的行为规范，更需要相关利益群体的信任与合作。

第二节　政府多边平台建设的进路

政府创建和供给多边平台空间及载体之后，下一步就是开放治理权力、平台结构和相关资源，选择平台业务模式，遵循平台建设的基本路径完成平台建设的主要活动。当前，政府多边平台建设的重点是政府数据开放平台的建设。

一、政府及其治权的开放

政府多边平台建设必然涉及公共品供给等治理权力的开放，涉及政府与社会权力的调整。因此，政府多边平台建设以政府的开放为前提。政府

---

① ［美］马歇尔·范阿尔斯丁、杰弗里·帕克、桑杰特·保罗·乔达例：《平台时代战略新规则》，《哈佛商业评论》2016 年第 4 期。

② Andrei Hagiu. Multi-Sided Platforms, From Microfoundations to Design and Expansion Strategies. Harvard Business School, Working Paper, 2009.

开放，政府平台才可能开放，才能实现平台型治理与公众参与。平台经济学与平台战略学的大量文献均证明了平台的开放，有助于实现服务创新和范围经济①。

　　政府的开放包括治权的开放、公共资源的开放、平台结构的开放、平台规则的开放。治权的开放意味着产品及服务的生产权、运作权、话语权、知情权、决策权、监督权等参与治理相关权力的开放与共享。公共资源的开放包括政府数据、公共空间、基础设施、其他公共资源的开放。平台结构的开放表明进驻平台的渠道是通畅的，平台界面是友好的，平台接口是兼容的，平台进入无门槛。平台规则的开放意味着允许平台所有者之外的主体参与设计平台规则，这样有助于保障参与者的权益，鼓励平台上的互动合作行为。如果仅仅开放平台结构而没有开放规则或权益，那么参与者可能因分享不到权益而失去积极性；如果开放规则而结构封闭，那么潜在参与者就失去了参与互动的机会②。

　　根据开放的方向，政府开放有两种基本方式：一是提供开放性，即向外部群体提供自有的资源、业务、空间等要素，具体形式有：向外有偿或无偿提供使用权，开放项目、业务或支持技术。二是接入开放性，即向内引进外部的资源与能力。如何引进资源与能力，需要考虑的是在何种程度上接受和支持第三方创新，判断该创新是否符合其他方的利益③。中国改革开放 40 多年的实践模式似乎假定开放是对外的，改革是对内的。事实上，开放同样可以面向国内，包括各个层面的用户群体、合作伙伴，开放的客体既可以是各类资源，又可以是更重要的治理权力。政府及政府平台的开放都可以选择接入开放性和提供开放性两种基本开放方式。

　　政府开放说起来容易，但关键是要在开放的基础上促进互动合作和治理秩序，因此需要权衡开放的程度、开放的管制能力以及开放与管制的匹配。政府开放的程度取决于政府的开放观念，还需要综合权衡开放的利弊，诸如资源或权力开放后造成拥挤或滥用的可能；开放的技术是否准备到位，或者说排他的可能性是否成立，排他的成本与好处有哪些；政府是否具备开放的能力，诸如开放的规则如何建立、开放的标准如何设立。因为开放也是一种复杂的能力，需要具备开放带来的一系列

①　Annabelle Gawer. Platforms, Markets and Innovation. London: Edward Elgar, 2009.

②　［美］马歇尔·范阿尔斯丁、杰弗里·帕克、桑杰特·保罗·乔达例:《平台时代战略新规则》,《哈佛商业评论》2016 年第 4 期。

③　［韩］赵镛浩:《平台战争》,吴苏梦译,北京:北京大学出版社,2012 年,第 30～32 页。

相关问题的应对能力①。政府的开放，不仅仅是要能够促进精简高效政府建设，最重要的是要调动市场和社会力量促进公共品的多元供给和公共服务的创新。

二、平台业务模式的选择

在政府多边平台建设过程中，政府作为平台业务（治理事务与公共品供给）的主办方和委托者，在开放治权和公共资源后，就要选择业务如何运作管理。选择业务模式需要考虑：传统的单边业务如何转型为双边或多边业务；单边业务是全部转型还是保留一部分自主生产模式，即开展纯平台业务还是混合业务；是否需要基于网络虚拟平台开展业务。

（一）从单边到双边的扩展模式

从单边到双边的扩展模式，是由单边的组织运作模式扩展为双边或多边平台模式。案例研究表明，单边业务扩展为多边（双边）平台后价值显著提升，在规模经济的基础上产生了创新柔性与间接网络效应②。起初，可以考虑从创办一个对该组织生态系统的所有方面都能控制的单边运作模式开始，待市场建立起来后，再创建双边模式，从而实现从单边到双边的转移③。这是一种易于操作和简单可行的平台业务模式，这种模式要求开放政府的公共品生产经营控制权，实现单边控制业务向多边（双边）互动合作业务的转变来创造公共价值。政府选择从单边到双边平台的扩展模式，必然涉及原有业务经营控制权的开放，需要引入外部的第三方来承接这些业务的运作。引入第三方的关键是找到并利用单边网络的影响力（如原有的客户基础），创造强大的跨边与间接网络效应，吸引另一边用户群体的加入。

（二）纯平台业务还是混合业务模式

根据平台上业务的经营控制权，平台组织的业务可分为主办方自营业务和开放性业务，当然不能全部都是自营业务，否则就不是双边（多边）平台。若二者混搭，则为混合平台业务模式；若全部向平台用户开放运作

① 王吻：《平台战争》，北京：中国纺织出版社，2013 年，第 125 页。
② Andrei Hagiu. Multi-Sided Platforms, From Microfoundations to Design and Expansion Strategies. Harvard Business School, Working Paper, 2009.
③ ［美］戴维·S. 埃文斯、理查德·施马兰西：《触媒密码——世界最具活力公司的战略》，陈英毅译，北京：商务印书馆，2011 年，第 82 页。

管理权则为纯平台业务模式。组织不必只将自己定位为渠道或平台，两者可以融合兼顾，从事生产或销售渠道的组织可以将多边平台模式融入自己的业务模式①。例如，有些地方的妇联在开办妇女儿童服务中心平台的同时仍然保留着一些原有的自主经营服务内容与渠道。

政府平台建设时需要在纯平台业务模式与混合业务模式之间进行选择。选择的依据，除了要考虑多边平台模式与生产经营模式的影响因素外，最关键的是看拟经营的产品是竞争性的还是互补性的。如果是竞争性的，选择纯多边平台模式则更合适。否则，选择混合平台业务方式势必会造成平台主办方与开放业务的经营者间的竞争，而竞争容易造成二者的利益冲突，结果只会是外部经营者的利益受损。平台研究专家指出，平台建设者不要与内容开发者竞争，否则容易造成二者的紧张关系②。对于具有互补性的多种业务，是选择自主生产运作还是多边平台模式，首先要看对互补品是否存在多样性与创新性需求，如果答案是肯定的，且存在竞争性的互补品创新者，就应该选择平台业务模式；其次，如果互补品是不能分割且具有外部性的公共服务，这些业务就应该由平台主办方或所有者来提供。"服务而不仅仅是平台"，为内容生产者提供公共服务，是多边平台模式的基本原则之一③。

（三）虚实结合的平台业务模式

在互联网时代，实体平台（线下平台）与虚拟平台（线上平台）相结合是各类平台普遍选择的业务模式。因为相互融合的实体平台和虚拟平台不仅能发挥各自的优势，还能满足用户的多元需求。虚实结合的平台业务模式既给了用户更多的选择空间，又为他们创造了速度、便利等价值，还节约了交易成本。虚实结合的平台业务模式在现实中有很多种，可以是彼此独立但又相互协作的业务伙伴关系，可以是虚拟平台寄生在实体平台之上并为实体平台提供信息功能的寄生关系，还可以是虚拟平台为主导、实体平台仅仅提供配套的实践体验、服务接待等功能的结合形式；可以是你中有我、我中有你的交叉业务关系，或是业务功能上互为补充、相互依

---

① ［美］马歇尔·范阿尔斯丁、杰弗里·帕克、桑杰特·保罗·乔达例：《平台时代战略新规则》，《哈佛商业评论》2016 年第 4 期。

② Carliss Baldwin, Jason Woodard. The Architecture of Platform：A Unified View. Working Papers, Harvard University, 2008.

③ Michael A. Cusumano. Staying powder：Six Enduring Principles for Managing Strategy and Innovation in an Uncertain World. London：Oxford University Press, 2010：10.

赖的共生关系。虚实结合的平台业务模式大多是在实体平台的基础上推出虚拟平台业务，然后循序渐进地增加虚拟平台的如下角色和功能：信息渠道、营销渠道、交易渠道、服务与反馈渠道，以使二者在平台创价关卡上的分工更加合理。

随着电子政务和数字政府的推进，政府的平台业务模式一般都做到了虚实结合。但平台业务虚实结合后，关键是要二者在服务流程上无缝接转，在空间、信息、基础设施、技术、用户等资源上实现整合和办公、服务、审批、业务流转与协作、监督等流程方面进行对接，这样才能提高政府平台的效率，创造平台网络的整体性价值。

三、多边平台建设的路径

多边平台建设包含几项基本活动：识别平台社区，弄清楚谁需要谁和为什么需要；创建价值主张，联结价值网络，构建服务支撑体系，整合平台资源；建立平台规则和标准，防止用户的负外部性行为和机会主义行为；启动平台运行，提供信息并降低用户搜寻成本，帮助有相互需要的用户找到彼此[1]。由此，政府多边平台建设的主要路径如下。

（一）识别平台社区

识别平台社区，就是要平台创建者识别相互需要的不同用户群体，确定他们的需要和相互依赖程度，判定哪些群体可以汇聚在一起，推断哪些公共产品可以成为有价值的互补品，能否说服相关主体来提供这些互补品。调查还有谁正在服务于这个社区，从而识别潜在的加盟者与竞争对手。将多边平台模式与单边运营模式相比较，评价二者的优劣和用户的偏好，以最终确定政府平台建设的价值和优势[2]。发展社区就是要像发动集会那样，使用户群体感受到他们所隶属的平台社区的力量和意义，为他们提供真实或虚拟的平台空间，使之成为创造价值的基础[3]。由此，创建政府多边平台首先要识别平台上供求两侧的供需用户群体或平台事务的利益相关群体，确认平台社区或平台生态系统的成员。

---

① ［美］戴维·S.埃文斯、理查德·施马兰西：《触媒密码——世界最具活力公司的战略》，陈英毅译，北京：商务印书馆，2011年，第31页。
② ［美］戴维·S.埃文斯、理查德·施马兰西：《触媒密码——世界最具活力公司的战略》，陈英毅译，北京：商务印书馆，2011年，第58~78页。
③ ［美］戴维·S.埃文斯、理查德·施马兰西：《触媒密码——世界最具活力公司的战略》，陈英毅译，北京：商务印书馆，2011年，第31~39页。

（二）联结价值网络

识别平台的用户群体及其依赖关系后，就要想方设法地把他们联结起来，吸引他们进驻平台开展互动合作，形成平台价值网络。让他们在平台价值网络中各施其能、各取所需，充分展现他们的价值。政府平台也要确立自己的价值主张，确定通过何种方式、途径来满足用户的哪些需求，为用户创造什么价值。精准的价值主张能为平台运营提供方向性的指导[①]。政府平台建设不仅仅是硬件和软件的投入，更重要的是后续服务的跟上。政府平台要实现自己的价值主张，就需要构建服务支撑体系，整合多边用户的资源与能力。

（三）设计平台规则

平台规则是平衡生态系统成员之间利益均衡、规范多边用户之间互动合作、处理利益冲突和矛盾的准则。平台规则设计的主题主要有：一是平台的开放规则，具体包括用户甄别与过滤机制、用户退出规范、平台兼容规则、用户多属行为管理规则；二是平台运行管理制度，具体包括用户参与程序、互动机制、信息机制、监督评价规则等；三是利益分享规则，主要包括服务购买、免费、补贴在内的价格制度。政府作为多边平台的核心建设者和主办方，设计规则是平台主办方权力的行使，也是政府主政与平台领导的体现，更是掌舵平台型治理的需要。政府多边平台的规则设计须重点考虑三个问题：一是激励相容问题，要求制度设计以激发网络效应为核心，以平台生态利益均衡为归宿；二是成本问题，从信息效率与信息成本、流程效率与互动合作成本、产品供给与服务成本等方面考虑降低平台上交互行为的成本；三是平台自治与生态共治问题，设计出有效的自治结构、程序和方式，提高平台生态共治的动力、效率和效果。

（四）启动平台运行

启动平台运行首先要做好平台的营销推广工作，确定免费和补贴的服务价格，吸引用户进驻平台，尝试平台服务，累计平台用户临界规模；然后丰富和完善平台的服务能力，逐渐完善平台结构、提高服务质量、扩展

---

① 刘学：《重构平台与生态：谁能掌控未来》，北京：北京大学出版社，2017年，第43~48页。

服务模块、改进服务流程、提高平台的兼容性；最后，不断累计用户规模，激发平台网络效应，提高用户黏性和政府平台的领导力。

在平台运营初级阶段，政府部门应针对合作的难题，在政策、资金和信息等资源的供给上起到主导作用并诱导各方的参与和权责整合。随着平台运营的成熟，应以契约为基础，逐渐向未来的多方和谐互动的模式转化，致力于互利互惠的长期合作。政府平台的运作应提升质量层次，注意避免平台运作流于形式。政府多边平台建设也可能流于形式——仅仅把传统行政业务或公共服务搬进平台，使平台沦为一般的信息平台或行政服务中心。因此，政府多边平台建设注重信息技术的应用，但不是将传统的公共服务简单地搬上互联网、电子政务，而是要使其在技术的支持下，更好地促进开放互动，实现权力开放基础上的多元主体合作供给与创新。

四、政府数据开放平台建设

在大数据时代与平台时代，数据成为新的基本生产要素，其重要性日益凸显。政府是一个国家最大的数据拥有者和生产者，政府数据开放不仅能够改进政府科学决策，增强政府信息化水平，促进透明政府和政府多边平台建设，而且大大提高了数据在全社会的收集、开发、利用和创新能力，有利于将数据转化为人类智慧和潜在价值。因此，政府数据开放已成为社会共识，建设政府数据开放平台已成为各国政府改革创新的共同选择。美国、加拿大、英国、新加坡等国家纷纷创建了政府数据开放平台，我国已有计划建成国家政府数据统一开放平台。当前，政府数据开放平台建设可以从以下几个方面去努力：

第一，需要政府转变观念，制定政府数据开放平台建设规划，健全相关法律规章。政府应将数据视为一种国有资产，将数据开放视为政府基本职责，把数据与国民连接起来，为国民随时随地提供信息服务[1]。同时，对数据开放的对象、内容、方式、范围进行界定和规范，健全数据开放和使用的制度规则，有效地保护国家机密和个人隐私，使政府数据有序开放[2]。

---

[1] Tim O'Reilly. Government as a Platform. Innovations，2010，6（1）：13-40.
[2] 郑磊、高丰：《中国开放政府数据平台研究：框架、现状与建议》，《电子政务》2015 年第 7 期。

　　第二，改进政府数据的全面性与完整性、实用性和规范性。只要不涉及公共安全及个人隐私的政府数据，应免费开放给所有公众。数据内容涵盖公共财政、公共交通、社会保障、医疗卫生、教育科技、金融服务、公共安全、文化娱乐等广泛的领域。同时，完善数据分类体系，选择多种分类维度和分类方法对数据进行多视角、多层次划分，以满足用户对数据的多元化需求。

　　第三，站在用户的角度，切实提高政府数据获取、检索的便捷性。首先，应该取消繁琐的注册、登陆手续，尽量做到政府数据对所有人免费开放。其次，在数据开放平台上，提供高效、便捷的数据检索功能，设置多样化的检索条件和方式。最后，政府数据应符合易处理和可机读的特征，以开放、通用的格式方便普通用户访问、阅读、下载和处理。

　　第四，在数据共享与交互方面，应提供平台交互功能，建立与公众的互动渠道，重视用户的咨询、评价、建议等互动反馈，及时对用户的互动反馈作出回应。同时，允许用户在社交平台、社会媒体上传播、推送政府相关数据，以扩大用户间数据的交流，同时扩大政府数据平台的知名度和影响力。

　　第五，在数据应用、开发和创新方面，政府应该鼓励更多的公众关注和使用政府数据开放平台；数据平台应允许用户提交其自主开发的应用，并为开发者提供 API 接口；政府应鼓励公众、企业、学校和研究机构等对平台上的数据进行增值开发，使政府数据真正造福于民。[1] Tim O'Reilly（2010）系统总结了美国政府数据平台建设的方法与步骤：发布政府数据开放的指示；为内容和服务的开发提供数据驱动、服务导向的框架，并按规则开放政府的数据；为公众最大范围地获取和利用数据建立网址和应用软件；与公众共享开放的应用程序编程接口（APIs）；与其他城市和机构分享政府数据与数据开放工作，像开放的源软件那样工作；建设平台开放标准，随时使用开放的源软件；开发具有苹果商店特色的一系列应用软件；促进数据开发者之间、平台与数据应用者之间的交互，推动公民自主解决公共问题[2]。这些方法和步骤对于政府建设数据平台具有较高的参考和借鉴意义。

①　杨瑞仙、毛春蕾、左泽：《我国政府数据开放平台建设现状与发展对策研究》，《情报理论与实践》2016 年第 6 期。
②　Tim O'Reilly. Government as a Platform. Innovations, 2010, 6（1）：13-40.

第三节　赋权释能：政府搭台如何走向平台型治理

一、引言

　　政府为社会搭台实践多年，几乎遍布贸易与投资、科技与创新、教育与培训、文娱与体育、就业与创业、社区治理与服务等公共治理与社会生活的各个领域及各行各业。其主要表现为几种具体形式：政府搭台、企业唱戏，如政府创办的行业或产业博览会、惠农服务平台、科技创新协同平台、进出口促进平台、融资平台，等等；政府搭台、社会唱戏，如政府创办的社会组织运作的社会组织孵化中心、社区社工服务中心、教师继续教育中心等；政府搭台、公众唱戏，如政府搭建的听证会、大众创业平台等；政府搭台与多元主体唱戏的复合型平台，如公共文化平台、公共就业服务中心等。因此，平台型治理已成为中国之治的一种常态和缩影。政府搭台模式有助于整合社会资源、激活市场力量、鼓励公众参与，在公共服务多元供给和公共事务合作共治方面产生了积极效果。

　　但在现实中，政府搭台后的平台运行及治理暴露出诸多问题及困境。平台失灵与治理失效主要表现在以下几个方面：一是平台沦为运动式治理模式中彰显官员政绩的"舞台"或展示"民主"参与的"秀场"；二是平台抑制了本意旨在激发的市场与社会活力，沦为政府干预、官僚操作的"控制台"；三是平台上的主体参与不足、用户规模过小、社会信任不够，继而造成平台难以为继、形同虚设；四是平台上的负外部性行为缺乏有效监管，例如生产垄断、商业欺诈，造成平台公共性、公平性扭曲和用户流失，平台公权力可能演变为某些主体的私权力；五是平台的僵化与封闭式发展，缺乏适应外部环境的动态演化机制与领导机制，无法激励平台的治理创新并推动平台的可持续发展。

　　平台失灵与治理失效的上述症状，迫切要求政府为社会搭台的单一行为模式走向常规性、可持续的平台型治理，并领导平台共同体建设与生态共治。在平台时代，政府为社会搭台唱戏已成为治理新常态与中国之治的一个缩影，并存在多维取向。多边平台以其强大的生态系统连接与资源整合、匹配供需与降低交互成本、促进多元供给与合作共治等功能得到了中国各级政府的高等重视。因此，基于多边公共平台的平台型治理呼之欲出，平台型治理的经验总结与理论建构亟待研究。如何赋权释能推动政府搭台走向平台型治理，是亟待解决的核心问题。为此，本节在阐释政府搭台走向平台型治理的逻辑基础上，重点分析赋权释能推进平台型治理的机制与路径。

二、政府搭台走向平台型治理的逻辑

政府搭台的目的显然是借此促进公共品的多元供给与公共事务的合作治理。搭台和治理是政府平台型治理模式的两面，一前一后，缺一不可。搭台提供了治理的空间及载体，是前提和基础；治理是多元主体参与的过程和方法，是搭台的目的所在。因而，政府搭台仅是平台型治理的前提与开始，并不必然意味着基于平台的共治与善治。从现实来看，政府可能过于注重搭台本身的短期政绩，而疏忽了基于平台的社会长治、良治和善治，以至于政府搭台后时常发生平台运转失效、参与不足、价值扭曲、难以为继等失灵与治理失效现象。因此，政府为社会搭台，还需进一步推动平台的可持续治理。

（一）政府为社会搭台，还需后续治理

政府搭台后出现的平台难以为继或治理失灵，究其原因主要有以下几点：一是平台的主办权与承运管理权划分不清，或者平台承办权或运营管理权没有落实好，结果容易致使平台陷入科层制运作或行政化管理的桎梏；政府一元化的管控型治理模式导致对平台的不当干预，或通过行政化管理模式延伸到平台的运作管理中。二是用户缺乏足够的话语权、决策权、监督权等治理权力，不仅容易造成用户权益与社会利益无法保障，而且抑制了用户参与动机与治理能力，进一步导致主体参与不足、用户规模过小，结果无法实现用户群体间的相互吸引、互相促进、互利共赢的网络效应和规模效应。三是平台缺乏有效治理，政府监管鞭长莫及，平台自治乏力，而生态共治缺失，直接导致平台服务质量低下、互动成本高昂、互动质量不高，无法保障平台生态系统的整体利益，亦无法推动平台社区共同体的形成。

政府为社会搭台的善政初衷并未带来社会共治与善治的美好结局，从根本上来说是没能形成可持续的、常规性的生态治理模式，没有走向平台型治理。追根究底在于，平台的治权关系没有厘清或治权没有开放，缺乏政府的平台领导机制来推动平台的可持续治理，尤其是缺乏赋权释能推进平台型治理的机制与路径。从政府责任来看，政府搭建的平台是一个以互动为基础的共同创造平台，需要重塑政府—公民间关系，加强公民与政府

间的深度合作，鼓励公民通过平台的开放共享来进行生产与创新，借助平台型治理实现可持续发展①。

（二）平台型治理：一种新兴的治理范式

平台型治理范式是平台时代与平台经济社会的产物，是公共治理领域平台革命的大势所趋。随着平台革命的推进和平台经济社会的发展，多边平台日趋渗入公共治理领域，并成为一种重要的治理战略与工具②，正在彰显重要的治理价值③。各个国家越来越多的政府部门正通过为社会搭建平台并推行平台型治理，引入市场力量与社会资源，赋予公民权利来与公民互动合作以供给公共产品与开展合作共治。因此，赋予公民创造公共价值权利的平台型治理范式正在全球范围内悄然兴起④。

平台型治理把多元利益相关主体连接并汇聚到平台上，依据生态系统论和价值网络思想，通过赋权释能推动多元主体互动合作、互相促进与互利互惠，从而实现公共品多元供给、公共服务协作创新与公共事务合作共治。平台型治理在促进这些利益群体互动合作、相互满足和权益实现的同时，政府等平台主办方巧妙履行着公共品供给与治理的职责。平台型治理模式极大地整合了政府资源、市场力量和社会资源，融合发挥了政府机制、市场机制与社会机制各自的功能及优势。平台型治理以政府搭台及其投入的公共资源为基础，以政府的治权开放和治理规则安排为前提，通过政府的平台领导推动平台的演化发展，并引领平台社区共同体建设。同时，平台型治理通过连接与整合供给侧的市场资源与社会力量，以用户需求为导向，促进供需匹配与社群互动，借助生态系统成员之间的彼此依赖、相互吸引、相得益彰激发用户群体间的网络效应，致力于用户规模的壮大与用户黏性的提升。因此，平台型治理为公共产品的多元化供给与开放式创新提供了操作框架和工具体系，为政府搭台后的后续治理与可持续

---

① Janowski Tomasz, Elsa Estevez, Baguma Rehema. Platform Governance for Sustainable Development: Reshaping Citizen-administration Relationships in the Digital Age. Government Information Quarterly, 2018, 35 (4): 1-16.

② Chris Ansell, Alison Gash. Collaborative Platform as a Governance Strategy. Journal of Public Administration Research & Theory, 2018, 28 (1): 16-32.

③ Christopher Ansell, Satoshi Miura. Can the Power of Platforms be Harnessed for Governance? Public Administration, 2020, 98 (1): 261-276.

④ Janowski Tomasz, Elsa Estevez, Baguma Rehema. Platform Governance for Sustainable Development: Reshaping Citizen-administration Relationships in the Digital Age. Government Information Quarterly, 2018, 35 (4): 1-16.

发展提供了范式与指南。

（三）赋权释能：平台型治理的核心机制

为社会搭台后，政府既不能一搭了之、放任不管、置身事外，也不能详加规制、过度干预或既搭台又唱戏。如何在放权和控制中寻求平衡，是平台型治理面临的关键挑战。赋权释能基础上的平台自治与生态共治为其提供了治理之道。平台型治理正是让公民获得了赋权，从而能够推动公民治理参与及公共事务协同治理①。研究表明，加强平台赋权的制度建设与机制设计，是提升公众参与政民互动平台有效性的决定性因素②。赋权理论起源于 21 世纪 80 年代，起初用于帮助弱势群体改变不公平的社会政治环境、提升弱势群体自身发展能力③，后来广泛应用于社会发展与社会治理领域。赋权的基本元素是通过增权、释能努力获取资源与提升能力，与他人共同参与去实现目标④。

相对于政府的强势权威、巨大能量和庞大资源，社会天生就具有弱势的一面，这也是政府为社会搭台的缘由。政府搭台后，要解决主体参与动力不足、参与能力有限、互动规模过小、社会信任缺乏、信息不对称严重、交易成本高昂等问题，提升交互质量并推动平台的可持续治理，这必然需要对参与主体赋权释能。因此，赋权是平台型治理的前提，对参与主体释能是平台型治理的保障。平台型治理的关键在于通过赋权释能的规则与机制设计，开放更多的经营控制权、使用权、决策权与监督评价权，授予参与者更多的权力、责任和利益，激活社会资源及参与能力，实现基于平台的共治与共同体建设。

三、赋权释能推进平台型治理的机制

平台型治理意味着政府不需要对生产资源拥有所有权，也不需要对平台拥有承运管理权，而需要整合供给侧的广泛资源，授予它们承运、生产、创新的权利，实现公共品的多元供给与平台的合作共治。赋权释能作为平台型治理的核心机理，其推进平台型治理的过程是借助多边平台运行

---

① Aaron Wachhaus. Platform Governance：Developing Collaborative Democracy. Administrative Theory & Praxis，2017，39（3）：206-221.

② 韩万渠：《政民互动平台推动公众有效参与的运行机制研究——基于平台赋权和议题匹配的比较案例分析》，《探索》2020 年第 2 期。

③ Cornwall Andrea. Women's Empowerment：What Works? Jint Dev，2016，28（3）：342-359.

④ Douglas D. Perkins，Marc A. Zimmerman. Empowerment Theory，researchand Application. American Journal of Community Psychology，1995，23（5）：569-579.

模式及其创价机制来实现的。平台型治理实质是价值网络连接基础上的多边互动共治的过程，依赖治权赋权的前提与用户主权的机制，进一步推进平台的自治与生态共治，最终实现政府为社会搭台的初衷。

（一）治权赋予与用户主权

多边平台模式实质是基于平台支撑结构的不同用户群体互动合作的运作模式，只有用户群体最了解自身的利益诉求和市场需求，只有让这些价值创造者拥有决策权和灵活处置权，才能让平台充满活力。因此从政府搭台走向平台型治理，必须懂得运作管理权的让渡、控制权的开放、参与治理权的赋予、责任的下沉与赋权释能[1]。平台型治理的实质是通过治权的安排，调动多边用户生产与创新的积极性及参与治理的自主性，发挥其资源与能力优势，并将其整合成一个协同的整体。治权安排的核心是在平台所有者与用户（尤其是供给侧用户）之间分权与集权的安排以及责任与利益的配置[2]。政府搭台的使命是创建一种共同体，提高自身的影响力和用户主权的水平。[3]。平台型治理的直接目标是让用户对平台满意，提升用户对平台的依赖感和归属感，以激发治理动机、激励治理创新、提升治理能力。无论是动机激发还是持续的激励，都要求减少控制、开放治权、赋予治权，让用户主权。

从治权安排的角度来看，平台型治理有三个维度：治权尤其是规则制定权、生产经营权、监督评价权的开放性安排；平台所有者的控制权与控制机制；利益的分配、能力的释放与创新的激励。治权中最核心的是决策权及其衍生的收益权。决策权即谁有权直接负责平台相关的决策，包括对谁开放与排他、如何生产经营、如何协调合作、如何分配利益、如何监督评价。因此，政府搭台后要走向平台型治理，应从上述三个维度向供需两侧的多边用户赋权释能，真正体现为民服务、用户主权原则。

赋予治权推进平台型治理的机制，体现在以下几个方面：一是授予供给侧生产者生产经营权、决策权及剩余索取权，推动供需用户之间的直接交互，从而减少控制和委托代理问题，推动公共品的多元供给；二是赋予

---

① 穆胜：《释放潜能：平台型组织的进化路线图》，北京：人民邮电出版社，2018 年，第 75~78 页。

② ［美］阿姆瑞特·蒂瓦纳：《平台生态系统：架构策划、治理与策略》，北京：北京大学出版社，2018 年，第 119~126 页。

③ Marijn Janssen, Elsa Estevez. Lean Government and Platform-based Governance—Doing More with Less. Government Information Quarterly, 2013, 30（1）: 1-8.

供给侧互补服务提供者互补服务的开发权、运营管理权，为开发者提供配套的服务，以提升公共服务的创新性和多样性；三是开放公共平台的承运管理权，政府搭台意味着创建平台或主办平台，但并不一定要亲自承办或运作管理平台，承运管理权开放赋予意味着可以引进专业的平台运营方来承运管理、联结用户，因而能够促进平台型治理的分工协作和专业化发展；四是授予多边用户监督评价的广泛权力，让用户之间彼此监督、相互评价、互相制衡，以此推动平台自治和生态共治，平台主办方可充当裁判的角色；五是保障用户其他基本的权益，如机会公平的参与权、知情权与话语权、适度均衡的收益权，以维护平台权益的整体均衡，促进平台利益共同体的形成。

（二）网络连接与多边互动

对于平台来说，最重要的资源就是多边用户，最重要的价值与竞争优势的来源是用户信息与用户间的互动①。只有生态系统成员和供需两侧的用户汇聚到平台上交互起来，平台型治理才能开启。平台是供给侧用户资源整合的平台，是需求侧用户集中与顾客多元消费选择的平台，也是供需匹配继而交易的平台；平台也是外部生产者、服务提供者、互补品开发者等用户的生产运作与技术开发平台，是他们的创新创业平台、生产协作平台、价值交互平台；平台还是多元利益相关者民主协商、公共事务合作共治的平台。因此，平台只有连接其多边用户网络并促进其互动才可能具备治理功能。

政府搭台容易，赋权也简单，但走向治理就困难了。治理是平台所有者影响其生态系统成员的各种方式的总和，其作用是联结与汇聚多边用户，并将他们各自的资源能力与多边互动网络整合成一个平台共同体。好的平台型治理必须尊重供需两侧用户的自主性与自主权，确保生态系统的广泛整合性和整体协同性。平台型治理的责任范围比较广泛，不仅要借助平台来完成公共品供给、公共服务创新、公共事务协同治理的基本职责，平台主办方还有责任维护整个生态系统的互动秩序与利益均衡，推动多边用户的相互吸引、互动合作与互利共赢，以形成合作共治的价值网络及平台生态，最重要的是形成社区共同体。因此，政府搭台后要善于连接多边用户，促进多边用户间的互动。这是平台所有者的基本职责，时机成熟时

---

① ［美］马歇尔·范阿尔斯丁等：《平台时代战略新规则》，《哈佛商业评论》2016 年第 4 期。

可以开放给外部专业的平台承运管理者来负责用户连接与互动促进。

（三）平台自治与生态共治

赋权释能推动政府搭台走向平台型治理，最终依靠平台自治与生态共治机制来实现。平台本身就是生态系统集群发展的结果，因此平台具有自组织、自协作与生态共治的潜质。平台型治理的典型特征是多"方"主体与多边用户合作、内部治理与外部治理相结合的生态网络治理。本着谁主办谁负责的传统治理文化及治理原则，平台型治理以多"方"主体主导的规则治理为主。首先，平台型治理由平台主办方主导，平台主办方负有领导责任和主要责任。平台主办方即平台事务的主要责任者和委托者，负责平台规则制定与平台型治理①。其次，平台所有者即平台载体的提供者与产权所有者，负责联结平台和用户，整合治理资源，运营平台具体业务，执行平台型治理规则。最后，平台主管方即平台主办方的直接上级或业务主管，往往是平台外部的监督评估方、平台所涉行业的政策制定者，负责平台所处行业的政策制定和长远规划，引领平台所在领域或行业的发展方向。

平台型治理是多"方"主体与多边用户协作的生态治理。多边用户参与治理体现了用户主权原则，这是平台主办方所制定的平台规则赋予的治理权利。最优的平台型治理就是最简单高效地实现平台所有者及平台主办方与多边用户的利益相容，推动平台生态系统的整体可持续发展。良好的平台型治理既要鼓励第三方的参与，又要鼓励对话基础上的合作治理、灵活治理和新型技术基础上的智能治理；"让用户主权、赋予话语权是伟大的平台治理"②，公平参与比平台所有者的独裁能创造更多的价值。因为提高用户参与度、话语权并尊重用户的平台能够获得用户最多的回报，最终实现生态系统成员的合作共赢与平台的生态共治。

四、赋权释能推进平台型治理的进路

政府搭台后要走向平台自治与生态共治，首先需要搭台者转变职责与角色、摆正自己的平台领导定位，然后负责连接与汇聚供需两侧的用户与

---

① Geoffrey Parker, Marshall Van Alstyne. Six Challenges in Platform Licensing and Open Innovation. Communication & Strategies, 2009, 74（2）：17-35.

② [美] 杰奥夫雷·G. 帕克、马歇尔·W. 范·埃尔斯泰恩、桑基特·保罗·邱达利：《平台革命：改变世界的商业模式》，志鹏译，北京：机械工业出版社，2017年，第178页。

生态系统成员，让用户突破临界规模并激发用户间的网络效应，最后通过规则、工具、服务及众包等途径赋权释能，健全互动保障体系，促进多边互动与治理创新，推动平台的共建、共享与共治。

（一）政府职责转型与平台领导定位

平台型治理的基本途径是通过政府搭台即提供基础设施、基金、规则等核心要素，从公共品的需求和供给之间的连接点创造契机，推动市场和社会主体更好地生产产品、更好地创新服务。政府的合法性、权威性和排他能力，有助于克服志愿失灵与市场失灵；政府拥有的平台基础设施或主导的治理规则安排，是平台型治理的必要条件。政府为社会搭台走向平台型治理意味着政府由平台提供者转向平台规则的安排者、平台自治与生态共治的推动者与领导者。因而政府的职能转型和角色定位非常重要。在职能转型方面，政府应转变传统的公共品自产自销模式和行政化管理模式，开放公共品生产与运作管理的权力，致力于解决社会、市场、企业单方难以解决的共同问题，为其提供治理和服务的规则和空间。在平台型治理模式中，政府的角色是各边群体的召集者、授权者，而不是具体事务的直接参与者，各类公民等用户应被授予权力去激发改进治理方式的各种创新①；政府不仅是搭台者，更是平台生态系统与平台型治理的领导者，负责整个平台生态系统的长期繁荣发展。

政府处于多边公共平台价值网络的中心地位，负有公共品供给与平台生态治理的终极责任。多边公共平台的创建、价值网络的联结、平台规则的设计、平台失灵的治理，均离不开政府的元治理与平台领导。政府的领导地位主要表现在其是多边公共平台建设与发展的规划者、治理规则的安排者、多边用户群体的召集者。政府平台领导的核心使命在于维护平台生态系统的整体秩序与可持续发展，实现基于平台的公共事务合作共治与公共服务协作创新，推动实现平台的自治与生态共治。健康的平台生态系统都通过核心领导发挥特定的功能来维持，核心领导通过平台思维的引领、平台规则的安排和平台领导力的发挥，通过治权开放和提供平台设施、互动工具与公共服务，最大化赋权释能促进互动共治，引领和整体把控平台建设与治理方向②。生态系统中其他成员的效率、成长与创新都与平台领导密切关联，平台领导通过为其他用户提供平台及治理机制，促进整个生

①　Tim O'Reilly. Government as a Platform. Innovations, 2010, 6（1）：13-40.
②　刘绍荣等：《平台型组织》，北京：中信出版社，2019 年，第 160~166 页。

态系统效率的改进与创新性的提升。

（二）连接用户，助攻临界规模与网络效应

用户及其互动网络是平台上最重要的资产，平台型治理是通过把用户连接汇聚在一起创造价值的。连接用户是平台型治理的基本路径，也是其基本前提。政府平台的核心用户是供需两侧的直接交互者，尤其是供给侧的公共品生产者、平台承办者。连接核心用户，但不要指定。"指定"势必走向垄断或行政化管理，尽量通过公开的社会招标或竞选程序，选择有资质的、专业的且有合约及期限约束的公共品生产者、服务开发者、平台承办者。遴选出专业的平台承办者来负责平台的用户联络与互动促进，作为搭台者的政府才能退居二线。在政府搭台之前，必要时还需要培育社会组织或中介机构以填补生态系统中的价值网络缺口，例如培育社工机构作为社区服务中心的生产者和运作管理者。政府搭台后要促进供需两侧多边用户群体的壮大，关键是突破用户临界规模，跨越网络效应运转的真空地带，促成多边用户群体之间相互吸引、互相促进与互利互惠的正循环。

突破用户临界规模是平台能够常规运转的基础，激发用户间网络效应以持续扩大规模是平台型治理的关键。用户临界规模是平台能够自行运转与维持基本功能而需要用户规模达到一定的阈值，实质是生成网络效应需要用户数量达到基本的临界值。用户只有达到临界规模，网络效应才能正常发挥作用，才能源源不断地吸引潜在的用户不断进驻平台，推动平台的持续成长和用户规模的进一步壮大[①]。网络效应是平台运行机制的核心，关系到平台的价值创造和社区共同体的形成。具体可通过免费或补贴的价格策略、加大营销推广力度、增强用户体验感受、加强平台间互联互通，运用用户的理性预期、从众心理，优先拉动最具有影响力与号召力的核心用户进驻平台，以吸引潜在的用户、观望的用户。由此，同类用户群体内部相互吸引的同边网络效应得以激发。进一步地，消费者群体吸引生产者和生产者群体吸引消费者的跨边网络效应逐渐启动，推动着平台用户规模与价值网络的持续壮大，从此平台步入自动运转、正向循环的轨道。

（三）规则赋权，健全互动保障体系

平台是一种能够促进互动的稀缺关键资产，平台所有者具有与所有权

---

① 陈威如、余卓轩：《平台战略》，北京：中信出版社，2013年，第91页。

相联系的排他权、"门卫"的权力以及价值分配的权力，这些权力依赖平台作为规则安排者与管制者的内部自治机制来实现①。平台规则是平台建设、运作与治理需遵循的制度规范，设计规则并执行规则是平台主办方的核心职责。平台规则主要包括：一是平台的开放及其管制规则，具体包括用户甄别与过滤机制、实名制、进驻协议、用户转换与退出机制等；二是平台运行规则，具体包括内部运作的实施细则、用户参与程序、互动保障规则（如安全规则、信息披露要求），等等；三是服务规范，诸如服务内容、模块和标准的开发规则，公共服务购买的政策、招投标程序、支付规则，服务规格及标准化政策；四是监督与评价规则，具体包括平台自我评价监督、用户间互评监督、第三方评价监督及配合支持社会监督、政府监管的规章制度。

平台规则主要用来调节平台与多边用户之间、多方主体与多边用户之间以及用户与用户之间的权利关系和互动行为，规则的背后是权利的安排与激励、关系的调节与约束。良性的平台规则有助于诱导建设性的治理行为、防范机会主义行为，有助于实现预见性、常规性治理并推动平台自治与外部治理相结合、多方主体与多边用户协作的生态治理。因此，规则尤其是互动保障规则具有赋权的功能。健全互动保障规则是设计与完善平台型治理规则的基本途径，旨在激励平台参与者产生良好的高质量互动。健全互动保障体系需要通过信息透明与甄别筛选机制、安全保障与保险机制来增强互动的支撑性与保障性，在确保高质量良性互动的同时，注重解决平台拥挤和负外部性行为、信息不对称与不完全等带来的平台失效与治理失灵。

（四）工具赋能，促进互动与治理创新

平台型治理的工具路径丰富多样，其中大量使用制度规则、经济手段与信息技术来解决治理问题，把握经济社会与技术发展趋势，预防风险与治理漏洞，不仅实现了精准化、个性化、柔性化治理，而且实现了高效治理。较多地使用市场工具而非行政管制工具是平台型治理的重要特点。平台需要为互动提供信息筛选与甄别机制、匹配机制、跟踪机制，因此需要一套工具集来促进多边互动、供需匹配及治理创新②。工具集构成具体包

①　Kevin Boudreau, Andrei Hagiu. Platform Rules: Multi-sided Platforms as Regulators. Working Paper, Harvard University, 2008.

②　Sangeet Paul Choudary, Marshall Van Alstyne, Geoffrey Parker. Platform Revolution. New York: W. W. Norton & Company, 2016: 9-12.

括：为用户提供的互动空间、基础设施与技术架构，不对称价格机制，开放治理规则并对参与者实施管制的工具，数据及数据技术①。

首先，开放技术架构并激励第三方的供给与创新是平台型治理的基本路径。技术架构有助于降低交易成本来提高互动质量或互动频率，能够降低信息不对称及不完全的程度，还可以降低监督成本。设计合适的技术架构、界面或接口，能够促进平台的结构开放、多边互动与治理创新②。

其次，不对称定价机制是平台模式的重要特征。平台往往通过面向不同用户群体的不对称定价、免费、补贴等价格工具，激发群体间网络效应，合理分配平台利益。免费和补贴在多边公共平台价格现象中极为常见，是吸引用户进驻平台的最有效策略，有助于实现公共服务均等化和提高用户参与治理的积极性。

再次，平台所有者往往综合运用多种管制工具，来降低与外部性、复杂性、不确定性和信息不对称、合作困境联系在一起的平台运作成本与互动交易成本。管制的具体手段和工具包括：政府许可、合同规定、资质认定、技术规格、信息披露要求，等等。

最后，数据是平台的重要生产要素，平台能够通过基于数据的工具创造社群互动及反馈回路从而推进治理。大数据和数据分析技术有助于实现治理的实时性与可追溯性，有助于提高治理的智慧性与精准性。新型信息技术和互联网平台的投入使用，能够使用户的接入及参与更加便捷，互动合作更加顺畅，交互成本更加低廉，治理能力及效果更加显著。

（五）服务释能，推动平台共建共享共治

实现公共服务多元供给与协作创新是平台型治理的基本使命。平台作为服务落地的空间载体及运作模式，连接着服务供求的多边（双边）市场。除了规则与工具，服务也是政府赋权释能推进平台型治理的重要路径。政府为社会搭建的平台本身就是一项公共服务，通过这种中介性基础服务并引入外部的互补服务生产者、开发者借以向社会提供最终的公共服务。而难以分割的基础性、公共性服务，尤其是面向多边用户的平台接入

---

① David Evans. Governing Bad Behavior by Users of Multi-sided Platforms. Berkeley Technology Law Journal, 2012 (27): 1203-1213.

② Annabelle Gawer, Michael A. Cusumano. How Companies become Platform Leaders. MIT Sloan Management Review, 2008, 49 (2): 27-35.

服务及平台参与服务，往往由平台主办方、所有者或承运管理者提供。基础性公共服务，诸如公共基础设施、平台推广宣传、互联互通、信息管理服务、安全保障服务、最终服务品生产与交易的政策及制度安排，以及面向多边用户的接入及联络服务、互动保障体系、数据及资源共享服务，旨在创建平台运行管理及用户参与治理的良好环境。

平台结构的良好属性有助于推动服务释能，平台结构的系统性保障了平台服务的完整性和一站式供给，而多层次性保障了用户的多元化、多样性需求。平台的多层次服务体系优化了平台服务路径，完善了公共品供给与创新，而且带来了模块化、标准化的服务选择与服务方式的灵活多样：自动生成服务与自助服务，体验性与新颖性服务，趣味性与娱乐性服务，图表化与程序化、可视化服务，甚至包括社会大众、普通用户参与供给的众包服务，共同推动着公共服务多元供给与协作创新。在平台服务体系中，"平台+模块"的服务模式有助于提高平台的服务能力、专业化水平和用户黏性，推动平台的共建共享共治。

（六）社会平台型治理的众包

基于平台的众包是网络经济催生下的业务外包的重要分支之一，经典案例有维基百科。类似地，对于某些社会事务治理、社会服务供给，政府也可以借鉴引入平台的众包模式。众包是一种开放式供给与大众性创新相结合的模式，聚集外界众多的离散资源[1]。通俗来说，众包是一个组织把自己的业务以自由自愿的形式，外包给分散的网民、大众，从而把志愿资源、闲散资源、不规则资源组织整合与利用起来。众包往往借助互联网进行沟通联络、处理数据与整合资源，并与用户高度互动。平台众包业务模式实际上是用户自创内容、互助服务的运作模式，意味着用户自愿自主供给内容和服务，实现用户群体内部的自创内容、互助服务、自助消费。需要用户自创内容的政府平台或其他公共平台均可采取众包业务模式，用户自创内容消融了内容提供方和消费者群体的边界，实现了跨边与同边效应的融合，用户基数与内容丰富性相辅相成并成正比例增长[2]。

在社会事务的平台型治理模式中，众包业务模式具有几项优势：一是

---

[1] 转引自徐晋：《平台经济学》，上海：上海交通大学出版社，2013年，第55页。
[2] 陈威如、余卓轩：《平台战略》，北京：中信出版社，2013年，第193页。

无限延伸的市场空间，平台边界无限延伸，社会大众均可成为其用户；二是用户参与动机的多元化，且多是高级的人性需求，例如自我实现的成就需求、与人交往的社会需求，因此容易产生满足感。平台众包业务模式提高了平台效率，调动了用户参与积极性，尤其是用户的创新热情[1]。因此，平台众包业务模式不仅有效组织利用了分布广泛的、闲散的大众资源，还创造了基于平台参与的多种价值，提高了平台的网络效应，增强了用户的归属感。

众包业务模式在大众性社会治理和大众参与的体验性公共服务领域，具有用武之地。在社会治理领域，公众参与具有极其重要的价值，民主公平、知情权、话语权、决策权等价值的创造均以公众参与为前提。在大众性社会服务领域，参与过程本身可能就是一种消费并产生效用的过程。例如，在社区社工服务中心，基于平台的用户自组织活动和自助服务甚至比社工直接组织的活动和提供的服务价值更大。众包业务模式将会在社会自治平台、社区服务平台领域发挥更大的作用，例如休闲娱乐社区、网络社交社区、居民生活社区的信息资源共享，社区事务众包，社区活动自组织，社区服务互助供给；在公共信息平台、社会监督评价平台等领域均可应用，例如网民或大众主动上传各种信息、资料等内容，主动提供情报，主动进行监督评价。

五、结论

任何一个社会系统要充满活力，都要调动用户的积极性和参与治理能力，都要赋权释能以激活用户。对于平台共同体来说，用户及其互动网络成为最宝贵的资源。平台正是通过多边用户的连接、汇聚与互动创造公共价值，"让用户主权、赋予话语权是伟大的平台治理"。因此，政府从为社会搭台走向平台型治理的核心逻辑和机理就是赋权释能。平台型治理实质是价值网络连接基础上的多边互动共治的过程，依赖治权赋权的前提与用户主权的机制，推进平台的自治与生态共治，最终实现政府为社会搭台的初衷。

平台型治理是多"方"主体与多边用户协作的平台自治与生态治理，关键在于通过赋权释能的规则与机制设计，开放更多的经营控制权、决策

---

① 徐晋：《平台经济学》，上海：上海交通大学出版社，2013年，第55~58页。

权与监督评价权，授予参与者更多的权力、责任和利益，激活社会资源及参与能力。政府搭台后要走向平台型治理，首先需要政府职责由平台提供者转向用户召集者、治理权力授予者、治理规则安排者，定位于平台领导从而对整个平台生态系统的长期发展与可持续治理负责，致力于连接与汇聚多边用户与生态系统成员，促使用户突破临界规模并激发网络效应，通过规则、工具、服务、众包等途径赋权释能，健全互动保障体系，促进多边互动与治理创新，推动平台的共建共享与合作共治。从治理能力现代化视角探索政府搭台走向平台型治理的机理逻辑，有助于推动社会协同治理、公共服务合作供给的理论创新。平台型治理为公共产品的多元化供给与开放式创新提供了操作框架和实施路径，对于创新政府治理机制、提升政府治理效能意义重大，为政府搭台后的可持续治理提供了范式与指南。

第四节　平台型治理的运作模式

平台型治理模式依据生态系统论、水平思维和价值网络思想，在公共部门治权开放共享的前提下，借助平台的空间载体、基础设施、共享资源和合作治理规则，依赖多边（双边）平台的创价模式，联接公共部门治理生态系统中的利益相关群体，促进它们之间互动合作、相互满足并创造公共价值，实现基于平台价值网络的多边与多方合作治理。

一、平台型治理的目标与平台责任

平台型治理作为一种治理模式甚至治理范式，其最终目标还是政府的善治与善政。平台主办方借助于各边群体之间的相互依赖、互相吸引与互动合作，在推动各边群体相互满足和公共价值实现的同时，巧妙地履行着自身的责任与发挥自己的领导力。作为多边公共平台的创建者、主办者，政府部门通过平台型治理模式履行着自己的职能和责任。平台型治理最基本的职能就是促进公共品的多元协作供给、公共服务的创新与柔性、公共事务的合作共治，由此承担相应的治理责任、法律责任与社会责任。平台型治理责任范围及其内容比较广泛，平台主办方不仅要借助平台来完成公共品供给、公共服务创新、公共事务协同治理的基本职责，还有责任维护整个生态系统的秩序稳定与利益均衡，推动平台多边用户的互动合作、互利共赢，满足平台生态系统成员的需求，体现用户主权原则，保障用户参与权、知情权、话语权、受益权、平等权等权益，维护公平、民主、正义等价值。平台的使命是创建一种共同体，以此降低交易成本，提高影响力和用户主权的水平。① 平台型治理的责任框架见图 3-1②。

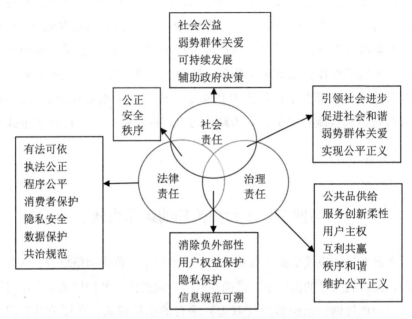

图 3-1　平台型治理的责任框架

由于公共平台的利益牵涉面比较广泛以及平台拥有的社会公权力，公共平台也承担着部分社会责任，主要通过平台的示范以及公权力影响，掌舵社会治理、培育社会自治能力、引领社会进步、促进社会和谐、关爱弱势群体、实现社会公平正义。社会责任是平台主动承担的部分，是平台自愿履行的，不能强制或道德绑架，而应该宣传引导，加以鼓励。

平台法律责任是平台运作的红线，因此其范围及内容都应该具体明确，以保障平台用户的合法权益，鼓励创新和竞争，有利于平台的和谐稳定与可持续发展，促进平台多为社会做贡献。平台上的多方主体与多边用

① Marijn Janssen, Elsa Estevez. Lean Government and Platform-based Governance—Doing More with Less. Government Information Quarterly, 2013, 30 (1): 1-8.

② 根据阿里研究院《平台经济》（机械工业出版社 2016 年版）第 89 页结合实际改编。

户，首先要遵守平台型治理规则与互动共治规范。不仅如此，平台上的公共治理与公共服务都应该遵纪守法，遵守政府相关部门的政策规定，工作廉洁高效，程序公平公正、有法可依，保障利益相关主体的人身、财产和隐私安全。

二、平台型治理模式中政府的角色

平台型治理与多边公共平台建设往往离不开政府的元治理、平台领导与政策支持，政府的合法性、权威性和排他能力，有助于克服志愿失灵与市场失灵；政府拥有的平台设施或制定的法律政策，成为平台型治理的必要条件。因而政府的职能转型和角色定位非常重要。在职能定位方面，政府应转变传统的公共品自主生产模式和行政化管理模式，开放公共品生产与运作管理的权力，致力于解决社会、市场、企业单方难以解决的共同问题，为其提供治理和服务的规则和空间。

平台型治理的基本途径是通过提供基础设施、基金或平台规则，从公共品的需求和供给之间的连接点创造契机，推动公共服务和公共品内容的开发者更好地提供产品、更好地创新服务。在平台型治理模式中，政府的角色是各边群体的召集者、授权者，而不是平台运作的直接参与者，公民应被授予权力去激发改进治理方式的各种创新①。因此，政府需要由传统的公共品生产者转化为公共平台的提供者，由自己生产公共品转为供给他人生产的产品，以第三者的身份独立于平台式治理、供求、协商等具体事务中的参与主体，将是政府职能转型的基本方向和政府多边平台建设的重大趋势。

政府在多边公共平台建设与治理过程中扮演着发起者、主办者、创建者、规则制定者、监管者、服务购买者等一个或多个角色，政府掌控平台基础设施、资金投入等核心创价关卡，对平台的供给、建设与平台型治理产生重大的影响，是平台的掌舵者，理应成为平台型治理的领导。为此，下文专门论述政府的平台领导角色及职能。

三、多方与多边结合的网络协同治理

平台型治理模式涉及利益群体广泛，治权安排复杂，既依赖于政府的平台供给、服务购买和治理规则，又依赖社会利益群体的广泛参与，每个利益群体基于享有的治权而参与平台型治理。因此，平台型治理必然是多

---

①　Tim O'Reilly. Government as a Platform. Innovations, 2010, 6（1）: 13-40.

"方"主体主政与多"边"群体主权相结合的基于平台价值网络的生态协同治理。平台"方"往往包括平台所有者、主办方、协办方、主管方等平台供给者或平台业务委托者；平台"边"一般为平台的各类用户群体：产品或服务的生产运营者、互补品提供者、产品及互补品的消费者，"边"体现了权利（力）的开放性和基于客观的统一标准的选择性。

（一）以平台"方"的主政为主导

平台型治理和单边垂直的政府管理不一样，其典型特征是多"方"主体主政与多边用户主权相结合、内部治理与外部治理相结合的网络协同治理。多边用户参与治理体现了用户主权原则，但这是平台主办方所制定的平台规则赋予的治理权利。平台本身就是生态系统集群发展的结果，因此平台具有自组织、自协作、自治理的特征。以淘宝平台为例，阿里巴巴制定了平台规则，而且亲自领导了大规模打假行动，通过规则制定和主动的监督行为，主导并参与了治理；买家用户通过给予"好评""差评"的监督评价行为，影响卖家的信誉和其他买家的选择，自动地参与了监督治理；卖家通过彼此自动的竞争、对物流商的影响，保障了速度和质量，也不知不觉地参与了平台的治理。

本着谁主办谁负责的传统治理文化及治理原则，平台型治理以平台"方"主动的亲自治理与主政为主导，以平台"边"参与的协作治理为辅。由于现实中公共平台产权性质不尽相同，平台主办方、主管方、所有者、服务购买方等主体之中大部分为不同的主体，也可能高度重叠①，因此本书用平台"方"——平台主办方、主管方、所有者、服务购买方代表平台体供给者的统称。

平台主办方——平台业务（服务项目）的主要责任主体和委托者，这些业务原本由平台主办方自己直接运作管理，推行平台型治理模式就意味着开放运作管理权力而保留监督评估、服务购买、规则制定等权力中一部分或全部。在多边平台理论中的概念是平台"拥有者"（sponsor），负责平台规则制定与平台型治理的主政②。因此，平台型治理由平台主办方主要通过治理规则来主导，平台主办方负有最核心的领导责任。

---

① 主办方与主管方往往不同，也有平台有主办方而没有主管方；平台主办方与平台所有者可能是同一主体，也可能是不同的主体；服务购买方可能是平台主办方、主管方或协办方。

② Geoffrey Parker, Marshall Van Alstyne. Six Challenges in Platform Licensing and Open Innovation. Communication & Strategies, 2009, 74（2）: 17-35.

平台所有者——平台空间载体（平台体）的提供者与产权所有者，主要指平台空间及基础设施的所有者。在多边平台理论中的概念是平台"提供者"（provider），负责联结平台和用户，整合治理资源，运营平台具体业务，执行平台主办方安排的治理规则①。这与中国国情和场景中的平台所有者或平台业务承办方的概念及职能基本是一致的。

平台主管方——平台主办方的直接上级或业务主管，往往是平台外部的监督评估方、服务购买方或平台所涉行业的政策制定者。在中国的国情和体制中，平台主管方在平台所在行业的宏观治理中起着关键作用，对平台创建握有终极否决权，负责平台所处行业的政策制定和长远规划，在行业层面掌舵平台型治理，通过政策方针与行业规划引领平台发展方向。

平台服务项目的购买方往往是平台主办方或平台主管方，但平台上可能存在多个服务项目且不仅仅来源于平台主办方，因此服务项目购买方还可能是其他委托者，如平台主办方的合作伙伴、平台协办方（如残联、慈善机构、学校等）。购买方通过补贴、服务项目购买等方式维持了平台的经费运转，在平台型治理中，往往参与平台的监督评估。

总之，平台型治理是多"方"主体与多边用户相配合的生态共治，以平台方的主政为主导。在商业平台中，90%的纠纷由平台自己来解决，只有涉及非常严重、性质恶劣的诸如犯罪等问题，才交由政府来管理②。然后平台积极配合支持政府的治理，以展现自己的治理责任和决心③。多边公共平台处于公共权力网络之中，平台主办方仍负有平台型治理与公共品供给的终极责任，平台主管方负有平台型治理的宏观规划与行业监管责任。

（二）依托政府、社会参与的网络治理

平台型治理必然依托作为平台主办方、主管方、所有者或购买方的政府。平台型治理不仅需要政府的政策和资源支持（例如政府服务采购和公共基础设施的支持），往往还需要政府的治理规则的规范。政府在平台型治理模式中通常扮演着多重角色：作为治理规则的主要制定者，重在规范多边用户的互动合作并协调其利益均衡；作为平台的领导者，政府需用

---

① ［美］马歇尔·范阿尔尔斯丁、杰弗里·帕克、桑杰特·保罗·乔达例：《平台时代战略新规则》，《哈佛商业评论》2016 年第 4 期。
② 阿里研究院：《平台经济》，北京：机械工业出版社，2016 年，第 61~62 页。
③ David Evans. Governing Bad Behavior by Users of Multi-sided Platforms. Berkeley Technology Law Journal, 2012（27）：1201-1250.

前瞻的眼光、系统的思维把握社会发展趋势，运用法律、政策、经济的手段支持平台型治理；作为平台的组织协调者，政府需要调动各方力量参与平台建设，需要整合相关主体的利益与目标、资源与能力，使利益各方做到资源共享、优势互补、运营协同，充分发挥平台型治理模式的杠杆作用，提高平台型治理的整体效益；作为平台的监管评价者，重在监督平台运行的质量和绩效，规范平台的互动合作行为，矫正负外部性行为，解决平台运行中的冲突。

平台型治理模式的付诸实施通常需要三个基本要素：共享的治权与资源、健全柔性的服务和得力的保障措施。其中，治权与资源的开放共享是平台型治理的坚实基础和前提；提供多元化、创新性、柔性化的公共服务是平台型治理的直接目标；保障措施是平台型治理模式的必要条件。因此，政府多边平台的主办方、平台所有者、运营管理者（承办方）、内容生产者、服务开发者、消费者要在平台上一起"共舞"，就必须广泛联合公民社会的力量，充分发掘和利用民间资源和社会资本，实现网络化治理，促进公共服务的多元化供给和平台建设的多渠道、多主体整合。平台型治理模式要求摆脱控制与强权，从平台的使命出发，建立平等的沟通互动系统，致力于生态系统成员的通力合作，确保平台型治理的整体高效。

（三）基于平台价值网络的协同治理

协同是整个生态系统功能优化组合、资源集成共享和行动协调配合的价值增值过程。以价值网为基础的协同治理具有如下特征：追求合作共赢和生态系统总体价值最大化，通过多主体的协同和交互作用，以整体最优为目标；协同具有动态性及综合柔性、渐进性和多样性；协同的合作对象实质是各主体所具有的核心能力；协同系统的开发和运行依赖各成员自组织，也强调政府平台领导作用的有效发挥[①]。

在当代治理环境中，公共部门必须建立和参与平台价值网络来进行合作治理和公共品供给。以多边平台为中心的治理模式强调网络价值，而不是产品价值[②]。多边平台本身就是把多边用户群体联系起来形成一个完整

---

① Jing Ran-zhe Yu J W. The Research on Sustainable Development of Enterprises Cluster Based on Recycling Economy. 2007 International Conference on Management Science and Engineering, 2007: 8.

② Greg Hearn, Cassandra Pace. Value-creating Ecologies: Understanding Next Generation Business Systems. Foresight, 2006, 8 (1): 55-65.

的价值网络，并建立有助于促进互动的基础架构和规则①。平台型治理模式意味着公共部门价值链向多元主体合作共治的价值网络转型：由单边到多边、单中心到网络、垂直到水平、封闭到开放。价值网络的思想意味着：政府等公共部门需要向社会放权，对其他主体开放资源与治理权力；公共部门的核心治理能力是整合资源、激发网络效应的协同能力；公共部门的职责在多边用户群体的互动合作中实现，公共部门的合法性随着平台用户的参与互动而得以彰显，平台型治理的绩效随着多边用户群体的壮大和网络效应的激发而得到提升。

四、依赖多边平台的创价模式

基于政府多边平台的平台型治理必然依赖多边平台的创价模式。政府多边平台创造价值的基本原理是，通过把两类或更多类型的不同用户群体联结起来形成利益共同体，帮助他们找到彼此继而互动、共享或交换价值，从"联结在一起"中获益，即通过"Coming Together"来创造各种价值。政府多边平台创造了具有共同利益的用户共同体，他们通过彼此互动而收益，各类行为主体皆从共同体中收益。因此，平台型治理模式创造公共价值的前提是，找到相互依赖的用户群体，使参与互惠合作的用户群体彼此找到合作对象，实现供需匹配、互动互惠，而高质量的匹配需要大规模的用户基数和广泛的选择权力、互动和反馈。多边平台创造价值的基本行为包括：通过发展平台社区、提供平台空间、确定服务价格来创建价值主张，联结价值网络；提供信息并降低用户搜寻成本，帮助有相互需要的用户之间找到彼此；建立治理规则和标准，防止用户的负外部性行为和机会主义行为②。

从多边平台的创价原理可以看出，平台型治理模式创造价值有如下特征：第一，把多种不同类型的用户联结在一起直接互动、相互满足从而创造价值，多边用户相互依赖、互相影响、相互促进、相得益彰；第二，政府多边平台为用户群体的联结和价值交易提供一系列的服务以降低交易成本，这些服务包括促进供需匹配、促进互动合作与互惠互利的实现；第三，平台主办方通过选择价格和其他治理工具来识别两类用户间的相互依

---

① 张小宁：《平台战略研究述评及展望》，《经济管理》2014 年第 3 期。

② ［美］戴维·S. 埃文斯、理查德·施马兰西：《触媒密码——世界最具活力公司的战略》，陈英毅译，北京：商务印书馆，2011 年，第 31 页。

赖，从而发挥自身的影响。①

平台型治理模式之所以能够创造价值，根源于多边平台的根本特征、优良属性、运行模式和平台所体现出来的水平思维、战略特征及其优势。多边平台具有开放共享、平坦通畅、资源整合、可复使用等特征及其优势，自身结构便于互联互通、动态演化，在运行模式上体现出网络效应的核心特征以及行为的协同性、价格的非对称性与价值的分配性等特征，支持了平台的产品多样性与创新性、规模经济性与范围经济性等经济效率②。平台型治理遵循的是基于价值网的运行模式，体现了水平的战略思维及其合作共治的战略模式，这种战略模式具有广阔的价值创造空间。

平台型治理模式创造价值的基本方式和路径可以概括为以下几种：一是通过公共治理权力、公共品生产经营权力的开放和授予，实现平台用户群体之间的直接互动，从而减少多层代理成本和委托代理问题——信息不对称、目标不一致造成的机会主义行为；二是平台联结多边用户群体，这些群体相互依赖、互相影响、互动互利，不仅形成了合作共治的生态系统与价值网络，最重要的是形成了利益共同体，在共同体中构建了合作共治的支撑体系；三是平台向其他用户开放互补产品、互补服务的生产运作权，并为这些产品开发者提供配套的服务，激发了公共服务创新，增加了产品多样性；四是平台支撑体系的基本功能是降低相关利益方合作互动的交易成本，把公共品生产者和互补服务提供者聚集在平台上，不仅产生了供给方规模经济，而且用户之间的正外部性产生了需要方规模经济；五是通过非对称定价、免费或补贴等价格工具来分配利益，不仅具有利益平衡的作用，而且公平合理的价值分配能够促进合作，增强网络效应，从而激发公共价值创造活力；六是通过平台主办方的领导、规则制定与主动监管，确立了相关利益方互动合作的制度规范，减少了机会主义行为，提高了互动合作的质量。

平台型治理模式借助多边平台的优良属性与水平思维，以治权开放、多元用户群体相互依赖及其供需匹配、用户临界规模为前提条件，基于共享空间与基础设施、制度规则、不对称定价、一揽子服务等创价工具，通过开放共享、合作共治、网络效应、价值分配与平台管制等基

①　David Evans. Governing Bad Behavior by Users of Multi-sided Platforms. Berkeley Technology Law Journal, 2012（27）：1201-1250.

②　Carliss Baldwin, Jason Woodard. The Architecture of Platform: A Unified View. Working Paper, Harvard University, 2008.

本路径，创造了公民民主与用户主权的正义价值、成本节约与创新柔性等经济价值和互利共赢、和谐稳定的秩序价值。

从多边平台基本原理与运行模式可以看到，多边平台的创价机理具有如下特征：在思维观念上，根源于多元连接的水平思维、生态思维与价值网络思想及其战略优势；在平台结构上，根源于开放互动特质以及可复使用、互联互通、生态连接、整合共享、动态演化等支撑属性；在运行模式上，从根本上来说是从连接、汇聚、互动和规模扩张中创造价值；在治理机制上，体现为平台主办方领导的多"方"主体与多边用户的合作共治，其核心是赋权释能推动平台的自治与生态系统成员的共治。因此，多边平台模式推进平台型治理的功能主要体现在：资源配置的高效，包括交易成本的降低、需求方的规模经济与供给方的范围经济；治理活力与治理能力的提升，赋权释能在调动多边用户的治理积极性与参与动力的同时显著提升了用户主权的水平、平台自治及生态共治的能力；治理的创新，在合作供给的基础上推动了公共服务的多元创新与协作创新；推动平台共同体的形成与发展，价值网络的连接互动与网络效应的激发助推平台社区共同体的共建、共享、共治与繁荣发展。总之，多边平台通过提供有效的治理系统来为共同体创造价值①。因此，总的来说基于政府多边平台的平台型治理是一种有效实现善治的治理模式，其价值创造机理归纳为图 3-2。

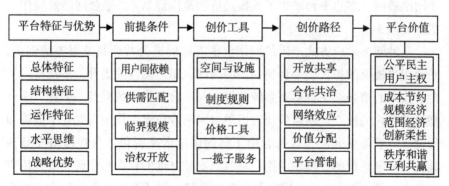

图 3-2　平台型治理模式的创价机理

图形来源：作者自制。

---

① David Evans. Governing Bad Behavior by Users of Multi-sided Platforms. Berkeley Technology Law Journal, 2012（27）：1219.

五、以网络效应为核心的运作机理

多边平台运作模式的最主要特征是网络效应，激发网络效应是平台创价模式的核心机制。网络效应是指各边群体构成的关系网络所产生的彼此依赖、相互吸引、相互促进等影响，即一边群体的效用受到另一边群体规模的影响。网络效应意味着平台生态系统中生产或使用补足品创新的外部参与者越多，平台及其补足品生产者就越有价值①。根据网络效应作用的方向，可分为同边、跨边和间接网络效应，分别吸引同类群体、供求对方群体、互补品生产者群体。

网络效应可以简单地理解为多元主体之间的互动而产生的相互影响。一种产品给用户带来的价值受到以下几个要素的影响：该产品的用户规模、供给规模、其互补品供给规模。这三个要素给用户的消费选择及效用带来的影响分别产生了网络效应作用的三种方式：同边网络效应、跨边网络效应、间接网络效应。同边网络效应表明用户群体内部相互吸引，显示出需求方规模经济。跨边网络效应表明供求双边群体之间的相互依存和彼此吸引，使得基于平台的交易与合作降低了交易成本。间接网络效应表明某产品与其互补品的关系所产生的引致性需求，于是推动服务创新并产生范围经济。网络效应激发的正反馈循环就是对这种相互依赖、彼此吸引的多边群体互动产生的互利互惠、相互促进的过程及效果的描述。总之，由于网络效应，多边平台产生了规模经济和范围经济②。平台网络效应作用机理见图 3-3。

三种网络效应方式产生的网络价值直接促进公共产品及服务的创新、平台用户规模的扩大、平台覆盖面的提高、用户黏性的提升，最终推动平台公权力的增强、平台生态系统的繁荣与平台领导力的提升。因此，平台型治理模式的核心是网络效应。但平台网络效应发生作用需要几个前提和假设：需求是多元的，且适合由不同的供给者来提供；存在网络安装基础———一定规模的、早期的用户基数，安装基础的存在往往影响潜在用户进驻平台的决策③；平台用户存在理性预期，即是否加入平台取决于对平

---

① Michael A. Cusumano. Staying powder: Six Enduring Principles for Managing Strategy and Innovation in an Uncertain World. London: Oxford University Press, 2010: 17.

② Thomas Eisenmann, Geoffrey Parker, Marshall Van Alstyne. Strategies for two-sided markets. Harvard business review, 2006, 84 (10): 92-101.

③ Joseph Farrell, Garth Saloner. Installed Base and Compatibility: Innovation, Product Preannouncements, and Predation. American Economic Review, 1986, 76 (5): 940-955.

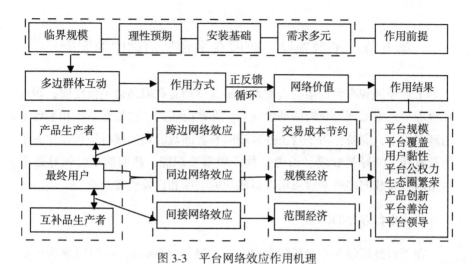

图 3-3 平台网络效应作用机理

图形来源：作者自制。

台规模变化的判断；用户只有到达临界规模，才会产生相互吸引、彼此促进的正反馈循环。因此，平台型治理模式的根基源自多边用户互利互补所孕育的网络效应。挖掘公共品供求和公共事务合作共治中的网络效应，成为平台型治理模式运作的关键。

平台型治理模式要将孕育和激发网络效应作为战略重心，以环环相扣的机制设计和运行策略，实现网络效应的正向循环，维护平台生态系统的壮大和繁荣，渐进地实现多重公共价值。因为利益相关群体是否有足够的动力进驻政府多边平台，平台是否有足够的吸引力诱导相关主体的加盟，取决于平台网络效应的大小。因此，网络效应决定着平台用户规模成长壮大的整个过程。平台建设成长的过程，尤其在平台创建初期，必须突破缺乏网络效应的真空地带，突破用户临界数量，这样才能够切实挖掘用户之间关系的增值潜能，这是以网络效应为核心的平台生存和壮大面临的最大难题[1]。多边公共平台的潜在用户规模一般比较庞大，但要首先吸引用户进驻平台并突破临界规模，需要通过不对称定价（尤其是补贴和免费）、提高用户黏性、平台互联互通与提高平台覆盖性等策略来激发网络效应。

---

[1] 陈威如、余卓轩：《平台战略》，北京：中信出版社，2013年，第91页。

第五节　平台领导：政府在平台型治理中的职能

平台经济和平台社会的大力发展不仅驱动着政府多边平台建设，而且呼唤着平台型治理与政府的平台领导。在政府多边平台生态系统和平台型治理实践中，需要作为平台主办方或所有者的政府切实履行平台领导的职能及责任。领导是管理（治理）的一项重要职能，政府的平台领导是平台型治理和政府多边平台战略取得成功的关键和重要前提。

一、平台领导的内涵

在平台经济学和平台战略学中，平台领导（leader）一般指驱动产业范围内创新的公司；平台领导（leadership）是在产业范围内围绕着某平台来驱动产业创新的能力和影响力①。平台领导从整体上对平台生态系统的建设和维系负责，确立平台的运作方向、业务范围和战略使命，通过自身影响力连接与协调各边群体，孕育、激发网络效应使各边群体互动合作，推动平台生态系统繁荣发展和权益分配上的总体均衡。

在平台生态系统中，独特的地位和权力使平台主办方（sponsor）或平台提供者（provider）成为领导。平台主办方对平台生态系统及规则设计和平台演化发展负责，平台提供者负责召集用户、与用户互动并提供服务，二者可能是同一的②。平台领导的权力包括平台所有权及其衍生的排他权、管制权，还包括平台规则制定与执行的权力，以及平台利益的分配权力。政府在平台型治理模式中的角色表明政府无疑是多边公共平台的领导。

政府平台领导是政府在多边公共平台建设、运行管理和平台型治理过程中所表现出来的领导地位及施加的影响力。政府在平台型治理模式中的领导地位主要表现在几个方面：多边公共平台的规划者，规则的制定者和管制的执行者，多边用户群体的召集者，位于平台价值网络的中心地位，

---

① Michael Cusumano, Annabelle Gawer. The Elements of Platform Leadership. MIT Sloan Management Review, 2002, 43（3）：51-58.

② Geoffrey Parker, Marshall Van Alstyne. Six Challenges in Platform Licensing and Open Innovation. Communication & Strategies, 2009, 74（2）：17-35.

负责整个平台生态系统的长期繁荣和发展①。政府平台领导实质是政府对平台型治理规则的主导、对平台型治理的掌舵。政府平台领导的使命在于支持并推动多边公共平台的长期发展，维护平台生态系统的健康和秩序，实现基于多边公共平台的政府善治与生态共治。

二、政府平台领导的必要

健康的生态系统都需要通过核心领导发挥特定的功能来支持，生态系统中其他成员的效率、成长及创新与平台领导密切关联，平台领导通过为其他用户提供平台及治理机制，促进整个生态系统效率的改进与创新性的提升②。案例研究表明，政府的权力开放与资源共享是多边公共平台供给的前提，多边公共平台的绩效与政府的平台领导息息相关。多边公共平台的创建、价值网络的联结、平台规则的设计、平台失灵的治理，均离不开政府的平台领导。

首先，多边公共平台的公共性和价值网络意味着平台型治理模式致力于共同体的整体利益与公共价值，作为平台主办方、主管者或提供者的政府有责任来推动共同体长远的发展，有义务对公共平台的整体功能和绩效负责，有必要行使对平台上负外部性行为的管制。

其次，平台产品及服务的多元性与互补性，表现为产品、服务的整体性供给和基本品与互补品的搭配，要求有一个平台领导者进行整体规划和协调，以实现基于平台的一站式供给与协作创新，尤其是众多互补品的供给与创新需要政府的引导、规范与激励。

再次，政府处于公共平台关系网络的中心，政府职责与平台生态系统的繁荣发展息息相关。政府作为平台价值网络的联结者和关键创价关卡的供给者，往往主导着平台生态系统和价值网络的建设与发展。同时，需要政府通过创价关卡和平台规则引导平台型治理模式创造公共价值的行为。

最后，政府具备平台型治理的公权力、权威、信息优势和丰富的管制手段，来治理多边公共平台上的负外部性行为，矫正平台失灵、规避平台风险，以维护平台型治理的秩序。

---

① Kevin Boudreau, Andrei Hagiu. Platform Rules: Multi-sided Platforms as Regulators. Working Paper. Harvard University, 2008.

② ［美］马可·扬西蒂、罗伊·莱维恩：《共赢：商业生态系统对企业战略、创新和可持续性的影响》，王凤彬、王保伦译，北京：商务印书馆，2006 年。

三、政府平台领导的策略

平台领导的总体策略是通过开放治权、提供多边公共平台及其治理规则来推行平台型治理模式，基本策略主要有：扩大用户规模，促进生态系统成员间的互动合作，激励补足品创新，推动平台的演化发展，发挥平台领导的组织能力，维持平台的可持续发展。

（一）平台领导的基本准则

平台领导研究的著名专家 Cusumano 等人（2002）认为，平台领导要从总体上考虑的准则包括：一是组织的范围，即考虑内部创新与外部创新的范围及程度，要权衡的是通过延伸内部能力还是通过市场来生产互补品；二是产品技术，需要考虑产品和平台的架构，包括平台模块设置、界面开放程度、平台和界面信息向互补者或竞争者开放的程度；三是与外部互补者的关系，包括竞争与合作的关系，还要处理彼此间的利益冲突；四是组织工作，建立能够减少目标冲突、促进变革的组织结构和文化，加强沟通①。这些准则对政府平台领导同样具有启发借鉴意义。作为平台主办方的政府也要考虑：平台型治理模式的业务范围，即哪些公共品及服务适合自主生产经营，哪些适合平台型供给；平台的技术架构，平台的结构如何开放以及开放程度如何；平台的价值网络关系，如何促进多边用户的互动合作；平台的利益均衡问题，如何处理利益用户之间的冲突，维持平台的稳定和繁荣。

（二）开放治权，提供治理规则

政府往往是公共平台建设的主办者和关键要素的供给者，创建平台是组织最高层的重任②。在平台创建时，一定要从促进多边群体间互动能力的视角设计平台模式，把撬起互动放在第一位；多边平台模式包括互动机制的设计和基础设施的开放，其核心是把生产者和消费者连接起来进行互动③。平台建设要求平台领导开放自己的产品与技术架构并激励第三方的

---

① Michael Cusumano, Annabelle Gawer. The Elements of Platform Leadership. MIT Sloan Management Review, 2002, 43（3）: 51-58.

② Howard Rubenstein. The Platform-driven Organization. Handbook of Business Strategy, 2005, 6（1）: 189-192.

③ Sangeet Paul Choudary. Platform Scale: How an Emerging Business Model Helps Startups Build Large Empires with Minimum Investment. Platform Thinking Labs, 2015.

互补品供给，平台领导能够管理产品和系统的设计、平台的发展演化、与生态系统成员的关系①。平台建设可以从技术和运营入手。在技术层面，设计合适的技术架构、界面或联结点，运用所有可能的技术和方法来促进政府开放、透明，降低公众进入平台的门槛。在运营层面，通过价格或补贴机制来吸引用户，提供市场动力激励第三方的互补品创新，维持平台与互补品之间的相互依赖。

（三）扩大平台用户规模

用户规模即平台多边用户群体的总体数量，直接体现了平台存在的合法性和创价潜能，是平台吸引力和平台领导力的最重要衡量指标，也是平台型治理模式创造价值的基础。扩大用户规模，有很多策略可供选择：第一，加大营销宣传的力度，可以开展网络营销和线上体验活动。第二，免费或补贴的定价策略，是吸引用户的最有力措施，也是借助平台推行公共服务均等化的有力保障。第三，通过提高多边用户使用公共平台的消费效用、话语权和累计性权利，增加用户的归属感和平台转换成本来提高用户黏性，从而降低用户流失率。第四，通过扩展平台业务，增加平台功能和服务模块，提高平台覆盖性，继而扩大用户规模。此外，运用平台网络关系和联盟战略，通过平台间的寄生关系、联盟关系、聚合关系或母子关系，或者通过平台间的兼容、链接、共享与协作，借用或共享其他平台的用户资源，也是快速扩大用户规模的捷径。例如，社工机构运作的老人服务中心由于地处偏僻，可以寄生在该地政府提供的福利院或其他老年人容易聚集的地方。

（四）推动平台演化，掌舵平台发展

平台的演化是平台适应外部环境和用户需求变化而做出的调整。平台演化的方式包括平台裂变、网络平方、平台聚合、平台移植等。平台演化和扩展的基本路径是平台覆盖，即通过平台业务的扩张与结构的兼容来实现平台规模的扩展，彰显平台的规模效应和平台所有者的领导力②。在平台演化的基础上，通过建立与调整平台之间的关系，发展平台之间的兼容、协作、共生关系，建立健全平台网络体系，或者实现平台之间的聚合

---

① Annabelle Gawer, Michael A. Cusumano. How Companies become Platform Leaders. MIT Sloan Manegement Review, 2008, 49（2）: 27-35.
② Gezinus J. Hidding, Jeff Williams, John J. Sviokla. How Platform Leaders Win. Journal of Business Strategy, 2011, 32（3）: 29-37.

以形成覆盖面更广的综合性平台，从而大力提升平台的领导力。平台领导的行为不仅是促进平台演化，更重要的是对平台型治理的掌舵。政府的平台掌舵体现在对多边公共平台建设的规划、平台业务范围的选择、价值网络的联结、平台开放的范围、平台型创新的导向、平台互联互通的布局以及平台演化发展的把控。例如，国家商务部一直在调整中国第一贸易平台——广交会的组展模式，以落实不断调整的国家产业政策和对外贸易政策。

（五）维护平台生态系统可持续发展

政府主办方作为多边公共平台生态系统的核心，对平台生态系统的整体繁荣与可持续发展、演进与变革负责。维护平台生态系统可持续发展的关键是深刻理解用户的多元化需求和不同用户群体之间的相互依赖关系，促进用户之间的互动和互动中的权益实现、权益均衡。首先，要遵循平衡的原则。多边公共平台也是一种社会协作系统，其产生是利益相关方协作意愿的结果，必须始终黏合协作的意愿，注重平台利益相关方承担的义务和报偿的平衡、平台建设与外部环境及用户需求的平衡。多边平台模式最忌利益失衡①，因此政府必须坚持互利互惠和多方共赢的权益平衡原则，避免过度征收平台使用费，以鼓励外部供给者更多的投入和消费者更好的选择性价值；同时避免与用户争权夺利，促进同类用户群体内部的良性竞争，注意防范与控制用户之间的负外部性行为。其次，要密切留意多边用户的去平台化行为，注重改进平台服务质量，提高用户黏性，防止用户流失。最后，政府多边平台的演化发展要符合社会发展大势，通过持续创新和平台自我进化去适应外部环境的变化，在平台的稳定性和适应性之间保持一定的平衡。

四、政府平台领导的路径

政府要在平台型治理模式中施展影响力并促进利益相关方的建设性行为，有很多路径可供选择，包括一系列创价工具与管制手段。其中，激励创新使平台充满活力并适应时代环境的变化最具根本性，负责平台的外部联络是解决平台发展障碍的必要保障。

---

① 贺宏朝：《平台：培育未来竞争力的必然选择》，北京：机械工业出版社，2004年，第20~21页。

（一）激励平台型创新

推动平台创新是平台领导的职责，也是平台领导施展影响力的一种重要进路。要实现政府 2.0 时代的大众创新、用户创新、开放创新与合作创新，必须建立包括制度、文化、设施与环境等构成的创新基础设施①。因此，公共平台基础设施的供给和平台型创新模式的构建是平台领导激励创新的基础。平台化是"政府 2.0"成功的真正秘诀所在②。除了开放的平台构架和平台基础设施建设，政府平台领导必须激发企业、社会组织等生态系统成员来参与公共服务的创新。此外，平台领导有必要保护生态系统成员从创新中获利的能力，确保互补品创新者有足够的收益来推动可持续的平台型创新③。政府通过激励平台型创新，开放公共服务开发创造的权力，保障外部创新者的权益实现，更要通过创新迎接新时代的新机遇，适应多边用户群体不断变化的需求。

（二）通过外部联络施展影响力

政府作为大部分多边公共平台的主办者、主管者或提供者，对平台建设及平台型治理的绩效负有终极责任，因此最有权力和资格来代言整个平台并负责平台的对外联络。政府代言的外部联络有三项任务：第一，从外部（包括更高层级的政府）为平台寻求更多的资源和争取更多的支持力量；第二，向外部传递平台及其治理的重要信息，让外界更多地了解、参与和支持平台型治理，维护公共平台的形象，提高平台的参与度、用户满意度和社会影响力；第三，非常重要的就是利用平台间的网络关系，推进不同平台之间的对接、兼容和互联互通，建设大平台体系，避免成为孤岛型平台。这不仅要求地方政府把自己主办的平台与其他相关平台兼容对接，而且要求更高层级的政府把不同地域间的同类公共平台或不同领域的相关公共平台联结起来，或把公共服务系统中分别办理不同业务的公共平台对接互通，以实现公共服务的整体性、共享性和均等化。公共平台间的对接和互通不仅是结构的开放、接口的兼容、信息的共享、标准的统一，更多的是流程的无缝对接、体制机制的衔接、服务的一体化。显而易见，政府领导的平台对外联络不仅增加了平台的支持力量，拓展了公共平台的

---

①　宋刚、孟庆国：《政府 2.0：创新 2.0 视野下的政府创新》，《电子政务》2012 年第 2 期。

②　Tim O'Reilly. Government as a Platform. Innovations, 2010, 6 (1)：13-40.

③　Annabelle Gawer, Michael A. Cusumano. How Companies become Platform Leaders. MIT Sloan Manegement Review, 2008, 49 (2)：27-35.

边界和功能，提高了平台型治理的绩效，而且政府在外部联络中自身的平台领导力也得以彰显。

(三) 通过平台创价工具施展影响力

平台创价工具或策略集包括：为不同用户提供的互动空间和基础设施提供的一揽子、一整套产品或服务，不对称价格机制，开放治理机制并管制参与者行为①。作为平台领导，政府对用户群体的利益分配规则和价值观引导也非常重要，这从根本上决定了平台用户的行为。例如，服务为本的价值观要求公共平台尽可能多地提供人性化、多元化的服务，从而引导实现平台的服务创新和范围经济；在民生为本的价值取向中政府要求各地开放公共体育设施来促进全民健身。还如，为了保证学术论文的质量，国家社科基金与 CSSCI 杂志社签约，为这些杂志社提供补贴的同时要求它们放弃向作者收取审稿费、版面费的行为。

(四) 政府的平台管制

政府的平台管制包括用户的进入与退出管制和平台运行过程的规制，是政府施加平台影响力、领导平台型治理的一项基本职能。从主体来看，分为政府平台的自我管制和具有行政执法权的专门政府机构对平台施加的外部管制。平台的自我管制是指政府作为平台所有者、主办者和主管者对平台组织规范、行业标准和不良行为的监督规制。政府平台领导的管制基本属于自我管制，主要是规范、标准的制定及对不利于网络效应的负外部性行为的治理。但政府平台的自我管制容易产生两个问题：一是可能造成政府的利益垄断或权力滥用，例如不利于竞争的排他性行为，二是可能牺牲更广泛的公共利益，即为了共同体的利益而损害社会整体福利②。有些政府平台自身可能没有强制执行处罚措施，这时需要政府专门机构实施外部管制。

(五) 学习借鉴平台企业尤其是计算机平台的经验

虽然公共平台与企业平台、计算机平台没有必然关系，但计算机型的

---

① David Evans. Governing Bad Behavior by Users of Multi-sided Platforms. Berkeley Technology Law Journal, 2012 (27)：1201-1250.

② David Evans. Governing Bad Behavior by Users of Multi-sided Platforms. Berkeley Technology Law Journal, 2012 (27)：1241.

平台思维有助于我们认清什么是平台及其应用的广泛性①。多边平台商业模式尤其是 ICT 平台战略的巨大成功，具有重要的启示借鉴意义，也是政府平台领导和平台管理的重要路径。Tim O'Reilly（2010）主张政府平台应该向计算机平台学习，并总结了可供学习的七条经验。在政府平台的建设过程中，最重要的活动是创建简单实用和公众易于进入的平台基础设施，为公共产品和服务的开发提供服务导向、数据驱动的框架。笔者从中摘取重要的经验如下。

第一，开放平台标准。平台的结构、技术和规则等标准开放后，有利于第三方基于开放的标准为平台增添价值。封闭的平台和政府对平台的控制不利于创新，平台主办方与内容开发者的竞争会使平台失去活力。开放治权和降低平台进驻门槛有助于提高平台创造力，推动平台的创新和用户群体的成长。

第二，为互动参与设计平台规则。制定清晰的协作与互动操作规则，坚持透明、参与和协作的平台建设原则，设计简单的互动合作框架，使公民能够参与完成大部分事务。参与的更高境界是让公众承接政府的部分功能和服务，取而代之的是公众的互助、自助服务。例如路灯坏了，不必等着不堪重负的公共部门去检查、报告、维修，而是市民自发的报告情况与后续服务跟进。公民的自组织、自服务型参与很重要，像维基百科那样可以实现众包的参与模式。

第三，通过数据挖掘来利用隐含的参与模式。利用公众参与互动产生的数据来提高平台型治理的绩效，建立服务导向的、数据驱动的治理机制，发挥政府的数据优势。政府通过投资信息基础设施并开放政府的数据，更好地推动平台用户的互动合作，促进私有部门创新公共产品和服务。

第四，降低合作创新的门槛，鼓励尝试，包容失败。政府平台建设的关键是鼓励私人部门参与政府没有能力或容易忽视的内容和服务的供给。政府平台应该允许来自市场和社会的扩充和修补，而不是什么都要详加规定。②

总的来说，平台领导必须掌握生态系统治理的基本技能，合理选择平台的访问者并规定访问者的参与权限，还必须留意平台上的互动、参与者

---

① Russ Abbott. Multi-sided Platforms. Working Papers, California State University, 2009.
② Tim O'Reilly. Government as a Platform. Innovations, 2010, 6 (1): 13-40.

的进驻情况和绩效指标，做到能够监控并能强化平台互动质量①。这些对于政府领导的平台型治理同样适用。

五、政府平台领导：复杂性、挑战性与建议

在今天的平台时代，我们不仅可以看到一些平台巨头（如腾讯、阿里、京东、苹果、亚马逊、谷歌、脸书）风光无限、呼风唤雨的一面，也可以看到一些平台巨头（如雅虎、诺基亚、暴风影音、乐视）轰然倒塌、黯然失色的一刻，还经常看到平台之间你死我活的争斗等平台景观。例如，持续近三年的3Q大战，在最高人民法院的介入下，以7万多字的审判书告终。虽然没有细读7万字的审判书，但其复杂性可想而知。平台的复杂性直接造成平台责任的分散、平台监管的困境与平台领导的挑战，以至于有学者分别专门探讨平台的陷阱②与平台领导的挑战③等问题。

（一）平台型治理的复杂性

平台是个极其复杂的事物，这至少与下述因素有关：一是平台的产权复杂，平台的主办方、主管方、协办方、运营方与所有者往往是不同的主体，他们拥有对平台的部分权力并施加不同的影响。二是平台的利益群体很多，牵涉的利益面很广，平台的社会公权力影响很大，很多平台市场份额很高，甚至通吃天下，所以平台问题很容易上升为广泛关注的社会问题和社会矛盾。三是平台的竞合环境与形势很复杂，竞争中有合作，合作中有竞争，通过合作来竞争。竞争与合作是促进创新还是抑制创新，合作是促进了竞争还是促进了垄断，很难一概而论。四是平台的自身结构很复杂，平台是一个综合的治理支撑体系，不仅包含着物理或虚拟的空间及其他各种共享的资源，还包括诸多的规则与要素，而且平台的结构是开放的、演化的、兼容互通的，结构的复杂必然造成平台运行模式和平台监管的复杂。五是平台的运行模式复杂，平台既创造利益也分配利益，还要讲究利益平衡；平台需要激发不同用户群体间的网络效应，促进互动合作、互利互惠；平台既开放又对开放进行管制；需要妥善应对平台间的网络关

---

① ［美］马歇尔·范阿尔斯丁、杰弗里·帕克、桑杰特·保罗·乔达例：《平台时代战略新规则》，《哈佛商业评论》2016年第4期。

② ［美］安德烈·哈丘、西蒙·罗斯曼：《规避网络市场陷阱》，《哈佛商业评论》2016年第4期。

③ Geoffrey Parker, Marshall Van Alstyne. Six Challenges in Platform Licensing and Open Innovation. Communication & Strategies, 2009, 74 (2): 17-35.

系、用户的平台多属行为、用户的负外部性与机会主义行为以及用户的去平台化行为与平台被覆盖的威胁。六是平台的治理结构很复杂，既包括平台方的主政及科层治理机制，又包括供求两侧用户的主权及其市场治理机制，还包括利益相关群体参与的社会治理机制，多方主体与多边用户相结合的生态共治、平台生态系统的内部治理与外部治理相结合的治理结构，这都充分体现了平台型治理的复杂性。

（二）平台领导的挑战

政府是公共平台的领导者和供给者，但政府的平台型治理需要大量的私有部门的投资来丰富和拓展其功能与结构①。在某些公共事务领域，如教育培训、医疗卫生、公共交通、大学食堂，是选择平台型治理还是单一的市场化经销，并没有统一的答案。但政府供给平台不去与私人部门竞争这些公共品的生产，有助于促进公共品的供给和创新。政府建设平台面临的一个挑战是如何吸引企业充分利用公共平台创造更多的价值②。例如，残联如何利用企业的力量创建残疾人康复服务和就业培训中心。

平台监管也面临很大挑战。平台网络不会直接控制平台上产品和服务的品质，必须引入诚信与安全机制保障参与者的互动合作行为；而且，平台自身无法有效应对所有的监管问题③。平台的自我监管有很多优势，但出发点是基于自身利益和平台共同体的利益，因此可能牺牲社会整体福利（例如百度的医疗推广），或者妨碍竞争。因此，政府监管部门（如法院与政府工商管理部门）应该从社会公共利益出发，促进竞争，防范平台的不当行为④。例如，淘宝的假货问题一度比较严重，尽管淘宝成立了规模庞大的打假队伍和投入了大量的资源治理假货问题。因此，政府工商管理部门不应与淘宝相互指责对方的过失，而是相互配合，并且与媒体、多边用户一起合作共治，制定新的监管规则。

政府在平台竞争与垄断问题的治理上，需要搞清楚两个问题：一是平台在实然方面到底是促进了竞争还是促成了垄断，竞争或垄断格局到底产生了怎样的社会影响，谁是受损者谁是受益者；二是在应然方面，站在公

---

① Tim O'Reilly. Government as a Platform. Innovations, 2010, 6（1）：13-40.

② Marijn Janssen, Elsa Estevez. Lean Government and Platform-based Governance——Doing More with Less. Government Information Quarterly, 2013, 30（1）：1-8.

③ ［美］安德烈·哈丘、西蒙·罗斯曼：《规避网络市场陷阱》，《哈佛商业评论》2016年第4期。

④ David Evans. Governing Bad Behavior by Users of Multi-sided Platforms. Berkeley Technology Law Journal, 2012（27）：1201-1250.

共利益的角度和产业竞争力的高度，是应该促进竞争还是促成垄断。诚然，平台本身就有对外扩展的倾向和"帝国主义"特征①，一定程度的平台垄断地位是必然的，也是客观存在的。那么如何权衡竞争与垄断，传统的反垄断法是否合适，如何看待和应对平台通吃，如何平息平台战火的蔓延（如京东与淘宝的战火延伸到物流市场，还如菜鸟网络与顺丰快递的"互撕"），如何在促进平台一定程度的垄断从而形成产业聚集和竞争力的同时，又促进平台生态系统之间合理的竞争从而推动创新与保护消费者权益，这些都考验着政府平台领导的治理能力。

最后，作为平台领导，政府要能够为了整个产业或生态系统的共同利益而牺牲短期的一己私利或局部利益。这需要博大的胸怀和高瞻远瞩的战略眼光，考验着传统科层制政府的治理能力和治理思维。例如，如何对平台收税就成为平台经济与政府平台型治理的新命题。对平台收税，包括对谁征税、税种和税率如何确定，平台税既要扩大政府税基、增加税源，又要能维持平台产业的长期持续发展，这显然需要政府对短期与长期利益、整体与局部利益的权衡和平台生态系统成员之间相互影响的考量。

（三）政府平台领导建议

鉴于中国平台经济的综合国情国力、国际竞争格局和平台社会的影响力，面向平台型治理的复杂性与平台领导的挑战，中国政府要站在主导全球平台经济格局、提升国家综合国力和竞争力以及促进经济社会发展、社会创新和技术进步的全局高度，明确平台经济的战略地位和平台经济社会的发展方向，促进平台经济和平台社会的规范健康发展。

一是前瞻性地设计优化平台规则与法律制度，健全能够包容创新、促进创业、鼓励共享互惠和约束负外部性的平台制度体系。具体涉及：平台网络规则，诸如知识产权规则，市场秩序与违规处理、争议解决，数据处理与信息保护、信用评价规则等；平台税收制度，从大局出发考虑平台生态系统对国民经济发展和促进就业与技术进步的整体贡献，结合当前和长远利益，综合权衡税率、税源、课税对象对总税收的影响，并针对平台系统不同成员之间的相互影响，灵活采取免税或补贴、不对称税收、捆绑式或多部制税收等多种形式，最终实现扩大税基，促进就业，释放平台经济活力，维持平台生态系统和产业经济可持续发展的总体目标。

---

① ［美］马歇尔·范阿尔斯丁、杰弗里·帕克、桑杰特·保罗·乔达例：《平台时代战略新规则》，《哈佛商业评论》2016年第4期。

二是政府继续提供优惠的平台扶持政策，强化平台服务支撑，鼓励平台型创新与平台型创业。尤其在平台创建期，提供孵化指导、初始资金、场地支持、中介渠道联结、融资与担负等服务，帮助平台渡过最艰难的初创期。同时，从国际贸易政策和国家竞争力的高度大力支持具有国际竞争优势的国内平台企业，如阿里巴巴、腾讯、京东、字节跳动、中车、华为、海尔等平台巨头，强化对外输出平台基础设施与平台服务的能力，推动其他国家的中小型企业等用户进驻中国的平台企业来实现成长壮大，促进全球范围内的平台经济发展，构建中国主导的共享经济新格局。

三是树立平台思维，避免过度干预。对于平台经济、共享经济等新兴经济形态及其发展中遇到的新矛盾、新问题，法规和政策总会滞后。如果采取严防死守的封闭政策或因噎废食的封杀政策，这显然违背经济社会发展大势。正如当初如果微信被扼杀，或淘宝因假货而被封杀，我们很像想象它们在今天的活力与繁荣。因此，平台型治理应该多一些包容性，用比较放松的管制方式，采取适合平台经济发展的水平思维模式，摆脱传统的单中心、统治性管控思维，将多边公共平台定位于基于价值网络的开放合作战略。通过准确理解多边公共平台的理念、原理与运行模式，把握好政府搭台、撑台、护台到后台的政治、经济支持的力度，同时要注意平台不是干预的结构，而是合作共享的机制，因此要避免政府过多的干预。

四是加强多边与多方合作的平台型治理。首先，推动开放政府建设，开放治理权力和政府数据，大力发展云+网+端和配套物流、信息流在内的平台基础设施，以平台供给为主线，平台规则为主导，大力建设政府平台，促进基于多边平台的公共品多元供给、公共服务协作创新和公共事务的合作共治。其次，要求平台自律，公开平台自治规则，并配合支持行业监管、政府监督、社会监督、多边用户参与监管。最后，培育平台型治理的社会基础——社会组织，完善政府购买社会组织服务的政策规范，推动成立平台孵化组织和孵化基金。

五是需要注意避免公共平台陷阱，防范平台失灵。首先，平台的建设和运作应以用户需求为导向，而不是政府供给驱动，平台主要为广大的用户而不是为平台的所有者、主办方、主管方提供服务与便利，不能使平台沦为政府谋取私利和施加控制的工具，或被运营管理者、大用户、利益集团等权势利益方俘获，成为他们权力垄断的工具。其次，降低用户的平台使用成本和基于平台的交易成本，提升平台信息透明度，理顺平台运作流程，促进多边用户之间的互动合作、相互促进、互利互惠，并防范和治理负外部性行为。最后，留意平台用户的去平台化行为，剖析原因，有的放矢采取策略，或是降低平台成本，或是促进平台互联互通、防范平台孤岛，或是为用户提供各种激励措施，或是提升用户主权水平。

第四章　平台型治理在城市社区的实现与绩效
——对社区社工服务平台的跨案例研究

平台型治理模式在城市社区是如何推行的，社区多边平台在实践中如何建设、怎样运作，平台型治理的绩效受到哪些因素的影响，这些都是平台型治理实践与研究要探讨的基本问题。本章以社区平台型治理为例，通过对广东三座城市的四家社区社工服务中心的跨案例研究，旨在完成以下三项研究任务：其一，描述政府多边平台的创立和建设过程，分析基层政府在该过程中的角色与行为，归纳政府多边平台建设的模式，提炼政府多边平台建设策略；其二，归纳社区平台型治理的策略，探寻社区平台型治理的运行方式；其三，分析平台型治理的绩效影响因素，归纳推理不同的建设方式、运行管理策略分别对治理绩效产生的影响。通过社区平台型治理的实证研究，归纳政府多边平台建设、政府平台领导与平台型治理的共性模式。

第一节　研究设计与案例陈述

上述三项研究任务以及平台战略的研究视角从根本上决定了案例研究的必要性。学界对战略管理进行案例研究的成功例证不胜枚举①。无论是公共管理战略研究②还是平台战略研究③，都普遍选择案例研究方法。案

---

① 例如，享誉世界的战略大师亨利·明茨伯格对经理角色的研究，还有目前在全球顶尖学术期刊上发表案例研究论文最多的学者——凯瑟琳·艾森哈特对企业战略决策的研究。
② 例如，保罗·乔伊斯所著的《公共服务战略管理》、罗伯特·阿格拉诺夫等人合著的《协作性公共管理：地方政府新战略》、约翰·布赖森所著的《公共与非营利组织战略规划》、纳特等人合著的《公共和第三部门组织的战略管理：领导手册》、戈登的著作《地方政府的战略规划》、Mark H. Moore 的著作 "Creating Public Value: Strategic Management in Government"，等等。
③ 例如，贺宏朝的著作《平台》、徐晋的著作《平台竞争战略》、陈威如等人所著的《平台战略》、卢强的博士论文《平台型企业竞争战略研究》、冀勇庆等人所著的《平台征战》、赵镛浩的著作《平台战争》、王旸的著作《平台战争》，等等。

例研究方法对于研究组织和战略的各种过程非常有效①。本研究的基本方法是案例研究与其他方法的混合，混合方法在于使研究者处理更复杂的研究问题，收集更有力的证据。本章将通过访谈调查、实地观察与档案资料分析相结合进行跨案例复制研究。

一、案例研究设计

（一）案例研究的方式选择

根据研究性质和研究使命，本研究主要采取理论建构式的案例研究。理论建构式的案例研究，强调对真实世界动态情景的整体了解与归纳式思考整合，该归纳式思考过程伴随着从数据中识别规律的各种方法②。案例研究具有多种形式和多种具体方法，因此在进行案例研究设计时需要进一步选择。

首先是案例研究性质的定位。根据研究目的，案例研究一般分为三种类型：探索性研究、描述性研究与解释性研究。其中，探索性研究适合于不存在理论假设和文献基础，或因果关系不够明显及因果联系复杂多变等情景；描述性研究适合于对过程和场景中的频率、程序等要素的描述；解释性研究适合于解释过程和效果之间、自变量与因变量之间的逻辑关联。政府多边平台如何供给与创建、平台型治理如何运行、平台绩效取决于哪些因素，没有任何有待检验的假设，也缺少前期的理论成果，因而特别适合于探索性研究为主、解释性研究为辅的归纳式案例研究。

其次是选择案例研究的形式——多案例还是单案例研究。批判性的、启示性的或不常见的案例仅适用于单案例研究。多案例研究类似多元实验，实验次数越多，得出的实验结果就越准确。从多个案例中归纳出来的结论往往更具有说服力，信度更好，外在效度提高，推广意义更大。因此，对平台型治理以及政府多边平台建设的共性模式研究选择多案例研究方法非常必要。

最后是考虑嵌入性案例还是整体性案例。整体性案例研究是对考察对象的整体研究，适合于研究对象无法分解或比较简单的小型案例。如果需要对一个案例中的多个层级的分析单位分别进行考察，这时需要嵌入型案

---

① 李平、曹仰锋：《案例研究方法：理论与范例——凯瑟琳·艾森哈特论文集》，北京：北京大学出版社，2012年，序言。

② 李平、曹仰锋：《案例研究方法：理论与范例——凯瑟琳·艾森哈特论文集》，北京：北京大学出版社，2012年，序言。

例研究。嵌入性案例研究通过设置多个层级的主分析单位和次分析单位，从不同维度、不同层面全面深入地探索研究对象及相关问题。平台型治理的实证研究既要归纳多边平台建设、运行及管理的过程与方式，又要分析多元相关主体的角色与行为，还要阐述治理方式与绩效之间的逻辑关联。因此在本研究中，通过嵌入型案例研究设置不同层级的分析单位，继而设计不同的分析变量是必要的。

（二）跨案例归纳式理论建构的基本原理

跨案例归纳式理论建构是指根据案例中的经验数据，对多个具有可比性的案例进行比对、复制与归纳，从而创建概念、命题和（或）中层理论的一种研究策略。跨案例研究构建理论遵循的是复制性逻辑。多案例就是通过多次不连续的实验对所产生的结果进行重复、比对和扩展。理论的构建通过案例数据、形成的理论（命题）及现有文献三者之间的反复循环而实现。跨案例归纳式理论研究适合于开发新的概念和可验证的理论命题。①

跨案例研究遵循复制法则，类似于多元实验中的复制法则。实验结果就是一个个的命题，然后分析解释这些命题。只有进行多次类似的实验并反复验证，实验结果才让人信服，才有继续进行研究解释的价值。通过案例之间的差别比较、共性复制，以及将正反案例相结合，总结归纳出一致的、有规律的共性模式，这就是要建构的理论框架。②

（三）案例的选取

本研究中案例的选取采用理论抽样而非随机抽样的方法，出于理论建构的使命从政府多边平台的总体案例中筛选样本。理论抽样首先要确定案例总体，即凡是符合政府多边平台定义并经得起其识别标准检验的平台集合。然后，选择典型的、有代表性的行业案例样本。最后，根据案例研究设计的思路和开展研究的客观现实条件的限制，通过反复筛选，最终选择合适的案例样本。

具体来说，选取案例样本的依据主要包括以下几个方面：首先，能够较好的体现案例复制研究的法则，案例之间具有可比性，案例之间可以找

---

① 李平、曹仰锋：《案例研究方法：理论与范例——凯瑟琳·艾森哈特论文集》，北京：北京大学出版社，2012年，第33~34页。
② ［美］罗伯特·K. 殷：《案例研究：设计与方法》，周海涛等译，重庆：重庆大学出版社，2010年，第61页。

到共性的主题、模式，案例之间的复制比对具有理论建构意义；其次，案例能够展现政府多边平台战略潜力，最能体现平台型治理思想的行业样本，案例代表性越强，样本数量可以越少；最后，根据案例数据的完整性、信息的粒度需求及数据收集的难易程度，从行业样本中最终选取案例样本。

政府多边平台涵盖政治、经济、社会和技术等各个领域，分布于各行各业。笔者通过各个领域和行业的平台案例的初步调研，最终决定选择社区社工服务中心平台作为行业样本，是基于以下几点考虑：第一，社区社工服务中心的产生与社会工作机构的兴起是政社分离、政府职能转型的结果。党的十八届三中全会做出了重点培育社区服务类社会组织、鼓励社会组织提供公共服务及参与治理社会事务的决策。因此社区社工服务平台最能展现治权开放基础上的合作共治策略和平台型治理模式。第二，社区社工服务中心脱胎于传统的公共品生产平台——社区服务中心，近十年来在城市快速推进，代表着政府多边平台在城市社区治理及公共服务领域的发展方向，最能体现平台型治理模式的价值，而且作为一种政府多边平台模式，便于开展与传统的社区服务中心的比较研究。第三，社工组织参与社区治理仅是近十年的事情，不仅投入资源不足，而且受制于政府政策和行业环境，致使社区社工服务中心发展现状脆弱，因而离不开市场主体、社会主体的参与建设和合作共治，更离不开政府的平台领导；社区社工服务中心对资源整合、能力互补、网络协作的要求高，其需求呈现多样性、柔性化等创新性特征，因此社区社工服务中心的建设及运行管理需要借助基于政府多边平台的平台型治理模式。第四，拥有研究条件的优越性与便捷性①，广东省的社区社工服务中心吸收借鉴了香港的先进经验，在国内取得先行先试的领先地位。广东梅州的社工服务中心虽然起步较晚，但时间追溯性强，调研十分便捷。笔者有幸见证了部分社区社工服务中心的创建、成长历程，还亲自参与两家社工服务中心的建设与管理活动。

综上，本研究最终选择广东三座城市的四家社区社工服务中心作为案例样本。它们是：梅州江南家庭综合服务中心——鼎和社工服务中心，梅州市关爱妇女儿童社会组织服务中心，广州海珠区长者综合服务中心，深

---

① 由于笔者的教学研究经历及在梅州市社科联兼任常务理事并作为发起人的经历，笔者对社工组织有近5年的关注，前期多次走访调研了广州启创、广州明镜、深圳壹家亲、梅州鼎和、嘉应社会工作服务中心、梅州慈爱、梅州市关爱妇女儿童社会组织服务中心等社工组织及其运作管理的社区服务中心，并获得了这些社工组织的合作研究意向和大力支持，为研究提供了诸多便利。在此一并致谢！

圳清湖社区服务中心。虽然平台名称不尽相同，但它们都属于社会工作机构运作的多边平台，这里将其统称为"社区社工服务中心"平台，有别于传统的社区服务中心。

（四）案例研究的过程

第一步，收集与整理数据。通过前期的走访调查、实地观察和网络资料收集，获取案例信息资料；继而建立各类公共平台的案例库，不断充实、完善案例信息，对案例进行分类整理，根据理论抽样的原理和实际情况筛选出社区社工服务中心平台的案例样本；完善社区社工服务中心案例资料，在此基础上进行深度访谈。然后对案例档案资料、访谈信息、文献资料进行分析整理，整合多数据源构成的证据链。

第二步，分析数据。事实上，数据收集和分析是交叉重叠的。在数据收集时进行初步的分析、筛选，以便提高数据质量；在数据分析中进一步收集数据，以便优化、补充案例信息。充分了解每个案例样本是跨案例复制研究的前提，因此先要进行案例内数据分析，然后进行跨案例复制分析。

第三步，形成命题或理论。在跨案例分析中通过建立图表等模型进行不同维度的比较，以便寻找相似的主题，从而形成初步的命题和构想，然后通过复制逻辑将其精炼、升华，通过数据的反复比较，验证每个案例中的特定主题。跨案例分析后，主题、概念及变量间的关系逐渐变得清晰，案例样本间的共有模式开始浮现，接下来就要形成具有逻辑体系的理论框架，再次检验理论框架和数据的吻合程度。[①]

第四步，验证与总结。通过其他案例以及与文献对话来验证理论的可靠性，将形成的命题同现有文献、其他案例进行验证比较，从中获取理论或经验上的支持，以提升研究结论的信度与效度。最后总结提炼研究结论，并讨论研究结论的适用性与推广价值。

（五）案例研究检验标准及相应策略

如何检验案例研究过程与方法的优劣以及所形成的理论水平的高低，确保案例研究的理论建构有效且可信，是案例研究设计的重要内容。虽然没有公认的普适标准，但一项高水平的案例研究一般应做到：研究过程严

---

① 李平、曹仰锋：《案例研究方法：理论与范例——凯瑟琳·艾森哈特论文集》，北京：北京大学出版社，2012年，第11~14页。

谨、研究方法科学高效、证据充分可靠、理论简洁且逻辑一致、结果可信且有价值。可以参考罗伯特·K.殷提出的案例研究检验标准：建构效度、内在效度、外在效度和信度①。建构效度，即衡量证据是否确凿、充分，检验数据的真实性与完整性；内在效度是用来衡量理论的逻辑自洽性与一致性；外在效度用来检验理论是否有较好的推广性、适用性；信度用来检验研究的可重复性与重复研究的结果一致性。据此，设计了本案例研究检验标准及对应的保障策略，详见表4-1。

表4-1　　　　　　　　　　案例研究检验标准及对应策略

检验标准	案例研究策略	策略实施的环节
建构效度	确保数据来源多元化	资料收集多渠道
	形成多元数据间的证据链	资料收集与整合
	由主要证据提供者对研究报告草案进行检查、核实	撰写报告与分享
内在效度	进行模式匹配	数据分析
	进行某种合理解释	数据分析
	分析与之相对立的竞争性解释	数据分析
	使用逻辑模型	数据分析
外在效度	运用复制方法进行多案例研究	研究设计
	用得出的理论检验其他案例	研究设计与验证
信度	建立案例研究资料库	资料收集
	采用研究草案，确保研究可重复性和结果一致性	研究设计

资料来源：根据罗伯特·K.殷：《案例研究：设计与方法》，重庆：重庆大学出版社，2010年，第46页，结合研究实际略有改编。

二、数据来源与资料收集

本研究拟收集的数据涵盖社区社工服务中心平台建设与平台型治理的多个方面，集中于平台运行管理策略及治理行为，尤其关注这些行为策略的逻辑性。根据平台战略原理，数据收集的重点放在围绕着平台价值网络形成和要素投入而展开的平台建设策略，以及平台运行管理策略、相关主

---

① ［美］罗伯特·K.殷：《案例研究：设计与方法》，重庆：重庆大学出版社，2010年，第61页。

体互动合作的行为上。

多源数据有助于收集更全面准确的信息和探寻更可信的研究结果。为了提高案例研究的建构效度，本研究通过多种途径、多种方法收集多种形式的数据。数据来源及收集方式主要包括：一是社区社工服务中心提供的文档记录，例如宣传册、规章制度、机构运作相关记录等内部文件及对外的合同文件，这些文档记录主要在前期的实地考察和后期正式访谈时通过赠阅、邮递、复印、拍照等方式获取；二是有关社区社工服务中心的网络信息，包括有关案例样本的网络文章、官方网站信息及相关网络新闻；三是通过实地考察、走访观察、非正式访谈所获取的信息，包括一些图片、照片、记忆与相关记录；四是通过正式访谈，设计半结构化的访谈提纲，与社区服务中心的负责人、管理者正式约谈；五是其他来源，通过业内人士获取有关社工行业的公共政策文本、行业运作管理规范（如行业手册、制度汇编）等政策文件，还通过参与社区服务中心的活动、会议、讲座及人际传播等途径获得有关信息。

由于本研究中数据收集的重点是难以直接观察和记录的行为策略，因此与调研对象进行正式的、深入的访谈是必要的。面对面的访谈不仅可以实时互动反馈，还可以就某些问题刨根究底。正式访谈前做了两项准备工作：一是通过阅读由其他途径获取的资料来了解案例样本的基本情况，以便访谈时提出有深度的问题；二是设计访谈大纲、完善访谈问卷。访谈问卷开头部分界定了政府多边平台的定义，并询问访谈对象的理解，在确定无歧义的情况下开展访谈，因为多边平台概念毕竟不同于日常生活中的"平台"语义。根据访谈前掌握的案例数据完备情况确定案例访谈对象的人数，一般每个案例选择2~3名访谈对象。访谈对象一般为社区社工服务中心平台的创建者、社工组织高管或主办方负责人。对于笔者没有亲自参与的部分访谈，进行了录音①。

访谈问卷主要有三个部分：一是社区社工服务平台概况，涵盖平台规模、组织机构、利益相关方、服务领域及边界、产权关系及创立背景；二是平台的建设情况，涵盖平台服务地点的选择、平台价值网络及其创价关卡、功能业务与服务内容的选择、组织制度与规模建设等过程及行为策略；三是平台运行管理及社区治理情况，涵盖价值网联结及其运作、平台

---

① 录音前已征得访谈对象的同意。由于访谈调研的任务较重，笔者邀请了在社区服务中心兼职的某些同学参与了个别样本的调研，这里特别感谢郑同学的协助调研、录音整理及访谈对象的支持配合。

服务供给、服务营销推广、平台运作流程、平台间互联互通与网络合作、绩效管理及监督管理等方面。

访谈结束后，综合整理各种方式所获取的数据。为了减少研究偏差，笔者采取了一系列提高研究效度的措施：一是在长达三年的跟踪调查过程中，通过多轮次、多渠道、多方式收集多种形式的数据，包括一手数据和二手数据、纸质文本及电子数据（照片、录音等），确保了数据完整、详实。二是对收集来的各类数据进行了比对、验证，形成一系列证据链，确保这些数据相互支撑、相互佐证。三是向有关部门和受访者承诺匿名和隐私保护，鼓励他们坦诚交流。四是所选择的案例样本都来自笔者关注多年、实地调查多次的社区社工服务中心，亲身体验、直接调查和间接调查相结合，可以对平台型治理模式有更深刻的领悟。五是除了已选择的四个案例样本，还选择了其他两家社区社工服务中心和其他行业的案例样本，以便于检验研究结论的适用性。

三、数据分析

数据分析质量直接决定着理论建构的质量，因此从数据分析中提炼和构建理论是跨案例复制研究的关键环节与最大挑战。本研究中数据分析的主题是社区服务中心平台建设、运行管理、合作治理的过程及方式，因此确定的主分析单位是社区社工服务中心。嵌入型分析单位包括平台的运营管理者——社工组织、分别作为平台主办方和所有者的市区政府和街道办。测量指标和变量主要包括：平台规模与结构等属性、平台价值网络、平台创建类型及方式、政府角色与平台供给模式、平台运行方式、平台管理策略、用户黏性、用户规模、平台绩效，等等。数据分析方法主要包括：模式匹配、形成解释、案例内时序分析、逻辑模型和跨案例复制归纳。多案例复制研究的数据分析主要分为两个环节：案例内数据分析与跨案例分析。

案例内分析是对每个案例样本的单独提炼、描述，提取分类主题、核心特征与关键要素，以便对庞杂信息进行简化，从中提炼关键信息。分析前需要整理形成关于本案例的档案资料库，根据理论建构的需要和案例间的相似性主题特征，最后一般通过图表来展示案例基本信息[1]。在对样本进行案例内分析时，主要选用时间维度对每个社工组织成立之初的规模、

---

[1]　李平、曹仰锋：《案例研究方法：理论与范例——凯瑟琳·艾森哈特论文集》，北京：北京大学出版社，2012年，第10~11页。

结构与调研时的规模、结构进行纵向比较，描述平台的使命及功能、服务对象及服务内容、价值网络与平台生态系统的结构、平台的创建类型及地方政府的角色。因为平台型治理的实质是治权开放共享基础上的合作共治，因此分析的关键是平台产权关系、多边群体与多方群体的互动网络以及多元主体之间的合作共治行为。

跨案例分析是从不同的途径、方法与维度来对案例样本进行横向比较，从结构化和多元化的视角，将案例分析中产生的洞见与其他案例分析中产生的洞见相比较，进而识别出一致的共性模式，以发现可靠的理论命题①。跨案例分析方法遵循以下几个步骤：首先，选定一些共同的主题，来对不同案例样本中的相同维度的数据进行横向比较和归纳总结，以便寻求共性和稳定的模式，并进行解释或进一步验证。分析维度主要根据研究设想、研究对象及分析单位和平台战略研究文献来确定。其次，利用研究过程中形成的主题、概念及变量，建立起各种变量之间的关系，例如平台创建方式与建设难易程度间的关系，主要因变量有平台用户规模、治理绩效。最后，通过复制逻辑来升华初步发现的模式与关系，而且还要不断回到每个案例中来比较、验证相关概念、变量之间的关系和逻辑是否存在。借助二维表来比较多个类别的案例数据是跨案例分析时常用的技巧。

跨案例分析的过程不仅是案例样本数据之间反复比对异同、归纳理论模式的过程，还需要在理论模式和其他案例、证据及相关文献之间循环往复，尽量实现理论模式和各种证据匹配，通过模式和证据之间的反复验证强化概念之间、变量之间的逻辑关系及深层的理论模式。最终，提炼建构平台型治理与政府多边平台建设的理论体系，例如政府多边平台的创建模式、运行机理、创价模式、管理策略与绩效影响因子等。

四、案例陈述

这里的案例陈述仅对每个案例样本的基本情况、平台的价值网络与产权关系进行简要介绍，简要论证案例样本属于政府多边平台，并通过几张表格对四个案例样本进行信息汇总。案例中的其他信息将在多案例复制研究过程中进行展示、比较与归纳。

（一）案例 A：梅州江南家庭综合服务中心

梅州市江南家庭综合服务中心（下文简称"江南家综"）是在政府

---

① Kathleen Eisenhardt, Melissa Graebner. Theory Building from Cases: Opportunities and Challenges. Academy of Management Journal, 2007, 50 (2): 25-32.

职能转移、政社分离的背景下，在广东社区社工服务中心建设浪潮和政府相关政策①的扶持下，于 2014 年成立。其前身是梅州市江南街道办管辖和直接运作管理的青少年活动中心、老年人活动中心。江南家综的成立与鼎和社工组织进驻梅州密切相关。梅州市鼎和社会工作服务中心（下文简称"鼎和"）是在梅州市梅江区民政局、梅江区江南街道办事处的支持下于 2014 年 6 月注册成立的梅州地区首批专业社工组织之一。江南街道办事处将家庭综合服务及社区治理权力授予鼎和，由鼎和来运作管理江南家庭综合服务中心。江南街道办事处提供服务场地等基础设施，并以项目招投标方式委托鼎和运作，购买支付每年约 100 万元的社区服务项目（第一个半年只有 45 万元）。

梅州鼎和由具有多年运作管理经验的广州鼎和资深社工、咨询师与梅州本土有志于社会工作的爱心人士共同发起和组建。机构秉承"尊重、责任、担当、奉献"的使命与价值观，旨在促进社区融合发展与和谐治理，探索具有本土特色的专业化社工发展之路。当前，梅州鼎和仅在江南街道办开展长者服务、家庭服务、青少年服务、社区发展等领域的服务工作；以提供长者服务为主，致力于形成以"服务·转介·孵化·培训·示范"为一体的多元化、一站式的社区综合服务平台，为老年人提供日托服务、医疗保健、文化娱乐、爱心饭堂、热线支援、精神慰藉、上门探访、长者自治组织培育等服务。

（二）案例 B：梅州市关爱妇女儿童社会组织服务中心

梅州市关爱妇女儿童社会组织服务中心（下文简称"妇儿服务中心"），于 2012 年 8 月注册成立。其创建者这样描述其创立的背景：为推进梅州市妇联开展工作，承接其部分职能转移，整合梅州市妇女儿童活动中心的人力资源、场地资源，促进社区和谐，时任梅州市妇联的一位干部（即现在的妇儿服务中心负责人）从珠三角地区社会组织调研后，恰逢当时妇联召开承接孵化社会组织功能的会议，由此认为梅州也应该学习珠三角社会组织去承接妇联职能的转移，于是成立关爱妇女儿童的社会工作机构。

---

① 其他案例样本有着与此相同的政策背景，相关政策包括：广东社会工作发展总体规划、政府购买社工服务的相关政策、社区社会工作服务指导、社区服务中心的相关规章制度和建设规范，培育和规范民办社工服务机构的支持政策和行业规范，社工岗位设置及薪酬政策，社会工作者职业水平评价制度，社工督导制度等。详见：《广东省社会工作政策文件选编》（2011—2013 年）。

运作妇儿服务中心的社工组织是梅州市妇联孵化的社会组织，但拥有独立的组织管理权和项目运作权。妇联是妇儿服务中心的业务主管单位，也是其潜在的项目委托方、服务购买方之一（截止调查时仍未购买其服务项目），同时为其提供原属于妇联管辖的妇女儿童活动中心的场地资源。妇儿服务中心成立时确立的职能主要包括：一是支持、培育、孵化妇女儿童、家庭领域的社会组织，为这些社会组织无偿提供办公场地、登记注册指导及业务培训；二是承接政府公共服务项目，指导、协助进驻的社会组织落实政府各项扶持优惠政策；三是为相关社会组织提供项目分包、业务扶持、个案转介、合作交流等服务；四是对妇女儿童、家庭服务类社会组织进行评估，为服务采购方和评估机构提供参考数据等；五是直接为梅州市的妇女儿童提供维权服务和公共服务，例如妇女创业技能培训服务、留守儿童关爱服务。截止调查时，妇儿服务中心已申请到由广东省政府与李嘉诚基金会共同出资支持的妇女创新公益计划中的多个项目，在关爱留守儿童、普法教育、妇儿维权及保护等领域提供相关服务，如"留守儿童家庭教育""妇女两癌康防治""妇女创业""女村干部培训"等。

（三）案例 C：海珠区长者综合服务中心

海珠区长者综合服务中心（下文简称"海珠长者服务中心"），是广州海珠区政府应对人口老龄化与日益增长的养老服务需求，遵照市委市政府提出的养老目标体系，借鉴香港先进的社工服务理念建设的广东省养老服务示范中心。海珠长者服务中心位于海珠区社会福利院的一楼和二楼，其他楼层仍由福利院直接运作并提供政策性养老服务。海珠区社会福利院原由区民政局直接管辖、运作，后将其一楼和二楼免费提供给养老服务社工组织使用。海珠长者服务中心的经费主要源自区政府的养老服务项目购买支付。

海珠长者服务中心由 2009 年成立的广州启创社会工作服务中心（下文简称"启创"）来独立运作管理。启创的前身是 2008 年创立的启创社会工作发展协会，由中山大学社工系的一位教授为响应市政府先行先试的政府购买服务和推动社工服务发展政策而创建的。启创是广州市注册成立的第一家专业社工组织，服务站点分布在中国多个省市。启创的服务范围包括接受政府部门、基金会委托的各类社工服务项目以及创新性服务项目，其主要项目有：青少年发展及学校支援、家庭综合服务、社区戒毒康复服务、长者社区关怀、社会工作专业咨询培训及学术研究等。启创通过建设个人自助互助能力、促进家庭和谐关系、发展社区支持网络、倡导政策及服务改善的服务方法及路径达成机构的愿景："携手社会各界人士，共同建立一个关爱、平等、公义的社会，让人人过有尊严的生活。"

启创运作管理的海珠长者服务中心以"长者所需、服务所在"为宗旨，通过构建的四个平台——"居家养老培训支援平台、日间托老无忧平台、养老资源整合枢纽平台、院舍养老示范平台"——展开服务工作，以实现"引领居家养老生活模式、构建养老服务资源网络、提升长者生活生命质量"的服务目标。长者服务中心配备了身体评估系统、康复训练、感官训练等领域的先进技术设施，为本区长者提供日托、膳食、身体评估、康复娱乐、心理慰藉、咨询引导、热线支援等社区服务；同时探索创新居家养老服务模式，通过培训支援系统将服务辐射到海珠区18条街道的居家养老服务站。

（四）案例 D：清湖社区服务中心

从 2007 年开始，深圳市政府大力推进社会工作。截至 2013 年，已制定了深圳社区服务"十二五"规划、社区服务中心评价指标体系、社区服务中心设置运营标准等社区服务平台建设的制度规范，构建起以"政府主导、民间运作"为主要特征的城市社会工作模式。从 2015 年起，深圳市朝着"一社区、一中心"的社区服务中心全覆盖的建设目标迈进。龙华新区壹家亲社工服务中心正是在这一背景下于 2011 年 11 月成立。壹家亲社工服务中心的性质是民办非企业社会工作服务机构，已先后在多个省市提供社会服务。机构的使命是致力于提供高素质、多元化的社工服务，构建"出入相友守望相助疾病相扶持"的和谐社区。机构的主要服务对象是所在社区的家庭、妇女儿童、长者、残障人士等，同时提供社区矫正、安置帮教、人民调解、法律援助等方面的司法服务，并为侨胞提供一些特色服务。

龙华新区壹家亲社工服务中心除了获得市政府常规的服务项目购买经费，还获得了龙华新区社会建设局的公益创投项目的资助，以及各类慈善机构及基金会（如壹基金）的资助和社区内企业的付费服务项目经费。根据相关政策，深圳每个社区服务中心的年度运营经费为 50 万元，由市福彩公益金和各区财政资金共同负担，市级财政通过对区财政的转移支付来提供专项补助。社工组织以招投标方式获得政府购买的服务项目及运营经费，还可争取政府有关部门及企事业单位提供的场地、设施、资金等资源。2014 年 6 月，经过梅州市民政局社会组织孵化基地的孵化和深圳壹家亲的大力支持，梅州壹家亲社工服务中心注册成立，但由于缺乏资金至今未能正常运作。

清湖社区服务中心成立于 2013 年 12 月，它是深圳壹家亲社工服务中心在龙华新区清湖社区设立的服务平台。服务平台设在清湖社区劳务工图书馆，原由龙华新区清湖街道办所有并管理。2014 年 1 月由壹家亲社工服务中心正式承接运营并负责管理。其人员配置遵循壹家亲的社区服务中心人员标准配置：社工 4 名+行政助理 2 名。主要服务对象包括：家庭、老人、妇女、青少年、残疾人、外来务工人员等，以"社区为本、专业先行、社会关怀、跨界携手"为服务策略。2014 年年底，在参与绩效评估的龙华新区 34 家社区服务中心中，清湖社区服务中心获得该区考评第一名的优秀成绩。

（五）案例基本信息汇总

上文已对四个案例样本的基本概况、创立背景、产权关系等信息进行了陈述。表 4-2 与表 4-3 对社区服务中心平台的基本信息、平台主体与价值网络进行汇总整理。

表 4-2　　　　　　　社区社工服务中心平台的基本信息

	成立时间	法人代表背景	服务范围及边界	服务对象及职能	服务项目举例	治权描述
江南家综中心	2014.06	广州某社工中层干部，梅州人	街道办的 14 个居委会居民含流动人口	长者、青少年及家庭综合服务	日托、文娱、膳食、医疗保健、居家上门、社区支援、社区自治培育	街道办开放家综服务权力，提供资金、场地，鼎和负责运作管理
妇儿服务中心	2012.08	市妇联干部	梅州妇女、儿童及相关社会组织	妇儿关爱及维权、社区教育	留守儿童关爱及特困助学、家暴干预、婚姻咨询、妇女就业培训、家政服务	妇联移交服务职能，为其提供活动中心场地，社工组织拥有独立运作管理权

续表

	成立时间	法人代表背景	服务范围及边界	服务对象及职能	服务项目举例	治权描述
海珠长者服务中心	2009.08	高校社工专业教师	海珠区户籍老人	长者及其家庭服务	长者康复、膳食、社交康乐、照料	区政府提供场地、购买服务项目，启创拥有独立运作管理权
清湖社区服务中心	2013.12	某社工组织督导	社区居民、外来工、侨胞	长者、青少年、妇女儿童及家综	探访、康乐、儿童成长关爱，务工者就业、婚恋服务	街道办提供场地、区政府购买服务，壹家亲拥有独立运作管理权

数据来源：根据作者调研整理。

表 4-3　　　　　**社区社工服务中心平台主体与价值网络**

	开放的多边群体			平台的多方主体				其他合作者
	基本品供给者	需求者群体	互补品供给者	行政主管	业务主管	服务购买方	监督评估方	
江南家综中心	鼎和社工	社区居民	义工、其他评估者	区民政局	社工委	街道办	街道办指定、社工组织自聘	居委会、医院、学校，其他社工组织，社工联
妇儿服务中心	妇儿社会组织	梅州妇女、儿童	义工、其他社会组织	市妇联	妇女儿童工作委员会	省政府、省妇联、基金会	项目委托方或其指定、市妇联	维权服务站、梅县区妇联、居委会、学校

续表

	开放的多边群体			平台的多方主体				其他合作者
	基本品供给者	需求者群体	互补品供给者	行政主管	业务主管	服务购买方	监督评估方	
海珠长者服务中心	启创社工	社区居民	义工、非营利组织	区民政局	社工委	区政府	第三方评估、市社工联、行业协会	电视台、义工联、基金会、老年人协会、企业
清湖社区服务中心	壹家亲社工	社区居民	义工、老年人协会	区民政局	社工委	区政府、社区企业	第三方评估、市社工联、香港督导	居委会、企业、公益基金会、慈善机构

数据来源：根据作者调研整理。

第二节　社区社工服务平台的供给与建设

政府多边平台的供给主要是治理权力的开放和基础设施、资金、规则等构成平台体系的各个要素的供给，更是多元治理主体联结在一起形成价值网络的过程。社区社工服务平台的供给与建设是城市社区平台型治理的前提，其本身就是多元主体合作共治的过程。

一、跨案例总体分析

本研究的案例样本都是社区社工服务平台，同属于基层社会治理和社区公共服务供给的政府多边平台。这些社区治理平台连接着负责运营管理的社工组织、互补服务提供者、社区居民等三边群体（见图4-1）和服务购买者、监督评估者等多"方"群体。

区政府或街道办等基层政府和妇联等枢纽性社会组织为社区服务中心提供平台空间与基础设施，通过购买服务项目为其提供经费支持。社工组织直接与社区居民互动，为社区居民提供服务，并与互补服务提供者合作

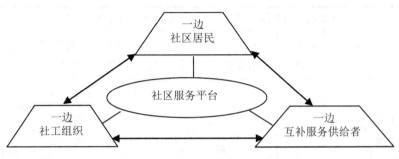

图 4-1　社区服务平台的多"边"结构

资料来源：图表自制。

参与社区事务治理。因此，案例中的社区服务中心完全符合政府多边平台的定义及治权开放的识别标准。基于社区社工服务中心的平台型治理模式体现在：政府开放社区治理和社区公共服务的相关权力，整合社区治理资源，联结相关利益群体进驻平台并结成公共价值网络，促进多元利益相关方彼此沟通、互动、合作与相互满足，继而创造公共价值，推动社区事务的共治。因此，社区社工服务中心实质是基层政府与社工组织、互补服务提供者的合作共治平台。社区服务中心连接着平台主办方、主管方、服务购买方和监督评估方等多方群体，见图 4-2。

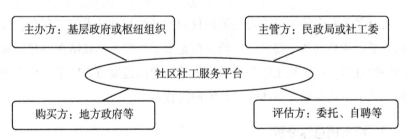

图 4-2　社区社工服务平台的多"方"结构

资料来源：图表自制。

这些多方群体基本都是既定体制下的委托者，或委托者指定的参与者。除了妇儿服务中心的主办者是市妇联，其余三个社区服务中心的主办者均为街道办或区政府等基层政府。平台服务项目的购买方一般是地方政府，其中案例 A 中服务项目购买方为街道办，案例 B 中购买方为广东省政府和公益基金会，案例 C 中购买方为区政府，案例 D 中购买方为区政府及其他多种渠道（详见案例陈述）。主管方一般为民政局或业务主管——社工委，但社区的实际运行管理权属于社工组织。社区社工服务中心的运行管理权一般通过竞争性招投标方式授予社工组织，因此社工组织为平台的一"边"群体。外部评估者一般为服务购买方委托的第三方评估机构与社工组织自聘的外部督导。

二、社区社工服务平台的供给模式与政府职责

平台供给模式主要体现在平台创建模式、政府角色、治理权力的开放与管制、政府与其他建设参与者间的分工协作关系、平台生态系统的创建与价值网络的形成、平台建设策略等诸多方面。其中创建模式涉及相关主体如何召集和组织起来，诸如：谁是主办方，谁提供基础设施，谁来吸引用户群体。从治理结构的视角看，平台供给是主管方、主办方、承办方、协办方、监督评估者基于委托代理关系各施其能、各行其责的分工合作过程。主办方是平台及服务项目的委托者，开放了平台的承运管理权及公共服务的生产运作权，主要负责安排平台及服务的治理规则，可能参与平台服务的购买、监督，在案例样本中大多是区政府（仅一家是市妇联）。主管方是主办方的行政上级（如市政府）或业务主管（如市社工委、民政局），主要负责平台所处行业（如社区社工服务）的行业整体规划与制度规范，往往参与平台服务的购买与行业监管。承办方是平台空间载体及基础设施的所有者（如街道办），主要负责供求两侧多边用户的召集、联络与互动促进。协办方（如社工机构及其行业协会）主要协作平台具体事务的承运管理，如社工联参与社工机构的孵化和业务指导。

上述四方从各自的职责出发承担着某种层次、某个维度的监督评估，社区服务的供求用户即社工机构与社区居民也是监督评价者，承担着自评、互评，处于平台生态共治的监督体系之中。在平台建设过程中，地方政府既是政策及制度的安排者，也是多边平台的供给者及服务项目的购买者，但区分了生产与供给，不同层级的政府从省政府到街道办在委托代理关系中承担着不同的职责及角色。从某种意义上说，政府搭台是安排治理结构及落实主办权、主管权、承办权、协办权、监督权的权责行使过程。对案例中的平台创建模式及对应的政府角色与行为的比较分析详见表4-4。

表4-4　　　　社区社工服务平台的创建模式、政府角色与行为

	创建模式	政府的角色	政府的开放	政府的管制	政府的供给
江南家综中心	多边召集模式，社工发起	主办者，行政主管，参与建设与要素供给	开放社区治理和服务职能	行政监管、绩效评估	供给场地、资金、评估规则
妇儿服务中心	妇联主办，社会组织主建，妇联孵化社会组织	政府不参与创建但参与行业管理，妇联主管	开放社区治理和服务职能	行政监管	妇联提供办公场地但不资助，省政府提供部分资金
海珠长者服务中心	政府主建，社工组织参与	主办者，行政主管，并提供部分服务	开放社区治理和服务职能	行政监管、行业规范	供给场地、资金、行业规则
清湖社区服务中心	社工组织主建，政府参与	主办者，行政主管，参与建设与要素供给	开放社区治理和服务职能	行政监管、行业规范	供给场地、资金、行业规则

数据来源：根据作者调研整理。

综上，案例样本中地方政府、枢纽性社会组织等公共部门作为各社区社工服务平台的主办者、治理规则的制定者与监督评价者、平台基础设施的提供者、多边用户的召集者、平台服务的主要购买者，基于社区服务中心的平台空间与载体，按多边平台运行模式供给社区公共服务。此外，由于供给侧生产者的缺位，地方政府还要培育、扶持、引导社工机构，为社工机构提供行业规则和服务政策，吸引社工机构进驻社区服务中心生产社区服务。最后，通过推动相关群体的合作治理，公共部门在激发相关群体力量的同时，也履行着社区治理与社区服务供给的责任。据此，可以得出如下命题：

命题1：政府第三方平台、第四方平台更能代表公共平台的发展趋势。

民政部1995年颁布《全国社区服务示范城区标准》后，地区级以上城市的市辖区和街道办陆续设立了社区服务中心。社区服务中心一般由政府机构出资新建或由集体房产改建，由区政府或街道办委托事业单位管理

或直接管理，相应地享有事业单位编制或政府编制①。传统的社区服务中心实际上是基层政府的社区服务生产平台，由政府直接生产社区服务。这种按照计划经济体制及其行政化管理模式运作的社区服务中心存在很多弊端，例如服务效率低下、服务项目单一且缺乏柔性、社会资源投入不足、居民参与度不高②。

如今在多元共治的新时代，很多城市政府掀起了建设社区社工服务平台的浪潮。本研究中的社区社工服务中心均在原社区服务中心的基础上建设而成（妇联实际上可视为社区服务中心），但与原社区服务中心在供给模式、运作管理策略与治理方式上大相径庭。在社区社工服务中心平台，政府作为第三方甚至是第四方来主办平台、参与建设平台，同时将运作管理权赋予社工组织，而非平台式互动合作等具体事务的第一方、第二方。在第三方平台模式中，政府搭台但不"唱戏"，体现了政府有所为有所不为的公共品供给策略和政社分离的超然姿态。有研究表明，所有权归第三方的平台绩效更优③。因此，政府第三方平台、第四方平台更能代表公共平台的发展趋势，更能体现政府在平台经济时代对平台型治理模式的领导角色。

拥有公共品生产、互补服务开发、监督评价等治权是多边用户进驻平台的动力，是"社会唱戏"的根本保障。平台治权的开放伴随着价值的共创、权利的共享，从而能够吸引相关主体提供创价关卡来获取权利。由此我们初步发现：

命题2：公共部门的治权开放是多边公共平台供给的前提，从根本上决定平台型治理的可能性和应用潜力。

首先，社工组织的成立是社会治理权力开放的结果。过去政府的大包大揽和行政化管理模式，要么使社会组织无法注册，要么使社会组织难以独立自主的运作。全能政府、无限政府无疑限制了公民社会和社工组织的成长空间，无疑剥夺了他们参与社区治理的权利。研究选用的案例样本，无论是来自深圳、广州还是梅州，四家社工组织的注册登记均是政府改革开放的产物。开放本质是权力和权利的开放，改革开放前福利彩票基金无法成立、2010年前壹基金无法注册就是反面的例证。

其次，社工组织进驻社区服务中心承接运营管理，是基层政府拥有和

① 高鉴国：《社区公共服务的性质与供给》，《东南学术》2006年第6期。
② 杨立红：《北京和多伦多社区服务中心管理体制比较研究》，《北京行政学院学报》2005年第4期。
③ 王昭慧、张洪：《基于双边市场的平台所有权研究》，《管理工程学报》2011年第1期。

管辖的基础设施等资源开放的结果。没有基层社会治理权力的开放和相关资源的开放、权利的开放，就不可能产生基于平台空间和规则的多元主体合作治理。

最后，社工组织独立的运作管理权，也是地方政府放权的结果。地方政府除了把社区服务中心平台的运行管理权交由社工组织，有些地方政府还把监督评价权力开放给第三方评估机构，如社工协会、社工师联合会、行业评估中心等，这些都表明公共部门的治权开放是多边公共平台供给的前提。

总之，社区居民、社工组织及其他社区治理参与者基于社区服务中心平台的合作共治均以社区治权的开放共享为前提。根据以上分析，我们还可以得出以下两个推论。

推论 2a：供给多边公共平台主要是政府的职责。

社区社工服务中心等多边公共平台作为一种公共产品，具有正外部性、非排他性和一定程度的非竞争性等典型的公共品特征。作为多边公共平台一边用户群体的社工组织是政府职能转移、治理权力开放的产物，政府还需要通过政策扶持、服务引导和行业规范来供给社工组织的制度环境。因此，多边公共平台空间及治理规则的供给和运作经费的提供主要是政府的职责。

推论 2b：供给多边公共平台是政府供给公共品的策略选择。

从历史沿革来看，城市社区服务的供给主要有四条途径：其一是自治自助服务，是由个人、家庭以及具有自治色彩的居委会自行提供；其二是由具有一定政治色彩并履行一定政治功能的妇联、工会、共青团等枢纽性社会组织提供，社区服务功能十分有限；其三是基层政府的管控型服务（如社区治安和民政登记）、救济性服务（如民政救助）、街道办和区政府设置的办事大厅和传统的城市社区服务中心等，社区服务面不仅十分狭窄、服务效率低下，而且社区治理效果欠佳；其四是基层政府在原有的社区服务中心引入社工组织后转型为社区社工服务中心，由社工组织来运作管理并提供社区服务、参与社区治理，这不仅整合了社会资源、提高了治理效率，还促进了社区服务的创新柔性。因此，政府供给社区社工服务平台而放弃了原来的自主生产经营模式，通过社区服务生产权的开放，使得相关利益群体在平台的空间中和规则下互动合作、相互满足，同样履行着公共服务供给的职责，但提供了服务效率和服务的创新性。政府的平台供给行为不仅包括公共品生产权力、项目经费和平台空间及基础设施的供给，还包括治理规则的供给。通过行业规范、评估准则的制定与服务项目合同的签订，政府可以对平台进行掌舵和管制。

三、社区平台生态系统的创建与价值网络的联结

政府建设平台的目的就是把供需两侧的多类用户群体联结起来，通过平台空间、规则及运行模式开展互动、合作与共治。政府为社会治理搭建的多边公共平台连接着基础设施的供给者、资金的供给者、信息内容及渠道的供给者、公共品及互补服务的供给者以及监督评价方等主体。这些主体在平台生态系统中凭借提供生产要素、填补价值缺口介入平台的价值创造与价值分配。由此，政府供给平台的过程实际上是构成平台载体的各个要素的供给和互动网络结点的连接，实质是多元治理主体及其创价元素联结在一起形成价值网络的过程。因此，平台生态系统的创建与价值网络的联结是多边平台建设的基础环节。政府作为平台的所有者与主办方提供平台空间与规则，吸引用户群体进驻平台，这些参与主体互动合作构成价值网络并激发互利互惠、相互促进的外部性，平台生态系统才算建成。因此，多边公共平台建设的关键是要把基础设施的供给方、资金的供给方、基本品及互补服务的提供者以及监督评价者等主体连接起来，通过互动合作形成价值网络。

平台吸引多个群体参与建设的策略是让每个参与主体都有自己的一项或多项创价关卡：基础设施、资金、平台规则、信息或信息渠道、基本品生产、互补服务供给、监督评价，每个主体通过自己提供的创价关卡来创造价值或履行职责。社区服务中心的监督评价权力也实行了开放，外部评价监督主要来自项目出资方委托的第三方评估机构，社工组织一般有自己的内部督导，也可自聘外部督导，消费者用户往往也参与了监督评价。设置平台创价关卡以保障平台主办方、所有者与多边用户各施其能、各得其所，是平台搭建的核心。对案例样本中的创价关卡的总结归纳见表4-5。

表4-5　　　　　　　　社区社工服务平台创价关卡

	基础设施	资金	平台规则	基本品生产	互补品生产	监督评价
江南家综中心	街道办	街道办	市政府正在建设	梅州鼎和	义工、医院	广州某评估中心、社工师联会、用户

续表

	基础设施	资金	平台规则	基本品生产	互补品生产	监督评价
妇儿服务中心	妇联	省政府与公益基金会	市政府正在建设	梅州市关爱妇女儿童社会组织	义工、维权服务站	省妇联项目办、用户
海珠长者服务中心	民政局、福利院	区政府、慈善机构	市政府、区政府	广州启创或其他社工组织	义工、慈善机构、老年人协会	社工协会、广州某评估机构、香港督导、内部督导、用户
清湖社区服务中心	街道办	区政府、公益基金会、政府创投及社建项目	市政府、区政府	深圳壹家亲或其他社工组织	义工、企业、医院	现代评估中心、香港督导、内部督导、用户

数据来源：根据作者调研整理。

从以上分析和图表数据可以得出如下结论。

首先，平台治权越开放，创价关卡越多，价值网络越完善。平台治权的开放伴随着权利的共享，从而吸引相关主体提供创价关卡来获取权利。平台上集结的创价关卡越多，平台生态系统就越繁荣，平台上的产品、服务与互动协作就越多，平台价值网络就越是密织、完善。多位学者的研究表明，平台开放对于生态系统繁荣和平台价值创造是有利的[1][2]。

其次，创价关卡及其主体越稀缺或不可替代性越高，该关卡就越重要。在案例样本中，资金与基础设施关卡最稀缺，愿意且能够提供这两个关卡的主体太少，因此这两个关卡的供给对于平台建设非常重要。梅州壹家亲社区服务中心就是因为缺乏政府购买服务项目的资金支持而无法运转。但是在梅州，由于社工组织很少，通过招投标竞选社工组织的余地极小，在此情形下，社工组织的创建便极为重要。进一步研究发现，最关键、最稀缺创价关卡的供给者，往往是政府等平台领导。在案例样本中，

[1] Thomas Eisenmann, Geoffrey Parker, Marshall Van Alstyne. Opening Platforms: How, When and Why? Annabelle Gawer. Platforms, Markets and Innovation. London: Edward Elgar, 2010: 131-162.

[2] Tåg, J. Open Versus Closed Platforms. Working Paper, Stockholm: Research Institute of Industrial Economics, 2008.

地方政府既提供平台基础设施，又提供运作经费，是平台建设的主办者，同时也是平台规则的制定者，在平台型治理中发挥着重要作用。在公共平台价值网中，政府的经济支持、政策扶持与元治理角色必不可少，因此政府、枢纽性公共组织等公共部门对平台建设的支持和领导最重要。因此，提供平台基础设施往往是公共部门的必选创价关卡，是平台供给的基本环节。平台基础设施具有外部性、非竞争性和非排他性；有了平台基础设施，其他的关卡才能有载体，才能发挥作用，即"基础设施关卡"发挥着总开关的作用①。因此，这一关卡的把持者往往是政府等公共部门。

最后，多边公共平台的公共性与平台参与主体的性质没有直接关联。多边公共平台的公共性主要体现在平台的非营利性，治理使命在于增进社会公共价值。四家社区社工服务中心作为公共平台毋庸置疑，但它们的注册资本均来自私人，运作管理主体均为社会组织，互补服务的提供者包括私人、企业及社会组织，甚至部分经费来源也有企业的捐赠。由此可见，公共平台的公共性与平台参与主体的性质没有直接关联。一些企业的公益基金会，如腾讯基金会就可以视为公共平台。这就意味着公共平台的建设主体并非一定都是公共部门，公共平台的资源投入并非一定都是来自财政投入、国有资产或集体资产，公共平台的运作管理主体也并非一定是公共部门。因此，社会组织、企业、群体和个人都可以参与多边公共平台的运作和要素供给。

四、社区社工服务平台建设策略

多边公共平台建设以平台规模建设为基本操作变量，以完善价值网络为直接目标。其建设策略体现在建设模式、群体召集方式、开放策略、平台选址、平台规模扩张、建设步骤等多个维度，对案例样本的归纳总结见表4-6。

表4-6　　　　　　　　社区社工服务平台建设策略

	建设模式	群体召集策略	开放策略	选址策略	规模扩展策略
江南家综中心	平台网络延展、改造型平台建设	激发同边网络效应、跨边网络效应、营销	开放监督评价权、场地、部分服务内容生产权，资源接入性开放	老年人及青少年活动中心、小区	拟在其他街道办建立服务中心，暂未实施

---

① 王旸：《平台战争》，北京：中国纺织出版社，2013年，第16~17页。

续表

	建设模式	群体召集策略	开放策略	选址策略	规模扩展策略
妇儿服务中心	改造型平台建设	与学校等合作，激发交叉网络效应，鸡生蛋	接入性开放：从学校、妇联、基金会那里转接服务	妇联办公地、学校	扩大地理范围与服务点
海珠长者服务中心	改造型平台建设	激发同边网络效应，蛋生鸡	基础设施开放，为社区服务中心提供培训，资源接入性开放	社会福利院、社区服务中心	按服务对象增设服务中心
清湖社区服务中心	改造型平台建设	激发跨边、交叉网络效应、营销	转出型开放：监督评价权、场地、部分服务内容；资源接入性开放	老年人活动中心、社区图书馆	一个社区建设一个服务中心

数据来源：根据作者调研整理。

从平台建设的步骤来看，首先是平台的制度环境建设，通过出台有利的制度环境扶持一批社会组织的诞生。前期的制度环境建设以行业扶持为主，后期的制度环境建设以行业规范为主。然后是社区治理权力和公共资源的开放，为社工组织和用户群体的进驻提供可能。接下来，政府召集多边用户群体并联结价值网络，开展社区平台型治理与社区服务供给，购买社工组织的服务项目。最后，不断扩大平台规模，完善价值网络。总结来看，社区治理平台建设的基本路径可归纳为：在治权与平台设施开放的前提下，根据政府的治理规则，政府吸引社工组织、社工组织和用户相互吸引、用户和互补品提供者相互吸引，通过网络效应把各边群体联结起来形成价值网络。政府多边平台建设的核心进路主要体现在以下三条：

其一，开放共享与赋权释能。多边公共平台的核心特质是资源共享与治权开放基础上的多主体联结、互动与共治。平台资源的开放共享与平台对用户群体的赋权释能，是平台搭建的前提。赋权释能是开展平台治理的动力。平台需要生态系统成员的协同共治，同时需要政府保持适度的放权与监管以及利用提高公民话语权、塑造公民价值的方式来开展治理[1]。平

---

① Jean-Christophe Plantin. Review Essay: How Platforms Shape Public Values and Public Discourse. Media, Culture & Society, 2018, 41 (1): 1-6.

台建设首先要放权让利以吸引与整合供给侧资源。其次，提供促进交互的工具体系、一揽子服务来释能。最后，通过平坦化的结构设计和机制设计确保平台的交互性能。案例样本均采用服务流程图和模块化结构来确保平台的开放互动和赋权释能水平。

其二，设置创价关卡。平台创建实际上是基础设施、扶持资金、治理规则、公共产品（内容）的生产、互补服务的提供、信息渠道及信息资源等基本要素的供给与组合。每一个要素构成了平台价值网络的一个环节，每一个环节形成了价值创造的关卡。政府部门作为多边公共平台的所有者与主办者，一般具有优先选择关卡的权利，然后把其他关卡开放给其他主体来提供。由于平台搭建具有前期投资巨大的特点，因此基础设施与资金关卡是搭建平台的关键环节。作为平台主办方的政府当仁不让地把持着治理规则的创价关卡。信息渠道、内容供给、互补服务等关卡的供给者都可以是社会组织或私人机构。平台主办方在开放这些关卡的同时，需要将监督评价关卡开放给其他主体或社会公众，以实现基于权力的制衡与共治。

其三，召集多边用户。多边公共平台连接着基础设施的供给者、资金的供给者、信息内容及渠道的供给者、公共品与互补服务的供给者以及监督评价者等多元主体。在这些主体中，除了无法转移的平台主办权与平台所有权，其他治权往往可以开放给外部的多边用户。平台主办方一般负责治理规则，而平台所有者负责多边用户的召集与联络①。召集多边用户是基层政府吸引与组织多边用户群体进驻平台的过程。政府搭台时的用户召集策略往往优先选择生产运作者，必要时需要孵化社会组织等生产运作者。调研发现，区政府往往通过与社会组织、行业机构等主体合作来培育、孵化社工机构，通过服务购买等扶持政策吸引其入驻平台，通过评价机制和激励机制推动社工机构吸引社区居民前来消费。

在建设模式上，四个案例样本总体相同但各有特色。江南家综中心建立在传统社区服务中心的基础上，即由政府生产平台改造而成，同时在广州鼎和社工组织的帮扶下，借鉴移植了广州鼎和社工服务平台的建设模式，属于平台网络延展模式。海珠长者服务中心、清湖社区服务中心基本遵循改造型平台建设模式，而妇儿服务中心将新的业务和服务放到妇联原有的活动中心，仍然属于改造型平台建设模式，充分利用了妇联的组织优

①　Geoffrey Parker, Marshall Van Alstyne. Six Challenges in Platform Licensing and Open Innovation. Communication & Strategies, 2009, 74 (2): 17-35.

势，同时把服务站点移到学校、社区。通过对各种社区治理平台建设策略的总结归纳，我们得到以下几点结论及启示。

第一，在三种平台建设模式中，改造型平台建设模式最容易。平台建设模式一般分为三种：始创型、改造型与平台网络延展型。改造型平台建设模式是在原来生产平台的基础上，通过开放社区治权与公共服务运作管理权，引进公共服务的生产者，使得原来的单边生产平台转型为多边平台。这种模式简单易行的原因在于：多边平台可以直接利用原生产平台的基础设施、用户基础及其他资源；产权清晰，平台的多方群体权责与分工明确；建设成本最低，实施成本最小。在经济相对落后与社工事业发展滞后的梅州，江南家综中心作为梅州首家社区社工服务平台，建设难度可想而知，但其融合了两种建设模式，大大降低了平台建设的难度。梅州壹家亲服务中心仅采用平台网络延展型模式，但未能成功。

第二，激发网络效应是召集和吸引多边群体进驻平台的通用策略。在召集供需群体方面，平台主办方需要选择鸡生蛋或是蛋生鸡的建设策略[①]。具体到社区治理平台，是通过社区居民吸引社工组织的进驻（蛋生鸡）或通过社工组织吸引社区居民的进驻（鸡生蛋），都要遵循跨边网络效应的双向吸引原理。一般而言，谁的吸引力越大，就应该先吸引谁先进驻。此外，还可以通过核心用户吸引该群体内其他用户进驻平台——同边网络效应，以及通过用户和互补品提供者相互吸引——交叉网络效应，召集和吸引多边群体。例如社工机构吸引志愿群体、医院、企业前来社区平台提供互补服务，这些互补者进一步吸引居民前来消费。平台经济学与平台战略学的大量研究文献表明，激发网络效应是多边平台建设和运行管理的核心。

第三，多边公共平台应建立在人流汇聚之处。多边平台选址直接关系用户消费的便捷性，因此直接影响交易成本的高低与客户流量的多少。人流汇聚之处意味着潜在的庞大用户规模和用户流量，这是突破用户临界规模以及维持平台持续用户流量的基本保障。人流汇聚之处的互动频繁、合作潜力巨大，不仅节约了公共服务的平均生产成本，而且节约了信息匹配、互动合作的交易成本。人流汇聚之处旺盛的人气和庞大的用户规模吸引同边用户群体、基本品生产者和互补品提供者更多地进驻平台，即网络效应的激发变得更加容易。案例样本中的社工服务平台均选择在服务对象

---

① 李小玲：《基于双边市场理论的搜索广告平台动态运作机制研究》，武汉：武汉大学出版社，2013年，第46页。

容易聚集的场所开展服务。同时，研究也表明多边平台应建立在人流汇聚之处①。

第四，平台规模的扩张具有逻辑必然性。扩大平台规模不仅可以节约平均生产成本和交易成本，从而产生规模经济；平台规模的扩大，还可以吸引更多用户群体提供更多的服务，从而产生范围经济；平台规模越大，平台对其他群体的号召力、影响力就越大，平台的公权力、领导力得以体现。网络效应是平台战略与平台型治理模式的核心运作机理，三种网络效应的激发使得各类群体相互促进、共同成长。多边平台模式的精髓在于通过促进用户群体的成长来实现自身的壮大，网络效应必然使平台像滚雪球那样越滚越大。因此，扩张平台规模是平台建设的必然策略选择。平台的扩展分为横向扩展和纵向扩展，以确保目标市场与平台功能的匹配②。在四个案例样本中，各社区治理平台均选择纵向扩展和横向扩展策略来增加平台的结构层次和用户规模。在纵向上，通过细分平台的功能领域、业务流程、服务对象来增加平台的层次，使得平台的结构规模更加庞大；在横向上，通过扩大地理范围、增加服务对象类型来提高平台的覆盖面和用户规模。有文献表明，适当的平台规模和多层次的平台结构能够提升平台的绩效③。因此，平台规模的扩张具有逻辑必然性。

第五，开放合作的平台战略思维直接影响平台的建设策略与发展规模。治权开放是多边公共平台供给的前提，但权力开放需要开放合作的平台战略思维，这种思维要求从整个生态系统出发来共同提升整体的绩效，而不是控制取向的单中心—元化的垂直思维。平台战略是在权力开放共享的基础上，让多边群体彼此直接互动、相互满足，而不是平台所有者或主办方控制他们的互动合作或代替他们之间的相互满足。在平台案例样本中，无论是社区服务中心创价关卡的供给和价值网络的形成，还是平台建设模式的选择，或是群体召集策略，抑或是平台规模的扩展，都是开放合作思维指导的结果。各个社区服务中心的开放策略主要分为两种：一是转出型开放，即把平台拥有的权力、资源开放给其他主体使用；二是接入性开放，即把其他主体拥有的权力、资源和能力接入平台。这两种开放策略可以齐头并进、互为补充，例如有些社工服务平台把场地、客户资源及互

---

① 王旸：《平台战争》，北京：中国纺织出版社，2013年，第264页。

② Andrei Hagiu. Multi-Sided Platforms, From Microfoundations to Design and Expansion Strategies. Harvard Business School, Working Paper, 2009.

③ 张小宁、赵剑：《新工业革命背景下的平台战略与创新——海尔平台战略案例研究》，《科学学与科学技术管理》2015年第3期。

补服务的生产权力开放给其他主体，同时接入其他主体的互补服务生产能力和服务专长。还如，笔者了解到的梅州社工师联合会，一开始就按照开放合作的平台理念和模式来建设，合作组织多达三十余家，成立时间较短但发展迅速。

五、小结

在上述案例样本中，地方政府等公共部门作为社区社工服务平台的主办者、平台规则的制定者、部分创价关卡的供给者、平台服务的主要购买者，基于社区治理平台的空间与载体，按多边平台模式开展社区治理、提供社区服务；为社工组织提供社区服务运作管理权、基础设施、行业规则和服务政策，培育、扶持、引导社工组织，使之参与社区治理与公共服务的直接生产；通过促进用户群体的互动合作，公共部门履行着社区治理和社区服务供给的职能。

社区社工服务平台均在传统社区服务中心的基础上改建而成，但在建设模式方面大相径庭。公共部门的权力开放是多边公共平台建设的前提。多边公共平台作为一种中介性、基础性公共产品，供给多边公共平台是政府供给公共品的战略选择，因此多边公共平台的创建主要是政府的责任。在社区服务中心平台模式中，政府主办平台并参与建设平台，同时将运作管理权赋予社工组织。政府以第三方甚至是第四方的身份出现，而非平台式合作互动等具体事务的第一方、第二方。在这种平台模式中，政府搭台但不"唱戏"，体现了政府有所为有所不为的公共品供给策略和政社分离的职能转向。政府第三方平台、第四方平台更能代表公共平台的发展趋势。

多边公共平台建设的关键是把基础设施、资金、基本品及互补服务生产运作、监督评价等创价关卡的主体联结在平台上，通过互动合作形成价值网络。平台创价关卡越多，平台价值网络越完善。提供基础设施等平台空间往往是公共部门的必选创价关卡，是平台供给的基本策略。平台建设模式一般分为三种：始创型、改造型与平台网络延展型。其中，改造型平台建设模式最容易。其他重要结论包括：激发网络效应是召集和吸引多边群体进驻平台的通用策略；多边公共平台应建立在人流汇聚之处；平台扩张具有逻辑必然性，纵向扩展和横向扩展有助于增加平台结构层次和平台覆盖面。最后，开放合作的平台思维直接影响平台的建设策略与发展规模。

第三节　社区社工服务中心的运作与治理

一、跨案例总体分析

案例样本中的社区服务平台，其运行管理主体都是社工组织，拥有独立的法人资格和平台运作管理的自主权力。社工组织一般以招投方式获取政府等购买方的平台服务项目，中标后社工组织按照项目合同的规定投入人财物等资源，根据内部规章制度、服务流程进入日常运作，并进行自我监督。在社区治理过程中，社工组织还需要与其他多边群体互动合作。其一是社区居民，社工组织不仅需要接入、响应社区居民的服务，与居民沟通互动并反馈服务，同时还要接受居民对服务满意度等方面的评价。其二是互补服务的生产运营者，社工组织可以吸引其他群体，如义工群体、学校、医院、慈善机构甚至是企业，来为社区服务平台提供其他互补服务，以更好地满足社区居民多元化的需要。其三是与外部的监督评估者开展合作，积极配合并支持服务购买方及其业务主管、行政主管和中介评估机构的监督评估工作。

根据多边公共平台生态系统及其价值网络，结合实际情况，社区服务平台运行体系分为规则体系和四个运行层次：服务对象层、服务运作层、组织建设层、资源保障层。规则体系是指平台型治理、运作及服务过程中的机制和规范，具体包括：开放管制规则，服务内容、模块和标准的开发规则，公共服务购买的政策、程序，平台内部的业务流程、运作管理与评估规定，第三方评估规则和相关技术标准，等等。社区社工服务平台的运行体系结构见图 4-3。

在服务对象层，社区居民通过信息渠道、服务接口与通道，了解服务资讯，接触平台运营者——社工组织；社工组织甄别消费者资格[1]，并提供初步的接入服务，尔后响应居民的服务。在服务运作层，服务提供者开发服务内容供居民选择；服务购买方或补贴方根据招投标政策和服务合同，向社工组织购买服务；社区居民则享受低价购入的补贴或免费服务，

---

[1] 出于社区服务公益性、消费者资格甄别简易性和客户流量非饱和状态的考虑，有些社区服务平台并没有对消费者进行甄别排他，但有些社区服务平台因要承担服务合同的风险（如老人日托的潜在风险），而对消费者的户籍、年龄等信息进行了甄别筛选。

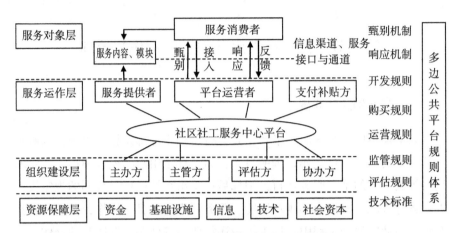

图 4-3　社区社工服务平台的运行体系

数据来源：根据作者调研整理，图表自制。

并与社工组织互动、反馈。

从社区社工服务平台运行体系图可以看出，社区服务中心主要通过把相关利益主体联结在平台上，整合了各方资源与能力，提供了多元化、一站式的社区服务，根据平台规则开展社区平台型治理，并让社工组织及其他服务提供者直接与居民互动，因此降低了互动合作的治理成本。

二、社区社工服务平台的治理模式

社区社工服务平台为社区公共服务提供了多元协作的供给模式，为社区平台型治理提供了开放共享的支撑体系。其治理模式可归结为：以合作共治为核心思想，以社区治理权力的开放、多元主体间的相互信任和依赖为前提，以社区生态系统建设、用户临界规模为基础，遵循基于平台价值网络的创价模式，以网络效应为核心运作机理，通过创价关卡、平台规则、免费与补贴、多元服务等治理工具，以提高用户黏性为直接目标，以扩大用户规模为实施操作变量，以社区共治和公平正义为使命，为社区治理和社区服务提供合作空间、治理规则与路径。

其一，基于价值网络的平台创价模式有助于实现多元主体的互利共赢，推动社区共同体的形成。在各个社区服务中心平台，政府等公共部门提供平台空间和规则，充当公共服务安排者与平台领导的角色，履行着元治理和公共服务掌舵的职能；社工组织、义工群体、评估机构通过提供各自的产品和服务，履行着各自的使命；社区居民享受免费的家庭服务或救助服务，体现了纳税人用户主权和社会公平正义。相关主体凭借自己提供的创价关卡各取所需、各尽所能，而且他们相互依赖、互相促进、互动互利，形成了平台生态系统与社区利益共同体。正如文献研究指出的那样：多边平台代表共同体的利益，其出发点是实现共同体的持续繁荣与长远发展①。因此，多边公共平台有助于推动社区共同体的形成与发展。

其二，以激发网络效应为核心的平台运行模式，有助于平台用户黏性和平台影响力的提升。首先是同类用户群体内部用户间的彼此吸引，激发了平台的同边网络效应，推动着用户规模的增长，有助于提高用户对平台的依赖性和归属感；用户规模的增长吸引着相关产品和服务生产者的进驻，跨边网络效应得以激发，提高了服务的规模经济和范围经济，反过来又吸引着更多服务提供者和更多用户群体进驻平台。如此良性循环，必然使得平台规模与平台用户规模越来越大，平台的话语权与公权力越来越大，平台成为利益相关方各自施展影响力和创造价值而欲罢不能的支撑体。文献也研究表明，激发网络效应有助于提升平台用户黏性和平台影响力②。

三、社区社工服务平台的运作策略

通过对多个案例样本的跨案例复制研究，归纳总结发现社区服务中心平台选择的运作策略主要分为：服务上开放创新，业务上深耕细作，流程平坦化运作，低成本运作，激发网络效应，平台间互联互通，免费的定价策略。表4-7对这些运作策略进行了归纳与提炼。

表4-7　　　　　　　　社区社工服务平台运作策略

	开放创新	深耕细作	平坦化	网络效应	互联互通	低成本	定价
江南家综中心	互补品生产开放、服务转介	细分客户、服务项目、深入小区	无排他，热线服务，正准备流程图	激发同边、跨边网络效应	与妇儿服务中心、广州鼎和互联	多名兼职人员	免费+饭堂收费

---

① David Evans. Governing Bad Behavior by Users of Multi-sided Platforms. Berkeley Technology Law Journal, 2012（27）：1201-1250.
② Thomas Eisenmann, Geoffrey Parker, Marshall Van Alstyne. Strategies for Two-sided Markets. Harvard Business Review, 2006, 84（10）：92-101.

续表

	开放创新	深耕细作	平坦化	网络效应	互联互通	低成本	定价
妇儿服务中心	服务转介	细分场地、服务项目	上门服务，热线咨询	激发交叉、跨边网络效应	与江南家综中心、公益基金会互联	多名兼职人员	免费
海珠长者服务中心	互补品生产开放	细分服务项目、服务流程	流程顺畅、信息透明，热线服务	激发同边、跨边网络效应	与老年人协会、慈善机构、社区服务中心互联	严格预算支出	免费+饭堂收费
清湖社区服务中心	互补品生产开放、服务转介	细分客户、服务项目	有流程图、财务公开，根据反馈改善服务	激发跨边、交叉网络效应	与公益基金会、流星文艺中心互联	严格预算支出	免费

数据来源：根据作者调研整理。

　　社工组织获得社区服务平台运作管理权后，一般选择将部分服务的开发权、生产权开放给其他群体，实现社区服务的开放式合作创新，以便提供更加多样性、柔性化的社区服务，并整合社区其他资源能力参与社区事务治理。社工组织一方面通过已有的用户规模吸引这些互补服务的提供者，另一方面要为他们提供后勤服务，如沟通联络工作、基础设施支持、人手支持、服务保障等。例如，有些社工组织与医院、学校、培训机构、维权服务站、义工、老年人协会等主体合作，将他们引入平台，提供自身能力范围之外的互补服务。通过跨案例复制研究，我们得出如下命题。

　　命题3：平台业务广度根本上取决于平台的使命，还受到平台开放性及资源能力约束。

　　业务广度反映了平台功能领域与服务范围的广泛性，一般在平台创建时就基本确定。扩展业务广度有助于提高平台覆盖面和抗风险能力，抓紧机遇拓展规模进而提高平台领导力。但在运营过程中，扩展业务广度受到平台运营者自身资源能力的约束。如果平台是高度开放的，就可以把互补服务开放给其他主体来提供，以提高平台业务广度。

　　平台运营者在业务上均不同程度地选择深耕细作，以提高专业化水平和服务质量。一方面，他们通过对服务对象、服务项目、服务流程、服务场所的细分，划分出若干服务模块，以便专门进行相关的资源配置和专业投入；另一方面，通过服务模块之间的对接、共享、集成，提高服务的一体性、集成性与人性化。

命题4：平台业务深度与平台的运营能力、用户服务质量要求和行业竞争激烈程度正相关。

平台业务深度，即平台业务的深耕细作程度，反映了平台服务的专业化程度和业务的聚焦程度[①]。该命题可分解为以下三个子命题：

命题4a：平台的运营能力越强，专业化投资水平越高，业务深度则越高。例如，海珠长者服务中心致力于引领社区养老生活模式，对建设养老示范平台进行了大量投资；因其成立时间最早，且积极吸收借鉴香港社工组织的先进经验，积累了丰富的运营管理能力，因此其业务深度最高，具体表现在服务流程的细化、服务项目的分层、服务技术的先进性、服务质量的专业性。

命题4b：用户对服务质量的要求越高，平台提高业务深度的动力就越强。由于社区服务对居民免费，因此用户的质量期望不是很高。但社工组织将服务的监督评价权开放给用户，用户意见评价表中仍然反映了服务意见和建议，成为平台提高业务深度和服务质量的重要动力。

命题4c：竞争越激烈，越能推动平台改进服务质量，提高平台业务深度。首先，在社工组织对政府服务项目的竞标中，服务质量承诺是其竞标成功的关键因素之一。其次，在平台运营中，为吸引用户并提高用户满意度，或是通过用户规模来证明自己的绩效与影响力，都需要通过提高业务深度来实现。最后，用户的平台多属行为迫使平台运营者提高服务专业化水平。例如，除了养老服务中心，社区可能还有家综服务中心、福利院等，老年人可选择一个或多个平台，为避免客户的流失，社区服务平台需要改进服务质量。

各社区服务平台均选择平坦化运作策略，具体体现在：信息透明化、流程通畅化和运作标准化，在服务的回应性、友好性、便捷性上下功夫来完善服务流程，提高运行效率，强化平台"平"的特性。多家社工组织还提供上门服务，主动发现服务线索，快速响应服务对象的诉求，与服务对象互动反馈，征求服务对象的意见、建议，并且让他们参与服务质量评估。

平台的核心运作机理是激发网络效应。网络效应体现了多元群体之间的彼此依赖、相互吸引。因此，激发网络效应是将多边公共平台发展为社

---

① 陈威如、余卓轩：《平台战略》，北京：中信出版社，2013年，第186页。

区共同体、推动平台生态系统繁荣的根本路径。在所有案例样本中，各社区服务中心都注重群体间的相互吸引。例如，通过老客户吸引新客户激发同边网络效应；社工组织吸引义工群体、其他社工组织前来提供互补服务，以及通过客户群体规模吸引服务供给者。当然，最重要的是发挥社工组织与社区居民之间的彼此相依、相得益彰，这是多边公共平台要激发的最基本的跨边网络效应。

平台互联互通是一种通用的平台发展策略，是指平台之间空间对接、技术兼容、客户相通等相互连接和互通有无的资源整合与合作共享行为。平台互联互通借用了其他平台来提高服务的完整性和覆盖性，有助于防止平台"孤岛"现象与服务碎片化。案例研究发现，社工服务平台之间的互联互通主要有两种类型：一是基于相同的潜在服务对象的平台之间能力互补，例如不同社工服务中心之间在服务转介上的合作，将服务转介给更加专业或更符合地域管辖范围的其他平台；二是资源共享型的平台间互联互通，例如社工服务中心之间的相互访问与交流、平台空间共享、网络平台的互相连接与推广，等等。

低成本运作是各社区服务中心平台的基本策略。社区服务平台属于服务密集型组织，人工成本普遍较高（薪酬支出约占总开支的50%）。社工组织要在业务活动和服务过程中创造价值，往往需要类目繁多的各种开支。因而各个社区服务中心普遍资源短缺、资金紧张。所以各社区服务平台普遍选择严控预算支出、选用兼职人员以降低开支，或引入免费的义工服务等低成本运作方式。

社区服务平台普遍选择服务免费的定价策略。首先，社工社区服务作为新生事物，要吸引居民尝试需要免费。其次，居民对社区公共服务的价格弹性敏感，收费容易造成需求的急剧减少。最后，通过收费排他的成本很高，排他的实施需要投入大量的成本。在政府购买服务或公益项目资助的前提下，免费服务的定价策略是社区服务平台的必然选择。免费有助于保障基本公共服务的均等化，而且扩大了客户流量，为增值服务收费创造了机会，但这并不意味着所有的社区服务都只能免费，可以选择免费项目和收费项目相结合的方式。

四、社区社工服务平台的管理策略

通过对四家案例的总结归纳发现，社区服务中心平台普遍选择开放管制、营销管理、主动接受监督评价、提高用户黏性、联盟合作等基本策略，与企业多边平台有很多共通之处。表4-8对社区社工服务平台管理策略进行了归纳整理。

表 4-8　　　　　　　　　　　社区社工服务平台管理策略

	开放管制	营销管理	监督评价	提高用户黏性	联盟合作
江南家综中心	无用户过滤、根据项目合同和社工组织的制度进行管理	需求调研，在学校和社区发宣传单，事件营销	用户评价监督，主动向主管汇报，街道办委托穗协评估中心	提高服务质量、用户有建议和评价权	与媒体合作提升影响力、与社工组织交流合作、与居委合作增加工作便利、与企业合作获取资助
妇儿服务中心	依照服务项目合同的指定条件进行过滤	报纸、电视与网络宣传、社区宣传	省项目办进行评估和第三方评估	满足人性化需求，用户有自决权、反馈权、评估监督权等。	与其他社工组织抱团互助，与妇联合作获取转介服务、与学校合作增加工作便利
海珠长者服务中心	户籍和年龄过滤、健康证明、签署服务协议	福利院老人的人际传播，宣传册，活动简报	第三方评估、内部督导评估	全面、专业、精细的高效服务，建立长者服务资源库，用户评价	与慈善机构、老年人协会等合作，服务转介，与市电视台、市社工联资源链接
清湖社区服务中心	审核合作者的加盟，根据项目要求管制	需求调研、网络宣传、义工宣传，宣传册，发放报刊	第三方评估、内部项目评估	质量控制、案主自决：用户自选，有反馈、投诉、评价权	与企业、基金会、公益组织、文艺中心合作获取资源，与居委、枢纽性组织、社区工作站合作治理

数据来源：根据作者调研整理。

（一）平台开放管制

"开放管制"是指对平台开放行为的规范与限制，以防止平台低效、失灵和用户的负外部性行为。

命题 5：多边公共平台的开放必然伴随管制。

　　平台的公共性、开放性可能造成搭便车行为、平台资源滥用、平台拥挤或用户的负外部性行为①。案例研究中的社区社工服务平台均不同程度地进行开放管制，大多服务平台按照项目合同的要求进行管制，以满足项目评估的要求。除了海珠长者服务中心对用户的年龄、户籍、健康状况等进行审查和过滤，很少有社工服务平台明确提出对负外部性行为等方面进行管制。这是因为平台发展早期用户流量并不大以及较少的负外部性行为，各社区服务中心没有严格的用户筛选过滤等开放管制手段。不过对于政府购买的项目服务，一般都有按照项目合同中的限制性条款进行管制。在清湖社区服务中心，由于很多互补服务提供者借用社区服务中心平台开展活动，动机难以识别，且互补服务的提供者比较多，该服务中心对互补服务的提供者进行审核、筛选。随着人口老龄化以及居民对社区服务平台认可度的提升，社区服务需求必然更加旺盛，平台用户规模必然壮大。用户规模越庞大，平台越拥挤，负外部性行为越容易发生；而且庞大的用户规模必然吸引很多企业、社会组织前来提供服务，鱼目混珠，因此平台的开放性必然伴随管制，否则容易造成开放的无序。

(二) 提高用户黏性

　　用户黏性是用户对平台的依赖感、归属感与满意度的综合体现，反映了平台对用户的吸附力。增强用户黏性来提高用户满意度是防止用户流失、扩大用户规模和创造平台价值的基本途径。案例研究发现，各社区服务平台均注重用户黏性。他们提高用户黏性的方式主要包括：一是改进服务质量和服务效率，让用户从便捷性、低成本、服务高效中享受到平台的效用。二是提高用户主权的水平，让用户在平台上有话语权和参与治理的相关权利，包括反馈、互动、评价、监督和建议等权利，用户主权的地位会提高他们的参与积极性、归属感和满意度。三是累计用户使用平台的社会资本，提高平台转换成本。例如，不少社区服务中心鼓励用户群体之间开展互助，建立良好的人际网络，增加用户的感情投资和人际关系投资；各社区服务平台普遍开展小组活动，增进社会信任、人际情感等社会资本，让用户在服务平台找到情感寄托，从心理上、情感上对平台有种归属感。

---

① David Evans. Governing Bad Behavior by Users of Multi-sided Platforms. Berkeley Technology Law Journal, 2012 (27)：1201-1250.

（三）监督评价

命题6：多边公共平台往往处于网络监督之中，网络监督有助于保障平台的价值创造。

监督评价是对平台服务绩效、治理过程与责任履行情况的检查评估，是保障平台高效有序地创造价值的重要关卡。在社区服务平台，多元利益相关主体行使着多元治理权力，监督评价本身也是一种权力，以权力来制约权力，以监督权力来推动责任的履行是社区服务平台的重要治理方式。平台的多方主体、多边用户及其治理权力的多元化必然使平台处于权力丛林与网络监督之中。案例中社区服务平台接受的网络监督方式主要包括：

第一，平台主办方的行政主管、业务主管及行业监管方的监督评价，一般限于宏观的行业规范、法规政策的制定和评价监督原则的设定，有助于提高社工行业的运作规范性并引导社区服务的方向。

第二，服务购买方的监督评价，购买方或者根据服务协议亲自考核评价，或者聘请专业的第三方中介评估机构进行定期的检查评估，后者有助于社工服务更加专业高效，评价更加客观。

第三，用户群体对平台的监督评价，有助于提高用户主权水平和用户黏性。各社区服务平台普遍赋予用户群体意见反馈、监督评价的权力，在社区服务和治理过程中，无论是个案还是小组活动，事后通过活动评价表、意见调查表或满意度评价表来接受用户的评价。

第四，平台运营管理者的自我监督。规范成熟的社工组织一般都有督导等监督评估的岗位设置，他们每个月、每个季度和每年都会对服务中心的运作情况进行检查评估。

第五，平台运营管理者主动接受的其他监督。除了定期地、主动地向平台主办方及平台所有者汇报，有的社工组织还主动邀请媒体监督或聘请外部评估机构或督导来检查指导。

推论6a：主动接受监督是平台运作管理者的理性策略行为。

上述的第三条至第五条监督方式均属于平台运作管理者自我监督或主动接受监督的行为。在前两种监督方式中，平台运作管理者也积极配合支持监督行为。这意味着，所有的平台运作管理者都理性地选择主动接受监督和支持配合监督。监督根源于委托方与代理方之间的信息不对称，监督必然建立在绩效信息的基础之上。社工组织作为代理方，同时作为社区服务中心现状及绩效的信息优势方，主动地汇报工作、主动地配合外部监督、主动地自我监督、主动地授予用户监督权力等主动的信号发送与接受监督都是理性的策略行为。由此赢得的信任、口碑和声誉是公共平台的重要无形资产。

（四）营销管理

营销管理实际上是以用户为中心，对用户需求进行管理的过程。社区社工服务作为一种新的"产品"，很多居民一开始对此并不了解，也不愿意尝试消费。因而有必要进行宣传、推广和"兜售"，公民参与社区治理的行为也需要营销推广。因此，各个社区服务平台均主动选择营销管理的策略。营销的目的就是要让社区居民在观念上了解、认同社区社工服务及其价值，在行为上参与平台服务消费和社区治理。在营销的"产品"方面，以观念和行为为主，首先是社工相关知识的传播和消费观念的引导，包括社工组织、社会工作者等方面的知识和社区服务中心的功能和服务理念，动员社区居民参与尝试，最后是正式的消费和常规的参与。当然，产品策略是与免费加补贴的价格策略、高效便捷的渠道策略、多元促销策略组合在一起进行的。在营销渠道方面，社区宣传栏往往是首选，因为这是居民出入社区最容易看见的地方。其他的营销渠道主要有报纸、电视等传统媒体与网站、微信等新媒体，以及社区居民容易聚集或出没的场合。在促销策略方面，具体的方式有：由工作人员或义工进行传单宣传；与老客户、关键客户合作开展人际传播与口碑营销；与居委会、社区中小学合作推广，也会选择直接进入生活小区或学校开展活动或进行宣讲；与传统媒体合作，借助于大型活动通过媒体曝光进行事件营销；通过微信及其公众号、二维码等网络营销，传播平台的资讯与发展动态。

（五）联盟合作

包括社区服务平台在内的多边公共平台本身就是开放合作的产物，社工组织在运作社区服务中心时无一例外地选择广泛的合作对象。合作形式不拘一格，例如梅州鼎和与当地电视台密切合作，希望通过记者的报道来扩大自身影响力，而且还希望市民对整个社工行业有更多的关注。社工组织要在社区开展工作，自然需要居委会、小区物业管理委员会为其提供工作便利，因而与其合作比较频繁。同时，有些社工组织还会在社区发展培育自治组织协助居委会开展工作。为了弥补自身服务资源与能力的不足，不少社工组织与转介服务的提供者（如维权服务站、医疗卫生机构或收容所、戒毒所等主体)、行业协会、妇联、残联、慈善机构、志愿组织开展广泛的合作。而有些社工组织倾向于与那些能够带来更多运作经费和物质资源的外部组织合作，尤其是潜在的服务购买方，例如企业、民政局或社工委、慈善基金会、公益创投基金会等。此外，还包括社工组织之间基于沟通交流、业务借鉴的学习型合作。因此，联盟合作是平台型治理模式的通用策略。

五、小结

社区社工服务中心平台为社区事务平台型治理提供了共享的支撑体系，为社区公共服务提供了多元合作的供给模式。社区平台型治理以社区治理权力的开放、多元主体之间的信任和依赖为前提条件，以合作共治为核心思想，遵循基于价值网络的价值创造模式，选用创价关卡、制度规则、免费、一揽子服务等工具，以用户黏性为直接目标，以扩大用户规模为基础操作路径，以社区共治和公平正义为使命，为社区治理和社区服务提供空间、规则、方式和路径。

社区服务平台的运作策略主要有：服务上开放创新，业务上深耕细作，流程上平坦透明，激发网络效应，平台间互联互通，低成本运作，价格免费。基于价值网络的平台创价模式，有助于实现多元主体的互利共赢，推动社区共同体的形成。以激发网络效应为核心的平台运行模式，有助于平台用户黏性和平台影响力的提升。平台业务广度根本上取决于平台的使命，还受到平台开放性及能力、资源的约束；而业务深度与平台运营能力、用户的服务质量要求和行业竞争激烈程度正相关。

社区服务中心平台普遍选择开放与管制相结合、提高用户黏性、重视监督评价、注重营销管理、联盟合作等策略。多边公共平台的开放必然伴随管制。利益相关主体及其治理权力的多元化必然使平台处于权力丛林与网络监督之中。主动接受并积极配合外部主体的监督是平台运作主体的理性策略。

第四节　社区社工服务平台的绩效分析

绩效一般指责任履行情况、目标达成程度及取得的成效。同样，社区社工服务平台的绩效是指平台的运作管理效率、服务效能及社区平台型治理的成效。绩效分析的目的不是为了检验评估各社区服务平台绩效的高低并进行比较，而是要探讨社区服务平台绩效的影响因素以及相关变量之间的关系。作为一项跨案例研究，这里主要站在多边平台理论及治理现代化的视角，探讨多边公共平台建设、运作及管理的操作变量与平台绩效因变量之间的关系，由此进一步探讨社区平台型治理的实施路径与政策建议。

一、社区社工服务平台建设成效

社区社工服务平台建设同其他多边公共平台一样，以完善平台价值网络为目标，以平台规模建设为基本操作路径。平台建设规模包括场地空间规模、员工规模、资金规模、业务规模等若干指标。业务规模用社工组织的常规服务点数量、服务层次规模及服务模块数量来衡量。

表4-9用这些指标变量对案例样本中的社区服务平台的规模增长情况进行了时间维度的纵向对比与不同服务平台之间的横向比较①。其中，表中的"成长年限"是案例访谈时间与平台成立时间的年度间隔；"员工数量"含领取工资的兼职人员数量（不含义工）；最终用户增长情况用平均用户流量/日来衡量，由于数据波动较大且没有精确测量，因此选用调查对象口述的常规性日均用户流量进行初略的描述。

从表4-9中的数据可以发现，案例A和案例B中的社区服务平台成立时间较短，处于快速发展阶段，表现在资金规模、员工数量、服务模块和用户流量大幅度增加。案例C和案例D中的社区服务平台相对比较成熟，且资金规模、服务模块数量、常规服务点都比较稳定，这不是因为这些社区服务平台发展缓慢，而是在其成立之初就有明确的建设规划或标准化的制度规定（如壹家亲社区服务中心人员配置标准为"4+2"），而且政府的服务购买项目资金数额比较稳定，且项目合同期往往为3~5年。相比较之下，案例B中的数据波动最大，原因在于其最近一年申请到省政府与基金会的大额资助项目，且主动开拓多个服务点，因此平台建设规模等

---

① 表格各栏中的比例都是成立之初与调查之时的绝对数据比值。服务模块统一按服务对象类型来划分。关于日均用户流量，因为老年人有时抱团来服务中心或因为开展小组活动时人数较多，因此数据波动较大，且有些服务中心成立之初的数据因为时间久远难以统计；妇儿服务中心的用户分布在各个服务分点，用户流量没有常规性，为此没有统计。

各项指标均显著增加。

表4-9　　　　　　　　社区社工服务平台的规模增长情况

	成长年限	员工数量对比	资金规模对比（单位：万）	常规服务点数量对比	服务模块数量对比	最终用户增长情况
江南家综中心	1	3：13	53：100	2：2	1：3	由最初无人问津到现在日流量约30人
妇儿服务中心	3	1：10	3：300	1：5	1：2	大量增加，统计不详
海珠长者服务中心	6	4：20	200：200	1：1	略有增加	成立时数据不详，调查时约50人／日
清湖社区服务中心	5	6：6	50：50	2：2	略有增加	大量增加，统计不详

数据来源：根据作者调研整理，图表自制。

表4-10选用了组织结构、制度建设、业务流程、网络完善性、治权开放性、选址合理性与虚拟平台建设等指标维度来衡量社区社工服务平台的建设成效。从表4-10中的数据可以发现，案例A和案例B中的社区社工服务平台建设不够完善，尤其是制度建设和业务流程还不够规范。

表4-10　　　　　　　社区社工服务平台建设的完善程度

	组织结构	制度建设	业务流程	网络完善性	治权开放性	选址合理性	虚拟平台建设
江南家综中心	比较完善	仅建立财务制度	拟制定流程图	比较高	比较高	合理：活动中心、小区	仅有微信平台
妇儿服务中心	比较完善	仅有财务制度，其他正建设中	不清晰	比较高	比较高	合理，主动选择学校等服务点	有微信公众号和微博
海珠长者服务中心	非常完善	非常完善	非常完善	很高	比较高	合理，选择福利院、社区服务点	有网站、微信等社交平台

续表

	组织结构	制度建设	业务流程	网络完善性	治权开放性	选址合理性	虚拟平台建设
清湖社区服务中心	非常完善	非常完善	非常完善	很高	很高	合理，选择图书馆、工作站	有网站、微信等社交平台

数据来源：根据作者调研整理。

　　根据表 4-9、表 4-10 中的案例信息归纳，并结合其他案例信息，可以初步得出如下命题：

　　命题 7：结构、制度与流程等方面的平台建设完善程度与平台成长年限正相关，且受到平台竞争环境、行业规范的重要影响。

　　结构、制度与流程等方面的平台建设是一个不断改进完善的过程，显然需要时间和经验的累计。在案例样本中，海珠长者服务中心、清湖社区服务中心建设的时间较长，相应的平台建设也非常完善，而另外两家社区服务平台建设因为起步晚而有些滞后。平台建设是一个不断学习与改进的持续过程，需要"干中学"和经验的累积；同时社工社区服务毕竟作为新生事物，突破用户临界规模也是需要时间考验的。文献研究表明，平台建设需要巨大投入，具有复杂性和长期性①。竞争环境对平台建设也有直接影响，海珠长者服务中心、清湖社区服务中心、江南家综中心的社工运营机构均处在竞争环境之中，与其他的社工组织参与社区服务项目招投标的竞争，而妇儿服务中心具有一定的垄断性和政治背景，因此尽管其成立的时间相对较早，但其平台建设最不完善。此外，行业制度环境对平台制度建设影响最为根本。在广州、深圳，行业协会和政府部门出台了比较完善的社工组织及社区服务平台运作管理的行业规范；而在梅州，截至笔者访谈时还未出台相应的行业制度规范。因此，在制度建设方面，广州、深圳的两家社区服务平台明显比梅州的两家做得更好。

　　命题 8：政府的扶持政策、行业规划与制度规范对平台建设影响重大，关系到平台建设的顺利程度。

　　在宏观的国家政策层面，政府重视社会治理，加强社会建设，注重发

---

① Andrei Hagiu. Multi-Sided Platforms, From Microfoundations to Design and Expansion Strategies. Harvard Business School, Working Paper, 2009.

展社会工作事业，出台社会工作发展的政策法规与行业发展规划①，有助于鼓励社工组织的成立，培育新型的社工行业并提升行业发展信心。在中观的行业规范层面，社工组织的注册登记规定、建设标准、运行规范、评估与督导制度，社会工作者的登记注册、认证与薪酬福利制度，服务购买的招投标制度，都会使得社工服务平台建设有规可循。案例访谈中多位受访者，尤其是梅州的受访者特别期待政府对社工服务中心的政策扶持和行业规范。

推论 8a：基层政府的财政实力直接影响社区服务平台建设的规模和难易程度。在案例 C 和案例 D 中，服务项目的购买方均为珠三角发达城市的市政府、区政府，财政实力较强，能够为每个社区的服务中心提供高额且稳定的项目购买经费。而在案例 A 和案例 B 中，两家社区服务平台地处经济欠发达的山城，对应的两家社工组织规模很小、经费紧张，无力创建其他社区服务平台。例如，江南家综服务中心的经费主要来自江南街道办政府而不是区政府的项目购买，该城区的其他街道办没有财政实力购买平台服务项目，致使平台承运方无法在其他街道办创建社区服务中心。

命题 9：多边公共平台与信息技术没有必然关联，但信息技术有利于提高平台的运营效率。

多边公共平台完全可以脱离网络信息技术而独立运行。平台可被理解为一种能够促进参与者某种形式互动的抽象层次，与软件技术没有任何关系②。例如早期的广交会、已开放生产经营权的大学食堂就是没有应用信息技术的多边平台。但在今天的信息网络时代，信息技术越发达，平台用户群体间的互动反馈、实时沟通越快，平台型治理的合作交易成本就越低，平台运作就越容易成功③。因为信息技术大大节约了信息搜集成本、沟通成本和基于信息的监督成本，同时提高了平台透明度和用户知情权，增加了相关利益群体之间的互信和沟通频率。例如，中国四级人民法院的举报中心实行联网举报，大大降低了举报成本和监督成本。此外，基于信息技术的虚拟公共平台可以提高开放共享性、信息透明度、强化沟通互动与改进服务流程，因此提高了平台运营效率。案例中的社区服务平台均不同程度地应用网络技术与信息技术，且经济条件较好的社工组织均建设了门户网站。其他案例研究也表明，将虚拟平台与实体服务平台相结合，有

---

① 例如，政府向社会组织购买服务的政策，社会工作事业发展规划，社会工作专业人才队伍建设规划，社工组织的免税政策，社工工资水平指导与人才引进政策，等等。

② Russ Abbott. Multi-sided Platforms. Working papers, California State University, 2009.

③ ［韩］赵镛浩：《平台战争》，吴苏梦译，北京：北京大学出版社，2012 年，第 20 页。

助于提供高效、优质的社区服务①。

二、社区社工服务平台运作管理绩效

社区服务平台运作管理绩效是平台运作方式和管理策略所取得的成效。平台的运作管理牵涉资源的使用与配置效率、服务效率与效果、合作治理的成本与绩效、用户黏性、用户规模及用户覆盖性，最终会影响平台的价值创造。研究表明，运作管理能力及其效率与平台绩效有正相关关系②。

通过对四家社区服务中心的跨案例复制研究，可以得出如下命题。

命题10：平台业务广度越高，平台创造的价值就越大，但提高业务广度却不是平台的普选策略。

平台的业务广度越高，意味着平台的服务功能越全面、服务对象越广泛，意味着平台输出的价值越大。因此，提高业务广度能够提高平台服务的体系性和范围经济效率，同时能够提高平台的覆盖面、增加用户的总体规模，进而增强平台对潜在用户的吸引力。一般来说，随着平台规模和实力的壮大，提高业务广度是多边平台模式的发展趋势。但由于受到各种因素的影响，社区服务平台并没有普遍选择扩展业务广度的策略。这些影响因素包括：有限的人财物等资源投入和能力制约；平台的建设使命、功能定位和目标用户定位，一开始就锁定了业务广度；受政府购买服务的项目合同限制，社区服务平台不能随意变更服务领域。最后，业务广度会影响业务深度，大而全的平台可能引致服务质量的下降③。

命题11：平台业务深耕细作，有助于提高用户黏性。

无论是依据服务地点、服务项目或是服务程序细分平台业务，还是根据服务对象细分平台业务，目的都是在分工协作的基础上提供有针对性的、更加专业细致的平台服务，以改进服务的专业化程度和服务质量，满足用户的多元化、柔性化需求，提高用户的满意感与用户对平台的依赖感。文献研究表明，平台业务深耕细作有助于提高用户黏性④⑤。案例样

①　曹剑光：《社区虚拟公共服务平台创新研究》，《理论导刊》2011年第12期。

②　彭禄斌、刘仲英：《物流公共信息平台治理机制对治理绩效的影响》，《工业工程与管理》2010年第1期。

③　Andrei Hagiu. Multi-Sided Platforms，From Microfoundations to Design and Expansion Strategies. Harvard Business School，Working Paper，2009.

④　Andrei Hagiu. Multi-Sided Platforms，From Microfoundations to Design and Expansion Strategies. Harvard Business School，Working Paper，2009.

⑤　陈威如、余卓轩：《平台战略》，北京：中信出版社，2013年，第186页。

本中的社工服务平台均选择在业务上深耕细作，其中海珠长者服务平台的业务深度最高，服务技术最先进，服务流程最细致，服务内容最专业，用户日常流量最大，用户黏性最高。

命题12：开放创新的多边公共平台运行模式，有助于实现公共服务多元创新和范围经济。

案例样本中的社区服务平台均通过开放互补产品、互补服务的生产开发权，引入其他群体，如义工、慈善机构、企业、学校、医院，参与社区治理和公共服务的供给，同时为这些互补品开发者提供支撑服务，实现了社区服务的开放式创新和一站式整体供给，在增加了服务多样性的同时提高了服务的整体性与效率。平台经济学与平台战略学的大量文献均证明了平台的开放共享与合作创新，有助于实现服务创新和范围经济①。

命题12a：平台的开放性越高，平台的潜在价值就越高。

平台的开放实质是治权的开放与利益的共享。平台开放性越高，意味着参与平台型治理与公共服务供给的主体越多，越能满足多元利益相关者的权益诉求。平台的开放性越高，还意味着平台的创价关卡就越多，互动合作的空间越大，平台的潜在价值越高②。但平台并不是越开放越好，只有高效有序的开放才会创造持续长久的公共价值。

命题13：平台使用成本体现了平台运作管理的效率，与平台价值负相关。

平台使用成本包括进驻平台的成本、购买和消费服务的成本、基于平台开展互动合作的成本，是对用户使用平台及其服务所需付出的各种投入的总和。检验平台是否具有更高的效率或更高的价值，可以通过规模效应、范围经济、交易成本等变量来判断③。平台使用成本越高，反映了平台运作管理效率的低下，意味着基于多边公共平台的合作治理、公共服务供给的交易成本高昂，平台就失去了吸引用户的优势，继而用户规模缩减，平台价值自然受损。

据此，多边公共平台要展现较强的吸引力和价值优势，首先要降低各类用户的平台进驻成本、互动合作成本等交易性成本。交易成本越低，越能提高互动合作的频率和规模，平台创造的互动合作的价值就越大。社区

①　Annabelle Gawer. Platforms, Markets and Innovation. London: Edward Elgar, 2009.

②　Kevin Boudreau. Open Platform Strategies and Innovation: Granting Access vs. Devolving Control. Management Science, 2010, 56 (10): 1849-1872.

③　Rysman Marc. The Economics of Two-Sided Markets. Journal of Economic Perspectives, 2009, 23 (3): 125-143.

服务平台的服务一般以免费的方式推出，低廉的消费成本有助于公共服务的均等化和社会公平正义的彰显。除了服务免费，平台运营管理者一般通过累计庞大用户规模、提供多样化产品的方式来降低平均生产成本，实现平台运作的规模经济和范围经济效率。

命题14：用户黏性与平台转换成本正相关。

平台转换成本是用户离开平台时所要承担的各种损失和代价，具体包括用户学习使用平台所投入的时间、精力；用户投入到平台中的沉没成本及转换到新平台所需的各种付出①。转换成本越高，意味着用户离开平台的代价越大。因此，转换成本越高，用户对平台的依赖感就越强；平台对用户的吸附力越强，平台用户的流失率就越低②。在案例样本中，各社区服务平台都通过提供人性化服务来增强用户使用平台的消费惯性、为用户建立起良好的群体间关系网络，从而提高用户离开平台的惯性成本、机会成本和社会资本，以强化平台对用户的吸附力和用户对平台的依赖性。

命题15：网络效应关系到平台价值的创造，与平台价值成正比。

网络效应反映了平台的多边用户群体之间的相互吸引程度与相互促进的关系效应。网络效应意味着生态系统中创造或使用补充创新的外部参与者越多，平台及其补充者就越有价值③。因此多边公共平台是否有足够的吸引力诱导相关主体的加盟，取决于多边用户群体之间网络效应的高低。网络效应越高，多边群体之间互动合作就越紧密、越频繁。根据其作用的对象及其方向，网络效应分为三类：同边网络效应、跨边网络效应、交叉网络效应。同边网络效应越高，同边群体聚合效应越显著，用户规模越容易壮大，平台的规模经济效率就越容易实现。跨边网络效应越高，意味着供求双边用户群体之间的相互吸引和依赖越强烈，供需匹配与供求机制的效率就越高，自然平台价值就越大。交叉网络效应越高，意味着基本品供给者对补足品供给者的辐射带动作用越显著，因而能促进互补服务提供者加盟平台，结果是平台产品及互补服务的创新性、多样性越高。因此，网络效应关系到平台价值的创造，与平台价值成正比。

命题16：平坦化策略有利于提高平台用户的满意感。

社区服务平台的服务流程越平坦，表示服务流程的衔接性、顺畅性越

---

① 陈威如、余卓轩：《平台战略》，北京：中信出版社，2013年，第128页。

② Thomas Eisenmann, Geoffrey Parker, Marshall Van Alstyne. Strategies for two-sided markets. Harvard business review, 2006, 84（10）：92-101.

③ ［美］迈克尔·A.库斯玛诺：《耐力制胜：管理战略与创新的六大永恒法则》，万江平等译，北京：科学出版社，2013年，第20页。

好，意味着平台运作管理的效率就越高，因此平台服务的便捷性、回应性、友好性得以彰显，结果有助于提高平台用户的满意感。美国平台思维实验室研究认为，平坦化有助于提高平台的互动性，继而提高平台运作效率和用户满意感①。受访的所有社工服务平台自创建以来一直在不断改进服务流程，而且服务流程图越来越清晰规范。尤其是对海珠长者服务中心的实地考察，其信息透明化、流程通畅化和运作标准化的程度给我们留下了深刻的印象，居民对养老服务非常满意，不愧为"社区养老服务行业的引领者"。

命题 17：平台间互联互通策略有助于推动平台之间的资源整合与能力互补。

各社区服务平台与其他社区服务平台、公益基金会、慈善机构、行业协会及其他社会组织的互联互通、交流合作是平台思维指导下开放合作的重要方式，有助于克服平台自身资源和能力的不足，同时有助于防范平台孤立造成用户流失的风险。有学者也认为，平台间互联互通有助于整合共享平台之间的资源与能力②。在公共平台实践中，很多平台例如广交会和各省商会之间、中国知网与学术杂志之间、人力资源与社会保障局主办的就业培训中心与某些就业服务中介之间、高校图书馆之间均实现了互通合作。公共平台与企业平台也可以互联，例如火车票售票网站与餐饮外卖平台之间的对接。网络平台之间的互联互通更是比比皆是。因此，平台间互联互通策略是一种常见的平台策略行为，有助于推动平台之间的资源整合与能力互补。

三、社区社工服务平台创造的价值

社区社工服务平台为多边群体开放了多项参与治理的权力，为居民提供优质高效的社区服务和权利保障，创造了社会公平正义、社区合作共治的价值。其成功之道在于，基于平台的空间与规则，通过权力开放、资源整合、能力协同，基于价值网络、围绕用户需求创造价值，实现了社区事务的合作共治和社区服务的开放创新，使社区成为紧密的社会生活共同体。一位受访者表达了社区平台的工作原理："不同群体会有不同的需求，这些需求中常常会有很多共通或者相联系的点，社工的工作就是整合

---

① Sangeet Paul Choudary. Platform Scale: How an Emerging Business Model Helps Startups Build Large Empires with Minimum Investment. Platform Thinking Labs, 2015.

② 纪汉霖、王小芳：《双边市场视角下平台互联互通问题的研究》，《南方经济》2007 年第 11 期。

不同的群体和资源，让他们相互吸引、彼此依赖、互相促进。"

平台创造价值的基本方式是把多元用户联结在平台上并促进他们之间的互动合作①。案例研究中的社区服务平台样本，在社区治理与运营管理方面上都比较成功，通过多元治理参与主体的互动合作创造了多元公共价值。

第一是增加了社区居民等服务对象的消费效用。社区服务平台成为多元主体供给社区服务的平台，不仅增加了服务的供给数量，增加了服务对象的覆盖面；而且改进了社区服务质量，使居民享受更加专业的社区社工服务；同时，社区服务的多边平台模式激发了服务的创新性、人性化，满足了社区居民多样性、柔性化的服务需求。

第二是展示了用户主权的价值。地方政府向社区服务中心开放了运作管理权、社区自治权，为利益相关者参与社区治理提供了空间和规则。社工组织拥有自主经营管理权，可以灵活开展特色服务项目和社区治理活动。在社区服务平台上，多边用户群体之间直接互动，彼此相互满足，并且享有话语权、治理参与权、监督评价权。社工组织以用户为中心、以服务为导向，其运作管理模式充分展示了用户主权的价值。

第三是创造了社区服务供给的经济效率。社区服务平台通过开放共享，把社区服务的多元供给主体联结在平台上，把消费者也吸引在这里，即供需两侧的多边用户聚集在一起，实现了社区服务供给的规模经济、范围经济，提高了供需匹配和资源利用的经济效率。同时，平台降低了群体间互动的交易成本，提高了合作的频率，提高了社区平台型治理的效率。

第四是改进了社区治理。首先，基层政府主办社区服务平台并制定平台规则，有助于政府在履行公共服务供给职责的同时行使社会治理的掌舵职能，有助于形成良好社区治理秩序。其次，社区服务平台为利益相关方的互动合作提供了渠道、空间和规则，有助于社区事务的合作共治。再次，平台价值网络把利益相关群体联结起来，形成了彼此依赖、互动互惠、合作共赢的治理格局和社区共同体；社区共同体的形成，使社区像一个整体那样行动，必然推动社区事务的合作良治。最后，社区服务平台提供了社区参与治理的渠道和方式，而且在社工组织的帮助下改进了社区自治能力。例如江南家综中心曾推动小区自治委员会的成立。

第五是彰显了社会公平正义的价值。免费的社区服务有助于推动公共

① [美] 马歇尔·范阿尔斯丁、杰弗里·帕克、桑杰特·保罗·乔达例：《平台时代战略新规则》，《哈佛商业评论》2016 年第 4 期。

服务均等化，创造了公平平等的社会价值。社会组织、社会工作者以及其他社区治理的参与者对妇女儿童的维权保护，对老年人群的关照，对问题青年的社区矫正，对困难弱势群体的社会救济，对其他特殊群体（如外来工及其子女、华侨）的关爱，创造了社会公平正义的价值。毋庸置疑，公共平台越公平，其输出的社会福利就越大。

四、平台型治理的绩效因子模型

平台的建构特征和运作管理能力决定了最终的平台绩效[①]。因此对平台型治理绩效因子分析可以参照系统论的方法，即分别从系统输入、转换、输出等基本过程的维度探寻多边公共平台的建设成效、运作管理绩效和结果绩效。

具体指标变量的遴选是在借鉴企业多边平台理论与实施方法的基础上，结合社区社工服务平台建设、运行管理与合作治理的实践，具体通过对案例样本中相关指标的复制比对，遴选出社区服务平台的三类绩效影响因素及其二级指标变量。

第一类绩效因子是平台建设投入类指标变量。建设投入类变量是平台型治理及其创造价值的必要条件。其二级指标包括：平台规模，即平台在人、财、物、空间等资源的投入规模及业务规模；组织完善性，即平台运营管理组织在组织结构、制度、文化、流程建设方面的完善程度；价值网络完善性，即平台创价关卡供给的完整性及互补性；虚拟平台建设情况，即相应的信息网络建设投入情况；平台选址的优劣，表现为平台选址所影响的平台使用成本、客户便捷性与客户覆盖的广度等。

第二类绩效因子是平台运作管理类指标变量。其二级指标变量包括：业务深度与业务广度，业务深度反映的是平台服务的专业化、柔性化程度，业务广度反映的是平台服务功能的广泛性、多样性；开放合作性，即社工组织将相关权力开放给其他主体并与之合作的程度；使用成本，即用户使用平台及消费平台服务的投入；转换成本，即用户离开平台的潜在损失；网络效应，指平台激发的各类网络效应的强度；平坦化，即用户进驻、使用平台的流程顺畅性和信息透明度；互联互通，即社区服务平台与其他平台之间的互联互通与兼容程度。

第三类绩效因子是平台价值类指标变量。设置这类指标时不仅考虑平

---

① 张小宁、赵剑：《新工业革命背景下的平台战略与创新》，《科学学与科学技术管理》2015年第3期。

台输出的直接价值，包括：服务效用，用户主权（即用户的参与程度、话语权大小及权益保障情况），经济效率（规模经济性、范围经济性和交易成本高低），社区善治，公平正义（表现为社会平等、权利维护与社会救济等），同时考虑了用户规模与用户黏性等间接指标。用相对用户规模指标——平台用户进驻率而非绝对的用户数量规模，反映了平台对用户的吸引力和平台服务的覆盖性，是替换平台输出价值的有效量化指标。用户黏性直接反映用户对平台的满意程度与依赖感，最能代表平台为用户创造的价值大小。

通过对案例样本的跨案例复制研究，我们发现了一些重要指标变量与平台型治理绩效的逻辑关联，并形成了如下初步结论。

命题18：用户规模最能体现平台价值，与平台绩效正相关。

平台用户资源是最有价值的平台战略资源[①]。平台价值的创造取决于平台对用户的吸引程度和用户对平台的利用和参与程度。因而，平台的价值与平台用户的数量规模、用户结构的广泛性和平台使用频率及深度正相关。扩大用户规模是平台建设和管理的直接目标，有了庞大的用户基础就有了大量的服务需求，就产生了对平台服务提供者的吸引力，从而产生了平台创造价值的各种可能[②]。

为用户提供社区服务是社工组织与社区平台型治理的基本使命。但公共服务难以量化的特征，决定了用户规模成为衡量平台绩效的重要替代性指标。我们选用用户进驻率、流量规模和用户覆盖性来测度用户规模。其中，用户进驻率是衡量用户规模的相对指标，流量规模反映了用户日常的实际规模与平台人气，用户覆盖性代表着潜在的用户规模。

推论18a：用户进驻率越高，用户规模越大，平台的绩效越高。用户进驻率是已进驻平台的用户数量与潜在用户数量的比值。用户进驻率越高，反映平台对客户的吸引力越强以及平台输出的服务越多，因而平台的绩效越高。

推论18b：平台用户流量越大，平台的绩效越高。用户流量体现了平台日常运作中平均接待的客户数量，最能反映平台绩效的高低、网络效应的强弱和平台服务价值的多少。

推论18c：平台用户的覆盖性越广，潜在用户越广泛，平台越公平。

[①] 张小宁、赵剑：《新工业革命背景下的平台战略与创新》，《科学学与科学技术管理》2015年第3期。

[②] ［美］朱峰、内森·富尔：《四步完成从产品到平台的飞跃》，《哈佛商业评论》2016年第4期。

用户覆盖性反映了平台吸引的用户类型的广泛性。用户覆盖性越广意味着平台能够吸引基于不同人口统计学特征的用户前来消费。因此，用户的多元性、地理覆盖面的广泛性体现了平台的公平性。

命题 19：用户黏性越高，平台用户规模越大。

用户黏性反映了用户对平台的依赖性，也即平台对用户的吸附力。因此，用户黏性代表了平台的魅力所在，是平台绩效合法性的体现。用户黏性越高，意味着用户的满意度越高、归属感越强，用户规模自然就壮大了，较高的用户黏性还能有效防止用户的流失[1]。因而，用户黏性适合作为平台价值输出的衡量指标。用户黏性越高，平台用户规模越大，平台创造的价值越多。

提高用户黏性是平台创造价值、应对竞争的基本手段。无论是社区服务平台，还是其他多边平台，均把提高用户黏性作为重要的运作管理策略。例如，腾讯平台根据用户挂 Q 时间赋予用户相应权限，鼓励用户的个性化设置，并提供诸多关注好友的功能。网络游戏平台、手机平台也是如此，以至于用户欲罢不能。所有的社区服务平台也都通过各种方式提高居民的归属感、提供人性化服务，不断提高用户黏性，扩大用户规模。

综上所述，社区社工服务平台的绩效可分解为建设投入绩效、运行管理绩效与结果绩效。建设投入绩效的主要影响因子包括：平台规模、组织完善性、价值网络完善性、虚拟平台建设、平台选址等变量。运作管理绩效与业务广度和深度、开放合作性、使用成本、转换成本、网络效应、平坦化、互联互通等因子密切相关。结果绩效主要选取用户黏性、用户规模和价值输出等指标变量来衡量，其中用户黏性与用户规模是间接的替代性指标。

根据上述研究命题和其他结论构建了社区平台型治理的绩效因子模型，见图 4-4。图中箭头表示因变量和自变量之间的相关关系，只有使用成本与其因变量负相关，其余箭头均表示正相关关系。没有箭头的连线反映了建设投入类指标变量一般作为平台价值创造的必要而非充分条件。

从绩效因子模型可以看到，建设投入绩效影响运行管理绩效，运行管理绩效决定结果绩效，服务效用、用户主权、经济效率、社区善治、公平正义等价值输出直接反映了平台的最终绩效。所有的建设投入绩效影响因子、运行管理绩效影响因子都与结果绩效衡量指标的至少一个变量（尤其是用户规模）产生影响。其中，用户规模最能体现平台创造的价值大

① 陈威如、余卓轩：《平台战略》，北京：中信出版社，2013 年，第 135~137 页。

小，因为用户进驻率越高，平台用户流量越大，平台的绩效就越高。因此，扩大用户规模往往是平台型治理与政府平台领导的基本操作路径。

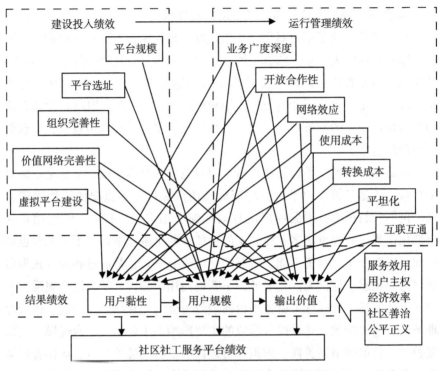

图 4-4   社区社工服务平台的绩效因子模型

资料来源：图表自制。

五、本章总结

社区社工服务平台属于比较典型的多边公共平台，从多个案例样本中归纳推理的研究结论具有一定的信度与外在效度。尤其是在案例研究规划设计与实际操作过程中，通过采集多元化数据来源并形成多元数据间的证据链来确保研究的建构效度，通过逻辑推理与模式匹配、与文献对话来保障研究结论的内在效度，通过跨案例复制研究归纳研究结论，并用得出的理论检验其他案例来确保研究的外在效度。社区社工服务平台的成功经验对于平台型治理与多边公共平台建设具有一定的借鉴作用与启示意义。

首先，治理权力开放是多边公共平台建设与平台型治理的前提。供给多边公共平台是供给公共品与推行平台型治理的战略选择，因此是政府等公共部门的职责。政府平台领导对公共平台建设影响重大，关系到平台建设的顺利程度。平台建设完善程度还受到平台竞争环境、行业规范的影响。多边公共平台与信息技术没有必然关联，但信息技术有利于提高平台运作管理效率。

其次，多边公共平台的运作管理绩效和业务广度与深度、开放合作程度、使用成本、转换成本、网络效应、平坦化、互联互通等因素密切相关。开放创新的平台运行模式有助于实现公共服务多元创新和范围经济。平台业务广度越高，平台覆盖性越广，用户选择越多，但业务广度与业务深度相互影响，且受制于平台使命。平台业务深耕细作有助于提高服务质量和用户黏性。平台使用成本体现了平台运作管理的效率，与平台绩效负相关。提高平台转换成本、平台的平坦化策略、平台间互联互通均有助于提高用户黏性。网络效应关系到平台价值的创造，与平台绩效成正比，激发网络效应是改进平台型治理绩效的核心机制。

最后，平台型治理的结果绩效主要体现在用户黏性、用户规模和价值输出等变量。用户黏性越高，平台用户规模越大，平台价值创造就越多。用户规模最能体现平台价值，与平台绩效正相关，扩大用户规模是平台型治理的基本操作路径。总之，多边公共平台促进了公共服务的多元供给和协作创新，降低了合作共治的交易成本，提高了公共服务效用、用户主权水平，创造了公平正义、经济效率、合作共治等价值。

第五章 治理现代化视野下平台型治理的实践梳理、逻辑理路与经验启示

进入 21 世纪后，以各类社会群体和个体广泛参与、以信息技术为主要推动力量的世界平坦化进程明显提速，基于平台的信息共享、社群联结、互动合作、共治共赢成为新时代的新常态。与此同时，越来越多的政府部门和社会组织正通过创建平台或连接平台，来提供公共服务并开展合作共治。因此，国家的治理模式、政府的公共政策也在悄然变迁[1]。传统的行政化管理与管控型治理正在向治权开放、资源共享基础上的平台型合作治理转变。中国政府的平台型治理不仅局限于城市社区的应用，在政治、经济、社会与科技的各个领域均在积极开展探索。与第四章对社区治理与社区服务行业案例的深度聚焦不同，本章站在政府治理现代化的视角，对新时代我国的平台型治理实践进行了梳理与总结，从整体上对我国的平台之治与平台之智的逻辑与经验进行了探讨。

第一节 问 题 提 出

一、研究背景

步入新时代以来，我国加速推进了国家治理体系和治理能力现代化即第五个现代化的征程。政府治理现代化是国家治理体系和治理能力现代化的重要构成，是其他四个现代化全面实现的重要动力和基本保障。因此，党领导下的政府治理现代化必然是中国式现代化道路的重要推动力。党的二十大报告明确了中国式现代化的特色内涵及本质要求，包括与时俱进地

---

[1] Victoria Nash, Jonathan Bright, et al. Public Policy in the Platform Society. Policy & Internet, 2017, 9 (4): 368-373.

推动"实现高质量发展，坚持特色社会主义"。中国式现代化道路呈现出"以人民为中心""共谋合作共赢"的鲜明特色及逻辑理路①。由此在经济建设与社会发展方面，逐渐探索出政府为市场、社会搭台以实现合作共赢的治理模式与治理智慧。在制度特色方面，中国式现代化就是要着力从市场现代化和政府现代化方面推进国家治理体系和治理能力现代化②。政府现代化突出表现在政府职能的现代化，其核心是政府与社会、政府与市场关系的现代性调适。"政府搭台、市场运作、社会唱戏"的平台型治理模式已成为一种治理之道和中国治理特色，从中国式现代化视野探索其中国之"治"及中国之"智"成为重要的时代课题。

在当今的平台时代，多边平台模式与数字平台技术融合发展，加速了世界平坦化的进程。基于平台的信息共享、社群联结、互动合作、共治共赢成为新时代的新常态。与此同时，平台经济方兴未艾，平台商业模式如日中天，各类组织的平台化转型和平台战略如火如荼，那些发展得最快的组织几乎都采用多边平台模式。随着平台时代的到来和平台革命的深入推进，多边平台模式促动了公共品生产与公共事务治理的创新，平台型治理范式正在公共领域兴起③。越来越多的政府部门和社会组织正通过搭建平台与平台治理，来提供公共服务并开展合作共治。由此，政府的平台型治理模式悄然兴起。

二、研究缘起

文献调研发现，既有政府平台文献的研究对象绝大多数是单边生产平台或互联网（数字）平台，主要从技术治理、智慧治理的工具理性出发，探讨平台技术框架与建设经验，而忽略了多边平台这种适合于多元供给与合作共治的新类型。当前，基于多边平台的平台型治理范式正在兴起，平台型治理研究已成为国际前沿与热点方向。为此，本研究有助于推进国内政府多边平台及平台型治理研究与国际接轨。而且，从多边平台视角探索政府搭台及平台型治理，有助于推动政府生态治理与公共品多元供给的理论创新。

---

① 毕照卿：《中国式现代化道路的社会主义性质及其逻辑指向》，《科学社会主义》2022年第5期。

② 洪银兴：《论中国式现代化的经济学维度》，《管理世界》2022年第4期。

③ Janowski Tomasz, Elsa Estevez, Baguma Rehema. Platform Governance for Sustainable Development: Reshaping Citizen-administration Relationships in the Digital Age, Government Information Quarterly, 2018, 35（4）: 1-16.

在新时代，以习近平总书记为核心的党中央逐渐形成了体系化的治国理政方略，并将国家治理现代化推入了新阶段。在以平台时代为重要标签的新时代，中国政府迎着平台革命的风口浪尖，积极开展平台型治理探索，完善治理体系、培育治理主体、整合治理资源、转换治理机制、更新治理工具，并在政治、经济、社会与科技的各个领域创建平台载体、应用平台技术、推行平台型治理模式，由此开启了新时代中国政府的平台型治理新格局。为此，有必要回顾与梳理近年来中国政府治国理政的平台型治理实践，厘清与探析平台型治理实践的逻辑理路，理解与把握国家治理现代化的方向与进程。同时，探索中国政府平台型治理的实践经验和内在逻辑，对于改进政府平台建设、推动公共事务平台型治理、丰富治国理政思想及其工具体系、推进国家治理现代化意义重大。

三、研究问题与方法

综上，我们不禁要问，当前平台型治理呈现出何种实践样态？平台型治理遵循怎样的逻辑理路？搭台式治理对中国式政府治理现代化建设的经验启示是什么？这些问题值得探究。为此，本研究基于政府的搭台实践考察及政策文本内容分析，主要通过对 2014—2022 年的中央政府工作报告，党的十八大、十九大、二十大报告，十八届三中全会做出的《中共中央关于全面深化改革若干重大问题的决定》等重要政策文本以及十八大以来中央政府的改革与发展实践等抽取特征词"平台"，进行分领域、分类型反复比对与概括归纳，结合其他可观察信息，从中寻求多元证据链，探寻中国式政府治理现代化的一个缩影：平台型治理，以归纳平台型治理的实践类型、模式、特征与经验，进而提炼其逻辑理路及经验启示。

第二节　中国政府平台型治理的总体梳理

政府治理现代化的关键是整合国际社会和国内经济社会的广泛资源，赋权释能，激发市场创新活力和社会共治能力。同时，要顺应经济革命和科技革命的发展大势，迎接并融入平台革命时代，借用平台战略模式与平台技术模式的力量，推动政府治理和平台经济社会的现代化发展。平台作为多元主体的互动结构与合作治理的支撑载体，能够促成多元参与者之间的互动。尤其是借助于现代信息与网络技术，平台降低了交易成本和不确定性，展示了强大的社群连接、资源整合、供需匹配、互动促进与合作共治功能。因此，在国际交流合作、民主协商与廉政治理、经济社会发展、公共服务供给与社会合作治理等领域的政府搭台型治理均有用武之地，充分展示了中国式现代化的特色和智慧。

一、创办国际交流合作平台

当今国际治理体系的深刻调整，必须顺应时代潮流、坚持多边主义，这与多边平台强调开放互动、多边协作的战略思维不谋而合①。平台就是一个社区共同体②，平台用户有着共同的利益和命运，人类所处的世界平台也是如此。习近平领导的中国政府高瞻远瞩，从人类命运共同体的宏伟愿景出发，通过创建和连接国际交流合作平台来加强与各国的紧密合作，以提升中国的国际地位和国际影响力。在习近平主席的筹建倡议下，亚洲基础设施投资银行（属于政府间性质的多边开发机构）于 2015 年正式成立，当前成员国已达到 97 个。在 2013—2022 年，中国政府成功举办首届"一带一路"国际合作高峰论坛、亚太经济合作组织领导人非正式会议、二十国集团领导人杭州峰会、金砖国家领导人厦门会晤等，习近平等国家领导人出席了联合国系列峰会、气候变化大会、世界经济论坛、东亚合作领导人系列会议、冬奥会等重大活动，仅在 2018 年中国政府就成功举办了博鳌亚洲论坛年会、上海合作组织峰会、中非合作论坛峰会等国际合作交流论坛。

十八大以来，中国政府在国际合作领域取得的最大成就是"一带一路"建设。这起源于习近平 2013 年提出的共建"丝绸之路经济带"和 21世纪"海上丝绸之路"的框架倡议，截至 2019 年已有 122 个国家、29 个国际组织与中国签署了政府间合作文件。"一带一路"倡议坚持共商共建共享的多边主义原则，充分发挥沿线国家和地区的市场主体作用，致力于加强国际产能合作，推动基础设施的互联互通，拓展第三方市场合作。在世界平坦化、政治多极化的今天，"一带一路"已成为中国联结沿线国家和地区共同推进全球治理的国际交流合作大平台，不仅提升了中国的国际话语权和影响力，而且还给多边参与主体带来了巨大红利。

---

① Andrei Hagiu, Julian Wright. Multi-Sided Platforms. International Journal of Industrial Organization, 2015 (43): 162-174.

② David Evans. Governing Bad Behavior by Users of Multi-sided Platforms. Berkeley Technology Law Journal, 2012 (27): 1201-1250.

二、建设民主协商与廉政治理平台

近年来，两会建设无论是在形式上还是在实质上都越来越民主、开放，两会已不再是橡皮图章或只投赞成票的过场。全国两会不仅为境内外的广大媒体开放了报道权和采访权，而且专门设置了媒体采访区、部长发言台；不仅开设了"委员通道"和"代表通道"，而且为代表们提供了议案征集、议案讨论、议案处理进展反馈等互动环节。党的十八届三中全会提出，"构建程序合理、环节完整的协商民主体系，拓宽协商渠道""通过建立健全代表联络机构、网络平台等形式密切代表同人民群众联系"。"两会"平台已成为代表们参政议政、记者们采访报道以及代表、官员与老百姓之间互动反馈的民主政治与协商沟通的公共能量场。党的二十大报告指出，发展全过程人民民主是中国式现代化的本质要求之一，为此要"健全各种制度化协商平台"，协商民主是实践全过程人民民主的重要形式。除了中央和地方每年春季按常规举办的"两会"，听证会作为协商民主的重要平台，对落实全过程人民民主、推动社会利益整合有着重要的作用。听证会当前在公众民主参与及环境治理等领域应用比较广泛。

在廉政治理平台建设方面，中国政府积极推进网络问政、网络问责、媒体监督等廉政治理举措和网络监督举报平台建设。2016 年中央政府工作报告就提出"深入推进政务公开，充分发挥传统媒体、新兴媒体的作用，利用好网络平台，及时回应社会关切"，即通过电子政务信息平台建设和来自新旧媒体平台的社会监督、公民监督来推动廉洁政府建设。党的十九大报告提出，规划建设覆盖纪检监察系统的检举举报平台。根据这一规划，国务院各部门积极推进廉政平台与问政平台，如司法部于 2018 年提出积极建设法律服务网络线上平台、线下平台，将这些平台打造成连接民众和各机关的通道。事实上，此前最高人民法院就做出了三级法院联网办理案件的规定。此外，2019 年 4 月国务院开通了"互联网+督查"平台，致力于建设基于大数据、新型互联网等高新技术的督查平台，并面向全体公民在线征集意见、建议。"互联网+督查"平台必将充分整合信息资源和社会监督力量，形成随时随地、人人皆可监督的廉政治理格局。

三、大力发展平台经济

平台经济具有开放共享性、资源聚集性、网络外部性、强大爆发力等特性，因而成为全球经济增长的新引擎。平台经济以其强大的整合供给侧资源、促进互动合作、降低交易成本等功能得到各国政府的重视。平台经济能够打破传统要素对经济发展的制约，特别适合经济的加速发展。发展平台经济，不仅有助于推动产业转型升级①和制造业创新发展②，还有助于推动供给侧结构性改革、放管服改革和政府对经济社会的平台领导。中国作为发展中国家，更应该主动迎接平台革命、发展平台经济，以实现经济赶超和转型发展。为此，2018 年中央政府工作报告首次提出"发展平台经济"的政策主张，2019—2022 年一直关注平台经济发展并提出促进其健康发展的政策主张。近年来，中国政府发展平台经济的政策及其实践主要表现在以下几个方面。

第一，创建平台经济综合体。平台经济综合体不仅为平台经济发展提供了空间与载体，还提供了开放共享的资源、合作共治的规则与互联互通的环境氛围。近年来，中国创建了一大批国家级和地区级产业园、科技园、高新区、经开区和综合经济区、经济示范基地等平台经济综合体，同时扩大跨境电子商务综合试点，新设了一批跨境电商综合试验区，并且自贸区建设如火如荼。截至 2019 年，中国的自贸试验区已扩容至 18 个省，其中 2018 年海南全省作为自贸试验区建设正式启动；中央政府还计划"加快构建高标准自贸区网络，推进中日韩自贸区、中欧投资协定谈判"。此外，在区域经济合作平台建设方面，继续推进长江中游综合经济区、东北综合经济区、西三角经济区建设，大力推动京津冀、长三角、珠三角等区域的一体化，并启动粤港澳大湾区建设，如此以来形成了东西南北中齐头并进、和谐发展的中国经济格局。值得一提的是，雄安新区构建的全国首个城市智能基础设施平台体系——"一中心四平台"已基本建成，城市计算中心、区块链平台、产业互联网平台等一系列城市级智能平台建设持续推进，一座举世瞩目的"数字之城"正在云端悄然建成。雄安新区的设立具有划时代的政治和经济意义。

第二，助推传统产业平台化与平台企业的发展。传统产业与组织的平台化转型是迎接平台革命、拥抱平台时代的需要，政府在其中发挥着重要的助推作用。2016 年到 2019 年连续 4 年的中央政府工作报告均提出传统产业尤其是制造业的"互联网+"发展战略。其中，2018 年与 2019 年中央政府工作报告还提出发展"工业互联网平台"，为制造业转型升级赋能。不仅如此，2018 年明确提出要在医疗、养老、教育、文化、体育等

① 张鹏：《发展平台经济 助推转型升级》，《宏观经济管理》2014 年第 7 期。
② 谢晓燕、刘洪银：《平台经济推进制造业创新发展机制及其建设路径》，《广西社会科学》2018 年第 9 期。

多个领域推进"互联网+"，2019 年更是指出要加快各行业各领域"互联网+"的推进。平台企业是平台经济的微观主体，具有网络外部性和爆发性增长潜力，例如平台巨头阿里巴巴、腾讯在近几年跻身于全球市值最高的 10 家科技公司。平台企业的发展离不开政府的产业政策规划和行业标准的制定，事实上很多平台公司在参与行业治理的同时，也在享受着政府的信贷政策、税收政策及平台企业孵化政策等优惠措施，如新兴微小平台企业的减税退费政策。2018 年《电子商务法》的正式颁布，更是以法律形式对电商平台企业进行了规范和扶持。

第三，大力发展"双创"平台。创新转型、创业驱动已成为经济发展的不竭动力与广泛共识。2015 年李克强指出要为万众创新清障搭台。同年中央政府工作报告指出要大力发展众创空间，增设国家自主创新示范区、国家级创新创业中心。2016 年的中央政府工作报告指出不仅要建设一批"双创"示范基地和若干国家级制造业创新平台，还要打造"众创、众包、众扶、众筹平台"，而且要将国家自主创新示范区试点政策推广至全国，并再建设一批国家自主创新示范区、高新区。2017 年的政府工作报告继续提出新建一批"双创"示范基地，同时鼓励大企业和科研院所、高校设立专业化众创空间。2018 年的政府工作报告指出推进"双创"示范基地建设，鼓励社会主体创新资源的开放，有利于形成线上线下结合、产学研用协同的创新创业格局，推动"双创"的持续升级。由此可见，近年来"双创"工作与"双创"平台建设一直是中央政府工作的焦点。

第四，主办具有重大影响力的产业经济平台。中国政府积极借助于国际经济合作与交流平台来传递中国声音，并与世界各国分享中国改革开放的经济成果以及中国的治理方案。近年来，中国政府除了推动中国进出口商品交易会的扩建升级（广交会已成功发展为"世界第一展"）以及继续支持诸如中国国际电子商务博览会等会展平台外，还陆续创办并成功主办了中国国际大数据产业博览会（创办于 2015 年）、中国国际消费电子博览会（创办于 2015 年）、中国国际智能产业博览会（创办于 2018 年），中国国际进口博览会（创办于 2018 年，首届"进博会"成交额达 578 亿美元），北京世界园艺博览会（创办于 2019 年），以及中国国际消费品博览会（创办于 2021 年）。同时，积极申报与主办具有国际影响力的体育竞争平台，如奥运会、世界杯、世锦赛等。此外，推动创办具有重大影响力和辐射性的产业平台，如大宗商品交易平台、支柱产业博览平台、新兴消费服务平台、互联网金融平台等。

四、建设公共服务与社会治理平台

平台经济发展与平台建设不是一蹴而就的，既离不开庞大的基础设施建设和基础性、关联性产业的铺垫，也离不开公共服务支撑体系和治理规则的框架建设，平台本身就是公共服务的支撑体系。中国政府的平台型治理实践始终牢记执政为民的理政初心和社会治理的治国重心，从平台基础设施、数字政府与政务服务平台、社会服务与社会治理平台等方面开展平台型治理实践的探索。

第一，平台基础设施建设。"基础设施关卡"在平台价值网络中发挥着"总开关"的作用①，因为有了平台基础设施，其他的创价关卡才能借以发挥作用。平台经济不仅以大交通与物流、通信与信息技术、大金融、大数据与人工智能为产业基础，而且有赖于公共物品、公共资源与公共信息的开放共享与互联互通。例如在交通物流网络平台建设方面，中国从2013年开始规划创建全国交通一卡通数据中心；国家交通运输部网站数据显示，截至2018年中国已有超过200个城市实现了互联互通，并已形成了重点城市和地区的一卡通数据转换平台和纵横交错、四通八达、高速便捷的海陆空交通物流网络，高铁与动车网络建设更是取得了令世界瞩目的成就。在融资平台建设方面，近年来中国政府在证券交易所既有的中小板、科创板上市融资平台基础上，新推出了创业板融资平台；并且与其他国家的融资平台实现了互联互通，当前融资平台正在逐渐向外资开放。

第二，数字政府与政务服务平台建设。在长期建设电子政务平台的基础上，近年来中国政府积极推动其转型升级与一体化。2017年与2019年的中央政府工作报告均指出，加快推进中央部委与地方政府信息系统的互联互通，形成全国一体化的、统一的在线政府服务平台，从而实现政务服务"一网通办、异地可办"。同时，还大力推进公共信息及服务平台建设，如2015年政府工作报告提出要建立全国统一的"信用信息共享交换平台"，为企业和社会提供"一张网"服务；而党的十八届三中全会和十九大报告则更加明确地提出建立房产、信用等"基础数据统一平台"。除了政务服务平台和政府公共信息平台，公共服务O2O模式及其平台建设正在成为政务服务信息化的发展方向。当前，数字政府正在向智慧政府转型并由此推动智慧社会建设。

第三，社会服务平台建设。十八大以来，中央和地方政府积极推进

---

①　王旸：《平台战争》，北京：中国纺织出版社，2013年，第16~17页。

"互联网+公共服务"，服务范围涵盖社区服务、养老服务、公共就业等经济社会发展和民生保障的所有领域。随着城市化的深入发展，地方政府主办和运作的社区服务、养老服务、就业服务已无法满足人民群众日益增长的需要。因此近年来，中国政府一方面在全国推进社会服务互联网平台建设，如国务院 2019 年 4 月指出，要在全国建设一批"智慧养老院"与智慧社区养老服务平台，拓展大数据等新兴技术在养老领域的应用。另一方面，推动地方政府直接运作管理的社会服务中心，如社区服务中心、公共就业服务中心、继续教育中心、残联服务中心、妇女儿童服务中心等单边生产平台向多边平台的转型。当前，社会服务多边平台建设首先在广东成功运作，现已在全国多数省份成功推广应用。

第四，社会治理平台建设。社会治理需要健全的主体及其参与的空间渠道与规则。党的十八届三中全会指出，鼓励和支持社会各方面参与社会治理，"健全基层综合服务管理平台"。随着民政部对社会组织登记管理的放开以及国家的社会组织孵化政策的出台，一批社会组织得以成立，如 2014 年壹基金在深圳的落户；同时，各地的社会组织孵化基地大量涌现，因此各类新型的社会组织（如社工组织）与志愿组织、慈善组织以及行业协会、商会能够在社会治理中发挥更大作用。不仅如此，公共文化与体育场所等基础设施以及公立事业组织，在近些年普遍对外部供给主体实行开放，从而整合了供给侧更广泛的社会资源与市场力量参与公共治理和公共品供给。近年来环境治理平台、城市治理与智慧城市平台建设方兴未艾，例如全国统一的治污云平台于 2020 年正式上线。党的十九大报告指出，社区服务与治理平台在社会治理、改善社区服务方面体现出不可或缺的功能。有了社区治理平台，社会组织和社区居民的治理活力与能力得以提高。此外，国家社科基金资助的 CSSCI 学术平台在学术治理方面也取得了一定成效；各地的公共事务听证平台越来越成为互动共治的公共能量场。

五、建设高水平的技术平台

除了政治、经济和社会领域的搭台型治理，中国政府近年来一直致力于推进平台技术的发展。科技是第一生产力，科技现代化是中国式现代化的支撑和关键。平台技术更具有基础性、架构性和应用拓展性等特征，是开发商业应用的前提和基础①。因此中国政府在大力发展互联网以及积极

---

① Kevin Boudreau. Open Platform Strategies and Innovation. Management Science, 2010, 56 (10)：1849-1872.

推进互联网+各行各业的同时，积极主办数字中国建设峰会和世界互联网大会，大力推进国家级技术的创新和国际科技合作，尤其是新一代高新尖的信息通讯技术。

以 2017—2022 年的中央政府工作报告为例，连续六年强调大数据、云计算、物联网等平台性技术的研发，并加强其应用推广。2018 年与 2019 年的政府工作报告把人工智能的研发应用提上议事日程，并做出了发展新一代信息技术及发展智能产业、推进智能制造的政策计划。在政府的推动和扶持下，中国在海洋技术、信息通讯技术等平台技术领域均走在世界前列。其中，在海洋技术平台领域已基本建成中国近海数字海洋系统。2014 年，数字海洋应用服务系统（测试版）上线运行，中国"数字海洋"工程从建设实施阶段转入应用服务阶段①。2021 年 11 月我国科技人员研制出远距离高速水声通信机，突破了同类水声通信机全球最高性能指标，标志着我国自主远距离高速水声通信技术打破了国外封锁，对推动我国水下装备信息化具有重大意义。在信息通信平台技术领域发展方面，信息通信网络覆盖全国，信息通信技术实现跨越发展，互联网经济迅猛发展。电子商务、移动支付、共享经济等引领世界潮流，"互联网+"广泛融入各行各业，上市互联网平台公司数量超过 150 家，其中两家企业的市值进入全球前十强。同时，在云计算、大数据、人工智能等领域，大批独角兽企业快速成长。网络化协同制造、大规模个性化定制、服务型制造等新模式不断涌现，工业互联网建设取得突破性进展。

综上，中国政府的平台型治理实践领域广泛、形态多样。平台型治理实践涵盖建设或连接国际交流合作平台、创建平台经济体、建设与开放平台基础设施、推动平台技术进步、建设双创平台、孵化平台组织、出台平台政策、推行平台型治理、提供平台服务等多个领域和多种形态。

第三节　中国政府平台型治理的逻辑理路

新时代中国政府在国际合作、民主政治、经济发展、社会治理与技术进步等领域的平台型治理实践，积极运用平台技术力量和平台战略模式，顺应了平台时代发展潮流，进一步推动着政府职能的现代化发展和

---

① 蒋冰、姜晓轶、吕憧憬等：《中国"数字海洋"工程进展研究》，《科技导报》2018 年第 14 期。

政府—市场—社会关系结构的现代化转型，打破了政府与市场、政府与社会的"二分法"，充分展示了中国式政府治理现代化的特色。中国政府推动经济社会发展的平台型治理模式，坚持多边主义的治理理念与共享共建共治的发展思维，统筹把握国际与国内两个大局，积极拓展与深化改革开放的领地，充分展现了与时俱进的时代发展观、开放共享的生态系统观、合作共治的治理方略、赋权释能的领导思维与造福民生的理政初心。

一、与时俱进，迎接大势所趋的平台时代

合作治理时代、全球化 3.0 时代、信息时代与网络社会、创新 2.0 与政府 2.0 时代、平台经济时代共同构成了平台型治理模式的深刻时代环境。平台战略的兴盛与平台经济学的异军突起，为搭台型治理提供了实践参考和理论基础。公共事务的合作治理、公共产品的协作供给与公共服务的开放创新必将引入基于多边公共平台的治理模式。进入新时代以来，平台经济与科技革命席卷全球，以不同的向度、路径驱动着政治、经济、社会的平台化变革，并重塑当今社会的生产力与生产关系。随着世界平坦化的推进，"平台将会处于一切事物的中心"①。平台作为一种经济景观，正成为全球经济新一轮增长的引擎和行业转型发展的方向；平台作为一种社会景观，来自全球各个角落的人们基于平台开展交流、交易、竞争与合作；平台作为一种治理模式，无论是公共组织还是私营部门都在联结平台价值网络来创造价值。

各行各业的平台革命与成功案例昭示着多边平台模式的崛起与平台战略的兴盛，表明当今已进入平台时代②。平台时代无疑成为各国学者、政府官员、工商界人士的共同世界观，必然呼唤一种新的治理模式与治国方略。在平台时代，政府的平台供给、平台建设与平台型治理势在必行。正是在这样的时代背景和逻辑理路中，中国政府主动迎接平台革命的机遇，把握平台时代的发展脉搏，积极开展平台型治理实践：主办和参与国际交流与合作平台，创建协商民主与廉政治理平台，大力发展平台经济与平台技术，建设公共服务与社会治理平台，推动公共服务的多元供给以及协同治理的付诸实施。

---

① ［美］托马斯·弗里德曼：《世界是平的：21 世纪简史》，何帆等译，长沙：湖南科学技术出版社，2008 年，第 157~159 页。

② Phil Simon. The Age of the Platform. Las Vegas：Motion Publishing LLC，2011：1-2.

二、开放共享，联结生态网络的平台思维

从行政生态的视角来看，现代化的治理必然是对生态系统及其价值网络的整体性治理，政府的治理也不例外。政府的传统指挥链与价值链也必然要向水平联结的合作关系与价值网络转型。政府应该成为一个开放的平台来推动系统内外人们的创新，从而实现协同治理、透明政府与公众参与；政府平台应该允许市场和社会的扩充和修补，而不是详加规定①。事实上，平台的核心思想就在于把利益相关群体联结在一起通过互动创造价值。平台就是平台主办方所联结的由供需两侧多元利益相关者构成的生态系统，这些利益主体凭借自己的优势资源与能力进驻平台互动合作、各施其能、各得其所，从而形成一个开放共享、互利共赢、持续繁荣的生态网络。中国政府领导人正是出于对生态系统及价值网络的整体性治理的考虑，秉承开放合作、共享共建的治理理念，积极运用生态系统思维从国际大环境、社会大系统的视角谋划治国理政方略，积极探索国际交流合作与国内政治、经济、社会与技术发展领域的平台型治理实践。例如，国家主席习近平站在人类命运共同体的高度，提出了"一带一路"合作倡议，把一带一路沿线国家和地区的相关产业和主体联结在一起开展合作，让人们从中分享整个生态网络的经济成果。

三、合作共治，整合供给侧资源的平台策略

无论是全球治理还是国家治理，现代治理的复杂性超越了任何一方的单独掌控。传统的单边主义与单中心的垂直控制必然要向多边主义与网络式的合作共治转变。政府治理的使命是在多元利益相关方的互动合作中实现的，政府的现代合法性也随着多主体合作共治得以提升。平台作为治理支撑体系和互动结构，特别适合于供需两侧主体间匹配与交互基础上的共治。平台型治理的精髓在于让供需用户群体之间相互吸引、相互促进、相互满足，以促进高质量的匹配与交互，从而达到善治目的。平台型治理首先要整合与鼓励利用供给侧其他组织的能力和资源来实现多元供给与协作创新，将供给侧各类主体变成互补者与合作伙伴②。因此，平台实际上是推动供需两侧用户交互的机制与策略，是供给侧结构性改革的创新策略。

---

① Tim O'Reilly. Government as a Platform. Innovations，2010，6（1）：13-40.

② ［美］迈克尔·A. 库斯玛诺：《耐力制胜》，万江平等译，北京：科学出版社，2013年，第228页。

习近平强调，要把供给侧结构性改革作为经济工作的主线，让供需间互相匹配、相互促进，以实现高水平的供需动态平衡和资源优化配置。由此可知，中国政府的平台型治理实践，尤其是发展平台经济、平台技术以及建设公共服务与社会治理平台的探索，是在合作共治的逻辑主导下，积极运用多边平台模式及其策略来整合供给侧资源的结果。

四、赋权释能，推进治理现代化的平台领导

现代化治理必然是能够调动多元相关主体积极性并发挥它们各自优势，使其各施其能、各司其责，网络协同的合作治理。平台主办方向用户群体放权让利，调动了他们的积极性；并向他们赋权释能，有效促进交互和合作共治。赋权释能是平台组织发展与平台型治理的动力①。政府作为平台主办方，向社会和市场主体开放公共资源使用权、公共品生产经营权及公共事务治理参与权，并提供促进交互的基础设施、工具体系和一揽子服务，从而推动着公共品的多元供给与合作共治。因此，平台型治理实践在提高政府影响力的同时，还提高了用户主权水平和交互质量。对政府来说，平台提供了一种掌舵公共品供给、领导公共治理的战略模式；对公民来说，平台赋予了意见表达和治理参与的机会、渠道②。平台通过赋权释能与资源整合，发挥了杠杆作用，撬动了各方的资源和能力。政府在向用户赋权释能、促进交互的同时，巧妙履行着自己的治理职责并推动着生态系统的整体治理。在这样的逻辑理路中，中国政府努力推动平台基础设施建设与平台技术进步，积极创建平台经济综合体，搭建民主政治与廉政治理平台、创新创业平台、公共服务与社会治理平台，同时推进传统产业平台化、社会组织孵化，以平台领导的姿态推进国家治理体系与治理能力现代化。

五、造福民生，牢记理政初心的平台服务

为了降低运作成本同时增强公共服务创新，政府必须利用新的方法、工具和治理模式，平台型治理有助于实现政府精简高效。事实上，我国各地的多边公共平台实践正如火如荼地开展，政府平台型治理具有广阔的应用领域和发展空间。多边平台模式借助于生态系统的创新力量，由广泛的

---

① 穆胜：《释放潜能：平台型组织的进化路线图》，北京：人民邮电出版社，2018年，第71页。

② Marijn Janssen, Elsa Estevez. Lean Government and Platform-based Governance. Government Information Quarterly, 2013, 30（1）：1-8.

用户群体在匹配和交互中参与公共服务供给与创新，平台主办方则提供支撑服务和交互工具等基础性服务，由此基础性服务、辅助性服务、互补性服务不断开发，整体服务质量和服务多样性不断提升，平台的服务创新与创造活力得以激发。平台作为一种中间性、工具性的公共服务，是其他主体借以提供互补产品、服务和拓展应用的基础性产品、服务和技术，是把不同类型的用户联接起来的基础性产品或支撑性服务①。平台经济本质就是一种服务经济，平台实则是服务的落地形态。"服务，而不仅仅是平台"正是平台建设的基本原则②。因此，发展平台经济与平台技术，建设平台经济体、"双创"平台和平台基础设施，最终都是为了人民更好发展、更多获益；数字政府与社会服务平台建设，直接让人民享受到公共服务，让人民有获得感；国际交流与合作、民主与廉政治理、社会治理领域的平台建设最终都是让人民当家作主。正如党的二十大报告指出的那样，治国理政的初衷就是为人民谋幸福，为民族谋复兴，一切依靠人民，一切服务为了人民，造福民生是治理的根本。

综上，平台型治理实践是中国积极融入平台时代、迎接平台革命、适应平台社会、应用平台技术、发展平台经济的必然。中国政府的平台型治理实践逻辑清晰，是时代发展观、生态系统观、平台领导思维、为民服务的理政初心共同指导的必然结果，充分展现了与时俱进、开放共享、合作共治、赋权释能、造福民生的治国理政方略及其逻辑理路。总之，政府推动的平台型治理实践是政府治理现代化的重要组成部分，而且有助于推动中国式现代化的进程与政府的治理能力现代化。

第四节　中国政府平台型治理的经验与启示

席卷全球的平台革命必然冲击政府的形态与模式，如火如荼的平台经济必然呼唤政府的多边平台建设、平台式公共服务与平台型治理。中国政府顺应平台革命潮流、把握平台时代机遇，积极开展平台型治理实践。中国政府在平台经济体、平台基础设施、创新创业平台以及国际交流合作平台建设方面取得了举世瞩目的成就，并成为全球平台经济和平台技术的重

---

① Thomas Eisenmann, Geoffrey Parker, Marshall Van Alstyne. Strategies for Two-sided Markets. Harvard business review, 2006, 84（10）：92-101.

② ［美］迈克尔·A. 库斯玛诺：《耐力制胜》，万江平，等译，北京：科学出版社，2013年，第14页。

要引领者。中国政府在全球治理与国内政治、经济、社会与技术领域全方位的平台型治理，充分展示了国家领导人放眼世界、高瞻远瞩的国际视野，体现了运筹帷幄的决胜思维与统揽全局的大局意识，展现了政府主政与公民主权有机统一的逻辑理路，充分展示了中国式政府治理现代化的特色和智慧。中国政府的平台型治理不仅取得了丰硕成效与丰富经验，成为推动中国式现代化及高质量发展的抓手，还对进一步推动政府治理能力现代化及平台型治理范式应用产生了有益启示。

一、经验总结

第一，政府的平台型治理要积极顺应平台演化发展趋势。政府为经济社会发展搭建的平台需演化发展。政府平台的演化发展也是政府治理现代化的重要体现。其演化发展呈现出以下轨迹：推进传统产业转型升级的平台模式、平台技术与平台政策不断加强，与之结合的产业领域不断扩宽；政府单边的公共品生产平台与技术平台开放性越来越高，更多地向多边公共平台或其混合形态过渡，政府的角色已由平台第二方转向第三方甚至第四方；政府单方的平台建设与平台型治理，正在向着多主体共建共创、共享共治的合作模式转向；个别领域、单独形态的政府平台正在向着多环状的平台网络体系与平台间的互联互通演进。

第二，政府的平台型治理模式应加强推广应用水平、提升治理效能。平台型治理模式涵盖国际交流合作平台、平台经济体、公共服务与社会治理平台、平台技术进步等多个领域和多种形态。国际交流合作平台大大提升了中国的国际影响力、国际话语权，推进民主与廉政的平台型治理丰富了协商民主的形式，推动了政府的廉洁高效。发展平台经济的实践探索，保障了中国经济的持续健康增长并助推了经济结构的转型升级。建设公共服务与社会治理平台的实践，构建了公共服务与社会治理的支撑体系，推动了公共服务的多元供给、协作创新与社会事务的合作共治。推动平台技术进步的政策实践，为中国的平台经济注入了强大动力，推动了相关产业的创新。中国政府的平台型治理是中国式政府能力现代化的重要推力，有必要加强推广应用水平、拓展细分领域，进一步提升政府的治理效能。

第三，政府的平台型治理要将平台战略融入治国理政方略，推动政府主政与公民主权的有机统一。政府的平台型治理逻辑是时代发展观、生态系统观、平台领导思维、为民服务的理政初心共同指导的必然结果，充分展现了与时俱进、开放共享、合作共治、赋权释能、造福民生的治国理政方略，体现了计划体制与市场体制高度融合的资源配置方式、政府作为平台方主政与公民作为用户主权有机统一的逻辑理路。政府的平台主政体现在平台的创建与核心要素的供给、治权的授予与动能的释放、规则的安排与互动的促进，是政府科层治理与计划调控之手的体现；而公民的平台主权体现在需求侧消费者的多样化灵活选择、供给侧生产者的自主生产与创新、治理参与者平等互动及监督评价的权利保障，是市场体制汇聚资源并匹配供求的体现。

二、未来启示

中国政府发展经济社会的平台型治理模式是中国式政府现代化的一个缩影、中国之"治"的一扇窗口与中国之"智"的一面镜子。政府的平台型治理正成为各国开展国际竞争和推动国家善治的关键场域，成为新时代治理能力现代化的重要抓手。

首先，平台时代大势所趋，政府的平台型治理势在必行，平台革命还将继续向各个领域深入推进。在平台经济时代，平台汇聚、吸纳了大量的财富和权利[1]，甚至产生了公权力，并在共创财富的同时推动着共同体价值的分配。谁拥有平台，谁就拥有更大的话语权、决策权与号召力；谁连接到平台，谁就能享有更多的资源，抓住更多的机遇。因此在平台时代，政府等公共部门完全可借助平台战略模式扩大影响力并推行平台型治理实现多元共治。

其次，政府的平台型治理适用于以下场景：当用户群体间缺乏合作机制时或互动的交易成本过于高昂时，当公共服务需要多元供给与协作创新时，基于平台的公共品多元供给与平台型治理是必要的。以政府为主的平台创建方、主办方和承办方，从搭台、撑台、护台到后台的政治、经济和服务性支持，体现了政府的服务使命和治理职责，还体现了政府有所为、有所不为的职能选择和推动放管服改革的策略[2]。因此，政府为市场及社会主体"搭台唱戏"的平台型治理应成为一种常态的治理模式和智慧谋略，能够推动政府自身的现代化再造和政府治理能力的现代化转型。

再次，成功的政府平台型治理需要具备几个条件：第一，要顺应经济社会发展的大势，包括政治、经济、社会和技术的发展趋势，从而选择正确的发展方向与治理模式来推动经济社会的高质量发展；第二，作为平台

---

① ［美］托马斯·弗里德曼：《世界是平的：21世纪简史》，何帆等译，长沙：湖南科学技术出版社，2008年，第157~159页。

② 刘家明：《多边公共平台战略模式研究》，北京：中国社会科学出版社，2018年，第63页。

主办方或所有者的政府，要具备开放共享、合作共赢、先利人后利己的治理理念与价值网络联结互动的水平思维；第三，平台运作模式的核心是在政府放权让利和赋权释能的基础上，整合供给侧资源、促进供需匹配和交互合作，激发平台用户间相互吸引、互相促进的网络效应，形成平台生态共同体；第四，在高质量交互与合作共治的基础上，让用户群体从中互利互惠、共同受益，以公民用户为中心的政府平台才能持续健康发展，政府才能履行自己的治理职责。

最后，在平台型治理模式推广应用的具体策略方面，有以下几点启示。第一，平台技术架构与基础设施发挥着"总开关"作用，理应继续成为政府平台型治理优先考虑的重点方向；第二，政府将平台技术、平台模式、平台基础设施应用于传统行业和新兴产业，适时推动"互联网+"向"平台+"的战略升级，以推进产业的平台化发展与创新驱动，是平台经济社会发展的关键战略；第三，平台模式及平台技术推进传统产业升级发展的平台政策应不断完善，产业领域应不断扩宽，未来可以在三农建设与乡村振兴、城市发展与智慧城市建设、公共事业组织发展、社会公益治理、共同富裕实现等领域大力推进；第四，政府的平台服务、平台领导在公共部门与私人部门的平台型治理实践中均发挥着重要作用，政府的平台供给与平台生态系统搭建、对用户的赋权释能、平台服务体系与治理规则建设都是其他成员参与平台型治理的前提和基础；第五，政府搭台的最简单方法就是创建并开放公众易于进入的平台基础设施，为公共产品生产者、服务开发者、治理参与者提供公共资源和共同体共治效能导向的治理规则，通过平台模式的联结互动功能及一揽子工具赋权释能，促进政府与公民之间、公民与公民之间的高质量互动与合作共治。

第六章　平台型治理的推广反思

平台型治理正在成为一种新兴的公共治理范式，它能像科层治理那样具有普适性、高效性和顽强生命力吗？平台型治理是对科层治理的颠覆和替代吗？在既有科层治理的范式中和框架下推广应用平台型治理模式，如何做到二者的兼容与协作？平台型治理的应用前提或基础是什么，其边界和范围在哪里？这些都是平台型治理实践推广和理论研究要反思的基本问题。本章以平台型治理的运行基础——政府多边平台模式应用最成功、取得世界瞩目成就的广交会与进博会案例作为切入点，通过对各类治理工具与公共品供给方式的特征及适用情景的比较分析，反思平台型治理在公共品供给与社会治理领域推广应用的条件与范围，并构建了多边公共平台及平台型治理模式的适合性判定模型。

第一节　政府多边平台模式的成功启示及推广复制性思索：基于广交会与进博会的案例分析

一、问题的提出

以多边平台商业模式为核心的平台经济凭借其强大的连接与汇聚多类用户、促进供需匹配与互动合作、降低交易成本等功能，得到了平台巨头和各国政府的高等重视。近些年来在中国，政府为经济社会发展"搭台唱戏"逐渐成为一种新常态和新型治理模式。2018 年中央政府工作报告提出"发展平台经济"的主张，此后连续多年将平台经济发展纳入国家经济发展战略，并于 2019 年出台了《关于促进平台经济规范健康发展的指导意见》（国办发〔2019〕38 号）。政府如何促进平台经济发展以及如何为平台经济搭台，逐渐成为研究热点问题。这不禁让人想起了政府搭建的最为成功、最负盛名的广交会与进博会。广交会近年来的每届成交额近

5000 亿元，相当于一个大中型城市一年的 GDP。进博会自 2018 年举办，当年的意向成交额高达 578 亿美元，2019 年与 2020 年累计成交额均值更是高达 710 亿美元①。如此引人瞩目的经济成就，引来了不少政府官员与专家学者前来研究取经，他们自然产生了将广交会平台模式复制推广的想法②。

其实除了广交会和进博会，深交会、世博会、高交会、园博会、城博会、大博会、智博会、消博会等政府主办的多边平台纷纷举办，自贸区、经开区、产业园、科技园、创业园等平台经济体纷纷创办，成为推动中国经济快速发展的重要引擎。于是，我们不禁思考：政府多边平台模式有何成功经验和共性规律？广交会与进博会作为政府多边平台的两大成功典范，对于研究政府多边平台模式具有重要的借鉴参考价值。尤其是伴随着进博会的重大成功，这些想法更加强烈：政府多边平台模式如何运作与治理？是否可以复制？广交会与进博会作为政府多边平台模式的成功案例带给了我们怎样的启示？为此，本书以广交会和进博会为例，探讨政府多边平台的运作模式、治理策略及其成功启示，并反思其在公共品供给与社会治理领域是否也能推广应用以及推广应用的条件与范围。

二、政府多边平台的运行模式

政府多边平台模式是在治权开放的基础上，促进多元利益主体互动合作的治理模式与治理机制。广交会与进博会遵循典型的政府多边平台模式——政府主办平台并提供平台基础设施、专业公司运作组展、三边用户（参展商、采购商与互补服务提供者）间直接交互的运行模式。政府在其中安排治理规则、提供平台载体、整合供给侧资源并进行平台领导，促进供需匹配与高质量的交互，但不参与具体业务运作和微观管理。通过平台把会展生态系统中的相关利益群体联结在一起，在相关治权开放的前提下基于展会平台施行合作治理，其本质就是政府领导的平台型治理。这种多边平台模式依赖于政府的对外经贸权的下放、平台型治理规则的安排和平台要素的供给，在供给侧整合参展商、服务运营商的资源及能力，在需求侧广泛吸引采购商，并促进供需两侧的多元用户之间直接互动与合作，通过用户之间激发网络效应、提供相关服务和交

---

① 张婷、刘洪愧：《以进博会创新发展促进高水平对外开放的对策思考》，《国际贸易》2020 年第 5 期。

② 王彦华：《中国第一展：广交会文库》，北京：中国商务出版社，2015 年，第 37~38 页。

互工具等策略促进他们的交易。广交会平台与进博会平台自身不断成长壮大，政府作为平台主办方自动地履行着促进对外贸易与经济发展、落实外贸政策的职责。

（一）治权的开放

治权（在平台经济学语境中称为"合约控制权"）开放是多边平台的关键识别标准，也是多边平台释放活力的核心驱动力[1]。政府多边平台虽由政府主办，但平台型治理权力的开放仍是多边平台模式运行的核心。广交会与进博会皆由国家商务部和地方政府联合主办，实行政企分开以及经营权和所有权的分离。主办方下放展览会审批权，弱化微观管理，用政策、法律和经济手段进行宏观指导和行业协调，围绕着国家政策导向开展工作。政府对会展平台的领导以平台主办权与基础设施所有权为基础，主要体现在基础设施供给、外贸经营权及相关审批权下放、政策引导与扶持，介入重点是利用平台的展位基数调整、品牌展位分配、进出口展区规划等手段，实现出口创汇、进出口平衡、产业扶持与推动转型升级、地域协调发展等政策导向。广交会与进博会的承办方则分别是由中国对外贸易中心（简称"外贸中心"）和中国国际进口博览局、国家会展中心承担。承办方负责整个会展的经营展览、装修、商场、广告、酒店、咨询等综合性服务，对整个会展的各个方面负有统一协调的责任。在招商、组展、服务等基本职能方面，皆采用市场化、专业化运作，企业化管理，不断开放外贸经营权与项目运营权。

（二）多边吸引与牵引式招商

平台经济成功的关键是多边用户间的相互吸引及由此激发的网络效应推动着平台规模的壮大和平台共同体的形成。招商和组展是政府会展平台必不可少的两面，成功的招商组展模式必然是采购商与参展商之间的双边吸引模式，以确保参展企业是中国最好的产品供给者，采购商是有信誉、有实力的需求方。尤其在买方市场，采购商是会展平台的生命线。由于会展双边用户的数量规模非常庞大，广交会和进博会与政府、新闻媒体、商会和协会等开展广泛合作，还与专业招展机构开展合作，通过形式各样的宣传、洽谈会以及推介活动，为参展商、采购商营造一个可以充分互动的

---

[1] Andrei Hagiu, Julian Wright. Multi-Sided Platforms. International Journal of Industrial Organization, 2015（43）: 162-174.

环境。其中重点放在对大型采购商的吸引，保证采购商的购买规模、资质，以吸引供应商的进驻。除此之外，广交会与进博会还采取了一些特殊方式促进多边互动。进博会通过组建以省或直辖市为单位的交易团以及鼓励专业观众参展的双渠道模式，通过线上线下互动扩大采购商规模。广交会除了对参展商以及采购商采取有针对性告知之外，还分赴30多个国家和地区重点邀请欧美日传统市场的采购商和非洲、印度、中东等新兴市场的采购商。在2008年金融危机发生后更是采取国际国内两条线的招商采购政策。2013年，广交会主办方还推出参展商邀请采购商和现有采购商邀请新采购商的招商策略，而且推出收到邀请函的采购商免参会注册费的优惠措施，结果使由参展商和采购商发出的招商邀请函大幅增加，招商成效不错。

（三）专业化、高质量的组展模式

政府会展平台成功的基础是专业化、高质量的组展模式。广交会的组展模式经历了三个阶段的变化，最终形成了今天的"宏观指导、地方组团、行业协调、专业办展"的组展模式。进博会吸取了广交会举办经验也采取了这种专业化的组展模式。这种组展模式虽然是在商务部和省政府的指导下以及行业协会与商会的协助下完成，但仍然实行的是承办方自主运作为主的模式，即没有将组展工作外包给外部专业的展览公司来独立运作。总的来说，广交会与进博会的组展模式基本按照市场化、专业化、国际化、产业化的要求，不断优化参展企业结构、展览题材、商品品种、服务体系、展馆环境、展览秩序，采取以质取胜、热情服务的策略，不断调整组展模式与方法以适应国际贸易和时代环境的变化。近年来，广交会还加大知识产权保护力度并建设绿色环保广交会，每年推出创新性特色产品展览和高新技术产业展览。另外为了满足参展商的多样化需求，广交会在展位设计方面，由早期的标准展位到特装展位的展位体系细化为普通展位、名优特展位、品牌展位的展位档次，并按照标准化、规范化、国际化、信息化的要求运营展馆。进博会吸取了广交会的经验，在展位的分类以及设计上更加细化、更加体现个性化需求，在展中的服务与管理上也更加具体、全面，比如展中容易出现的知识产权的问题，进博会设立专业人员对此类问题进行及时恰当处理，确保展会顺利进行。同时进博会采取国家展、企业商业展、虹桥论坛相结合的模式，在打造外交、展览、论坛一体化的同时，突出贸易服务、数字贸易、体验经济三大重点，汇聚最高品质、最新潮流的展品与服务①。

（四）整体性的多元化服务

展会的核心需求与必备需要一般由平台承包方统一供给及一站式服务，而可选择性服务或定制服务是柔性的、多元化与多层次性需求的，往往选择开放合作的服务运作模式。广交会与进博会正是通过自主经营和服务外包相结合提高服务的专业化水平。在自主服务方面，广交会与进博会以客户联络为中心，建立了贯穿展前、展中、展后整个服务链的综合性、规范化、专业化的客户服务体系，为用户提供展览相关业务的一站式服务②；并通过客户关系管理系统、门户网站和电商平台（进博会通过"网上展厅"）开展网络服务，协同线上线下服务，不断推进服务的信息化水平和便捷高效性。在外包服务方面，广交会利用外部的专业优势承接部分服务业务，以降低成本、提高效率、增强核心竞争力。一方面，由于外包服务承包商众多，需要编制外包单位目录对外包服务商分门别类，分部门对口管理。另一方面，由于承包商资质和服务质量参差不齐，需要重组优化服务外包、完善外包评价机制，保证客户中心的一体化运作和整体性高效服务。进博会则在充分吸收广交会服务经验的基础上，进一步进行了创新，采取追踪访问收集参展商以及采购商的意见反馈，做到及时了解、掌握客户的服务体验以及整个服务流程中存在的问题并纳入外包服务评价标准。

此外，为打造智慧会展，落实互联网+会展的战略，广交会推出了电商平台模式，进博会则开发网上展厅这一创新模式。通过线上展示+线下交易的基本运作模式，不仅打破了展览和交易的时空限制，而且通过线上线下相互辅助、相互支撑，实现了交易信息的更精准匹配，提高了服务的整体性与便捷性。更为重要的是，为那些无法参加会展的中小企业提供参与交易的机会和渠道，更好发挥会展平台的资源整合优势和规模优势。目前"在线广交会"与现场广交会同期开幕，运作方式和效果受到业界赞誉③。

---

① 刘建颖：《多棱镜视角中的中国国际进口博览会》，《国际贸易》2019 年第 1 期。
② 黄颖：《从进博会便利化措施看中国扩大进口的路径选择》，《对外经贸实务》2019 年第 1 期。
③ 李世兰：《"互联网+"时代提升广交会国际竞争力的对策建议》，《探求》2017 年第 6 期。

三、政府多边平台的治理策略

政府多边平台的治理模式实质是一种治权开放基础上的合作治理模式，开放的同时伴随着合作共治。平台型治理一般以规模扩张为基本操作路径，这是平台帝国的本质所决定的①，这就是为什么广交会能够从"中国第一展"成长为"亚洲第一展"，最后发展为"世界第一展"，"进博会"首次办展就能跻身全球前十大会展的根本原因。为了适应时代环境的发展变化，广交会平台与进博会平台自身也一直在调整演化。同时，为了防范风险与应对平台失灵，广交会与进博会也采取了平台管制的系列措施以保障用户高质量的交互。

（一）生态共治

权力和权利开放基础上的合作治理是多边平台的基本治理策略。具体到广交会与进博会，主办方向承办方开放了展会经营管理权、场馆经营管理权、展览审批权，主办方还不断向参展商开放了外贸经营权；承办方向参展商开放了场馆使用权，还不断降低参展门槛；除了自主招商组展，承办方还向商会协会及其他合作伙伴开放了招商组展经营权，并将参展商审核权力开放给商会和协会；承办方除了亲自提供会展服务，还将大量的服务项目开放给第三方运作，此外还开放了广告营运权；由于承包商服务质量参差不齐，承办方除了保留监督管理权力外，还将部分监督评价的权力直接开放给参展商和采购商供其投诉、反馈，甚至还引入第三方评估机构进行会展绩效评价。

广交会与进博会各项治权和利益的开放带来了多方主体和多边群体合作共治的格局。首先政府通过展览经营管理权、展会审批权和企业外贸经营权的开放，大大激活了市场力量，中国对外贸易呈现出主体多元化发展和竞争格局，国家贸易政策也得以落实。服务运营权开放后，100多家外包服务商进驻广交会，150多家入驻进博会，服务的多样性与完整性、专业化与创新性得以大大提升，服务质量得以大幅度改进。监督评价权向双边用户和第三方的开放，不仅改进了服务质量，还提高了用户的满意度。尤其是组展和招商经营权的开放式合作经营，推动了各省市商会协会的大力协作，地方政府、媒体、赞助商、渠道商以及参展商、采购商均加盟其

① Thomas Eisenmann, Geoffrey Parker, Marshall Van Alstyne. Platform Envelopment. Strategic Management Journal, 2011, 32 (12): 1270-1285.

中，不仅提高了招商组展的规模和效果，而且完善了平台价值网络，丰富了平台生态系统。

（二）规模扩张

多边平台的特性决定了规模扩张是平台型治理的基本操作路径。聚集性的特点使得平台用户规模不断得到扩张，用户规模的扩张带来的直接结果就是推动平台规模的扩张。当用户规模获得优势，便将这种优势积累下来，获得更多的客户、资金、人才、政策等各类资源，推动整个平台规模不断扩张①，而平台规模的扩张又会带来新一轮的用户规模扩张，并以用户规模扩张为起点推动自身发展，继续扩大规模。近年来，随着广交会与进博会的参展商与采购商规模的不断扩张，平台规模在不断扩大的同时，也带来了许多显而易见的好处：首先，展示空间更大、展示机会更多、展示品种更全，参会企业规模和交易规模更加庞大，不仅增强了规模效应和范围经济效应，溢出效应、辐射功能、拉动效应和国际影响力都会扩大；其次，方便进行结构优化，有更多的空间来调整参展企业结构、产品结构，可以开展产品系列展或细分题材展，服务更加专业，用户黏性更高；再次，腾出了用于休闲娱乐、餐饮和商务服务的更多空间，为人性化服务提供了空间，创造了良好的交易环境和氛围；最后，参展空间扩大，可以缩短展览时间，尤其是广交会与进博会的规模扩张为参展商与采购商提供了更广范围的供需匹配，不仅降低企业的参展成本，而且大大降低了交易成本。事实上，广交会与进博会一直走在规模扩张的道路上：展览面积增加，虚拟展览空间延伸；参展商规模和采购商规模齐头并进；展览题材、品种不断扩充。其中广交会的规模扩张方式则更为经典：一是横向兼并，附近的商城改成展位，直接增加展览空间；二是以时间换空间，从 2002 年开始按照专业题材分两期举办，2003 年两馆两期，2008 年秋两期改三期；三是建设新的琶洲场馆，两馆两期同时举办；四是设置进口展，从 101 届广交会开始设置进口商品馆，实行互利共赢的开放战略，推动进出口贸易的平衡；五是分四批扩建琶洲场馆，建成后整个琶洲展馆面积达 66 万平方米，可设 20000 个国际标准展位的智能化展览中心②。

---

① 叶秀敏：《平台经济理论与实践》，北京：中国社会科学出版社，2018 年，第 46~47 页。
② 陈韩晖、吴哲、黄颖川：《广交会：海上丝绸之路的新生与发展》，广州：广东经济出版社，2015 年，第 81 页。

(三) 平台演化

随着外部环境的变化和扩大平台用户规模的需要，平台要不断演化和调整。多边平台的一个重要特性就是它是动态演化的，能够做出调整以适应需求偏好和技术的变化①，因此平台运营管理方必须有能力推动平台的演化发展。成功的平台永远在不断发展演化②，包括业务广度、深度和运行模式的变化。因此，平台型治理的核心能力在于不断推进平台演化发展，这也是平台型治理的复杂性所在。广交会平台有着悠久的历史，可以说广交会的发展就是一部演化史，其演化体现在方方面面。首先，广交会的组展模式经历了最初由 "省市组团、按团设馆" 到 1994 年开始的 "省市组团、商会组馆、馆团结合、行业布展"、再到今天的 "宏观指导、地方组团、行业协调、专业办展" 的发展历程。其次，广交会的布展格局、展位设计、参展时间、展览题材、参展企业结构、参展资格与标准、场馆地址及规模一直在优化调整之中。虽然进博会自 2018 年开始至今举办了三届，但它的演化也是显而易见的。在展览题材上，从最初配套活动大致分类到第二届逐渐细化为 "政策解读类、对接签约类、新品展示类、研究发布类以及其他类别"，到第三届时配套活动中加入了 "人文交流类与投资促进类"，在配套活动上不断创新、细化。在参展资格与标准上，进博会加入了 "专业观众参展" 的渠道，且不断细化专业观众报名、参展以及意见反馈等流程。在参展服务上，进博会在广交会的经验上进一步创新，依托 "单一窗口" 等管理系统，做到 "一次备案，分批提交"③。此外，进博会的参展面积一直在不断增加，第三届比第二届总展览面积整整扩大了 3 万平方米。在参展展品上，进博会从首届到第三届展品种类更加丰富，其中第三届的新技术、新服务高达 411 项比第二届时多了整整 20 项④。

---

① Carliss Baldwin, Jason Woodard. The Architecture of Platform: A Unified View. Working Paper, Harvard University, 2008.

② Sangeet Paul Choudary. Platform Scale: How an Emerging Business Model Helps Startups Build Large Empires with Minimum Investment. Platform Thinking Labs, 2015.

③ 李世兰：《 "互联网+" 时代提升广交会国际竞争力的对策建议》，《探求》 2017 年第 6 期。

④ 张婷、刘洪愧：《以进博会创新发展促进高水平对外开放的对策思考》，《国际贸易》 2020 年第 5 期。

（四）平台管制

多边平台模式及平台经济的复杂性，不可避免地带来了一些问题和风险，平台管制成为平台型治理的必要策略。自广交会参展资格放宽后，展位出现严重的供不应求，并产生了以下问题：高价违规转让稀缺展位，摊位费炒作现象严重，套利空间的存在直接造成寻租、腐败与展位分配的不公平；"馆外馆"的出现和用户去平台化行为的发生，即在广交会周边出现相似的贸易展览和展位，造成用户间的负外部性行为和用户的流失。进博会虽然采取了较为严格的监管制度，使得高价转让展位以及"馆外馆"的现象几乎不曾发生，但平台的复杂性以及传统经济留下的不诚信、不平衡等问题依然存在，这在一定程度上使得进博会仍存在用户多属行为以及用户流失的风险。不论是广交会还是进博会，每届双边用户的数量规模非常庞大，双方第一次互动交易的概率很高，于是产生了双方对彼此的信誉、交易信息的需求和违约的风险、机会主义行为的可能。例如，2017年广交会官网上公告："在互联网上有人打着广交会网站的名义，从事倒卖广交会展位的非法活动。"因此，平台管制是必要的。当前，广交会已采取多种管制和监督方式预防负外部性行为和潜在风险。在参展商认证方面，广交会设置了参展资格和标准，并通过与全国及各地商务主管部门、商会或协会联合审核，赋予了参展企业的资质、品牌和信誉。在采购商过滤筛选方面，也进行了身份核实，并根据历史成交记录、有无定金及定金多少，划分出采购商的等级规模、客户类型。在服务监督评价方面，广交会不仅开展现场服务检查监督，还设置投诉中心以接受各类用户的举报、投诉、反馈。除了借鉴广交会采取的平台管制措施，进博会还将高价转让展位等一系列违法行为或禁止的行为明确写入展会规定，并且在开展期间承办单位联合其他政府职能部门进行现场巡查，确保会展内秩序稳定，减少违法行为的发生。

四、政府多边平台模式的成功启示

广交会与进博会通过专业化、市场化、国际化、信息化进程，致力于推动供需匹配和规模交易，自身的平台规模不断扩大，专业化程度越来越高，平台网络不断完善，平台领导力不断增强，国际影响力不断提升，并形成了多维竞争优势：较高的服务质量、信誉和成交率，规模效应和品牌效应，强有力的政府支持网络，演化创新的能力。为此，作为政府多边平台的成功典范，广交会与进博会的政府多边平台模式留给我们太多的经验和启示。

首先，政府多边平台模式的成功是以多边平台模式为杠杆和运作机理的成功。广交会平台与进博会平台联结了供给侧与需求侧用户，整合了供给侧的资源与能力，有效地促进供需两侧用户的匹配、合作与交易。尤其是广交会平台与进博会平台采取的牵引式招商——采购商牵动参展商，围绕采购商需求招揽参展商，通过交易成功率和需求规模吸引参展商，不自觉地激发了跨边网络效应，推动着规模交易的形成。因此牵引式招商所激发的平台网络效应和用户黏性成为推动规模交易的制胜法宝。

其次，政府多边平台模式的成功是政府平台领导与生态系统合作治理的成功。广交会平台与进博会平台都依赖于政府的治权开放、展馆等核心创价关卡的建设和政府外贸政策等治理规则。广交会与进博会主办方通过开放展会经营管理权、场馆经营管理权、展览审批权，并不断下放外贸经营权，大大激活了市场力量。政府通过展馆基础设施的供给，直接推动了展馆规模的壮大，使广交会展馆成为世界规模最大的展会平台载体、渠道和竞争工具，使进博会展馆成为国际进口博览业史上一大创举。政府通过外贸政策、产业政策及展览布局的调整，引领广交会与进博会的发展方向。政府治权和利益的开放实现了多元主体合作共治与共赢的格局，推动了广交会与进博会平台网络和生态系统的发展。

再次，政府多边平台模式的成功是平台演化与改革创新的结果。广交会从最初的行政化管理转向企业化管理、市场化运作，之后组展模式、招商方式不断改革创新，展览题材、布展格局、展位设计随着时代的发展也不断调整，参展企业结构、参展资格与标准、场馆地址、展览周期也不断优化调整，而且平台承办方不断开放互补服务经营权，推动了服务的专业化水平。正是通过平台适时的动态演化，广交会实现了长期的繁荣发展。而进博会在借鉴广交会的经验之上结合自身举办经验在展览题材、展览服务、工作流程、职能分工以及平台型治理等方面不断创新和完善，继而成就了进博会三次举办就获得巨大成功的历史创举。

最后，政府多边平台模式的成功再次印证了弗里德曼的预言：财富和权力越来越多地聚集到成功创建平台的组织那里①。政府多边平台以科层制组织模式为基础，以治权开放为前提，以多边平台模式为杠杆和运作机理，兼容了政府机制、市场机制和社会机制，大大释放了平台组织模式的

---

① ［美］托马斯·弗里德曼：《世界是平的：21世纪简史》，何帆等译，长沙：湖南科学技术出版社，2008年，第72页。

潜能①，这就是政府多边平台模式留给我们的最意外的启发。

五、结论与讨论：政府多边平台模式可推广复制吗？

中国对外贸易中心副主任王彦华认为，广交会并不是政府主导的展会模式，其组展模式是一个不断去行政化并走向市场化的过程，招商模式早已市场化，在政府主导方面没有复制的空间和基础，因此警示学习模仿者："广交会不可复制，更不能复制。"② 对比广交会与进博会，我们发现进博会在会展治理模式、组织结构以及运作模式等方面都有广交会的影子。因此，我们开始思考：政府多边平台模式是真的不可以复制吗？

进博会的成功在一定程度上证明了政府多边平台模式是具有复制的可能性的，但政府多边平台模式能否复制推广到其他领域？如果要复制推广到其他领域，需要具备什么样的基因或条件？从广交会与进博会的案例分析来看，我们认为，成功的政府会展平台模式需要几个基本条件：其一，是当地城市的基础条件与政府关系网络，包括交通、物流、海关、金融、旅游资源、市场秩序、公共关系等方面的支撑，因为展会不仅需要投入太多的要素和资源，而且交易双方是否参会也要考虑太多的因素；其二，具备生蛋的大量母鸡或可孵化的大量鸡蛋，即具备足够规模的采购商以有效地吸引参展商的到会，或者当地存在的领先行业、优势龙头企业的支持和辐射带动力可以吸引采购商的青睐，这就是平台建设过程中必须召集双边用户遇到的"鸡""蛋"相生的难题③；其三，在会展市场中，具备以地域为依托的核心资源或一定竞争优势的特色展览题材，尤其是具备一定的平台领导力与市场号召力、品牌吸引力和核心竞争力的展览题材；其四，在会展行业中没有平台帝国等强大的竞争对手，否则会展平台由于平台垄断甚至赢者通吃而使潜在进入者失去机会。

根据上述分析，虽然进博会的成功在一定程度上的确证明政府多边平台模式具有可复制的可能性，但我们也认为政府多边平台模式也存在着不可复制的逻辑基础。首先，广交会与进博会都是举全国之力举办的，国家商务部带头，地方政府与其他政府部门通力协作，通过最初的政府主导实现了各项"原始"积累，包括用户规模和关系网络、先进的基础设施及其庞大规模、品牌及其国际影响力、从中央到地方的政府支撑网络以及各

---

① 穆胜：《释放潜能：平台型组织的进化路线图》，北京：人民邮电出版社，2018 年，第 35 页。

② 王彦华：《中国第一展：广交会文库》，北京：中国商务出版社，2015 年，第 37~38 页。

③ 徐晋：《平台经济学》，上海：上海交通大学出版社，2013 年，第 5 页。

省市商会行业协会的社会支持网络，这一点是无法复制的。其次，在举办地上，不论广州还是上海都一直走在中国历史的前沿，其繁华程度、市场交易成熟度、经济基础与城市设施，相对于国内城市来说似乎只有少数特大城市才能与之媲美。再次，广交会与进博会的庞大的规模、体量是累计出来的，是逐渐演化发展而来的，不是一蹴而就地学习借鉴就可以实现的。最后，从时代机遇和竞争环境来看，广交会是在当时帝国主义势力对中国经济封杀的条件下打开的一扇窗口，这扇窗口朝向中国香港市场，中国借此走入国际市场，且当时没有其他的对外贸易平台。而进博会则是在"一带一路"倡议下，中国主动融入世界并向世界开放的背景下，由习近平主席亲自倡议举办，这在中国国内乃至世界都很少有其他进口博览会能与之抗衡，具有极大的优势地位。但看看今天的展会市场和进出口平台，已存在极具竞争性和垄断性的 B2B 电商平台、国内外一批知名的会展平台，时代机遇和平台威胁绝对不可同日而语，在平台巨头的威胁下挑战者不寒而栗。因此，从这个意义上讲政府多边平台模式确实存在不可复制的基因与条件。

其实，王彦华得出"不能复制"的结论中暗含一个假定，即前来参观模仿的政府官员认为广交会的成功是政府主导型展会模式的成功。他认为，政府主导型展会模式的复制是不能取得成功的，成功的展会模式应该是市场化、专业化的运作模式。展会平台市场化运作绝对没错，因为它本身就属于一种双边市场，理应按市场化模式而不是行政化管理模式运作。但是，为何政府不能主导？政府主导并不等于政府承办和运作，成功的城市展会平台恰恰需要政府的平台领导、主办和介入治理。广交会与进博会的成功的确少不了市场化、专业化的运作模式，但同时也不能缺少政府的平台领导与介入治理。如果没有政府的主办与平台领导，仅仅靠力量弱小的行业协会等组织，很难说广交会与进博会还能有今天这样的展览面积和资源，同时如果没有政府治理的介入，广交会与进博会可能会被"馆外馆"代替①。再如近年来举世闻名的"世博会""高交会"都是政府主办的成功典范。以深圳"高交会"为例，其为中国商务部、科技部等多个部委和深圳市人民政府共同举办，由深圳会展中心管理有限责任公司承办。"高交会"以推动高新技术成果商品化、产业化、国际化为特色功

① 王诚、刘玉杰：《论进口博览会的政府监管体制创新》，《国际商务研究》2018 年第 6 期。

能，且在展览题材上独具产业、行业与产品特色。深圳"高交会"在成功复制借鉴广交会平台模式的同时，形成了自身的展览特色和竞争优势。因此，事实证明，广交会平台模式具有复制的可能性，政府多边平台模式也并不是完全不可复制的，其运作机理、治理策略等在一定领域内、一定程度上是可以复制推广的。

政府多边平台模式能复制推广到其他领域吗？政府具有信息密集型、生产部门分散、信息不对称显著等容易发生平台革命的多个条件①。平台革命是一场改变组织范式和运作模式的巨变，必将深刻影响经济社会和公共治理的每个角落，包括政府机构以及其他公共品供给者、需求者。而且，公共品供给需要多元主体的参与和公私合作，公共品的需要具有多元性。公共品供求的匹配互动与公共服务的协作创新，都需要借助多边平台的空间载体与互动结构。因此，随着平台革命的持续深入推进，在公共品供给与社会治理领域引入并推广政府多边平台模式必然成为时代大势。推广应用政府多边平台模式的前提条件是公共品生产经营权、监督评价权等政府治权的开放。只有开放治权并赋权释能，才能调动市场力量和社会主体参与公共品多元供给与协作创新的积极性。政府在治权开放和放管服改革的基础上，通过吸引与连接供求两侧的多边用户，整合供给侧资源，促进供需匹配与高质量交互，激发用户间的网络效应并致力于平台社区与共同体建设，类似广交会、进博会的政府多边平台模式就可以成功地应用于公共品多元供给与社会事务合作治理。

综上所述，广交会、进博会等政府多边平台的时代机遇、成长基因、发展历史、基础条件等都是不可复制的，其价值网络、演化路径、治权关系虽难以一蹴而就地学习模仿，但仍然具有启发意义，其由政府主办的多边平台模式、政府领导的平台型治理以及基于多边平台的运作模式与治理策略都是可以借鉴参考的。尤其在公共服务供给与社会治理领域，政府多边平台模式存在巨大的应用价值。政府的平台领导并没有取代而是融入了平台的市场运作模式和生态共治方式，而这就是平台型治理的魅力所在：通过多边平台实现生态联结与互动合作，撬动与整合了市场力量与社会力量，综合运用了政府机制、市场机制和社会机制并发挥了它们各自的机制优势。

---

① Sangeet Paul Choudary, Marshall Van Alstyne, Geoffrey Parker. Platform Revolution. New York：W. W. Norton & Company, 2016：262-264.

第二节　平台型治理的应用前提与适用范围

尽管多边平台模式及平台型治理范式在很多领域都有广泛应用，但并非所有公共产品与公共事务都有适合于平台式供给的潜力或适宜于平台型治理应用推广的情景。反思平台型治理模式的应用前提，探讨平台型治理的适用范围与应用情景，有助于更好地推广应用平台型治理模式，提高平台型治理推广的科学性和可行性。

一、平台型治理应用前提的反思

平台型治理是在治权开放共享的基础上，基于多边公共平台的空间与规则，多元利益相关方彼此依赖、相互满足，实现公共事务合作共治、公共品协同创新的模式与机制。因此，成功的平台型治理是以政府在治理观念、职责角色、治理权力和治理方式等方面的转变为前提的。

第一，政府观念的转变。合作治理依赖于相互间的尊重，然而传统的官本文化与政府集权思维未能根本扭转[①]。多边平台模式关键是摆脱传统的垂直思维、官僚政治控制的统治性思维模式，摒弃价值链是单向垂直流向的观念[②]，逐渐树立平台思维。垂直思维是单中心的、自上而下的等级控制取向，以控制、封闭、排他为核心特征。而平台思维鼓励生态系统的水平联络与合作供给，积极利用网络外部性和生态系统创新将供应商甚至竞争对手转变成补充者或合作者[③]。只有政府接受水平的平台思维，实行开放、合作、共享的治理模式，平台型治理才可能得以推广应用。

第二，政府角色的转变。作为平台体的供给者和平台业务的主办者，政府的角色是建设必要的平台基础设施、创造能展示平台能量的核心应用，激发外部开发者推动平台的创新和公共品的生产，制定并执行平台型治理规则确保合作[④]。作为平台领导者，政府应确保平台生态系统中连贯

① Dan C. Jones. Collaborative Governance Depends on Mutual Respect. Community College Week, Sept. 6, 2010.

② 陈威如、余卓轩：《平台战略》，北京：中信出版社，2013年，第23页。

③ ［美］迈克尔·A. 库斯玛诺：《耐力制胜：管理战略与创新的六大永恒法则》，万江平等译，北京：科学出版社，2013年，第228页。

④ Tim O'Reilly. Government as a Platform. Innovations, 2010, 6（1）：13-40.

一致的产品开发和合作，设计互动的技术结构和规则，鼓励互补者的投资，管理和维持生态系统的健康，平台领导最重要的是处理好与多边用户之间的关系，促进他们的互动而创造价值①。总之，政府需要由公共品的自主生产者转换为合作供给者、平台的供给者与平台型治理的领导者，注重搭台、治理而非唱戏。

第三，治理权力的开放与治理方式的转型。合约控制权的开放是多边（双边）平台的核心识别标准②，平台型治理是以治理权力的开放共享为前提的。平台型治理模式的最大障碍是政府包办、控制、排他、权利垄断以及与合作者争利。多边公共平台由政府主办、主建，并不意味着平台（组织）是政府的下级部门而接受政府的管控型治理，而是要将公共平台的运作权、管理权交由其他公共部门、社会组织或企业来行使，政府在互动协商、规则设计、政策引导中施展权威与影响力，而政府的治理职能与公共服务供给在平台多边用户间的互动共治中自动实现。

二、平台型治理适用范围的反思

尽管平台型治理范式展示了独特的比较优势，但也有自己的适用场景。要深入探讨平台型治理模式的应用场景和适用范围，需要进一步思考和解答如下问题：

第一，在什么条件下或场景中，政府等公共部门需要供给多边公共平台。多边公共平台自身作为一种公共品，当市场机制或科层制、社会机制无法单独有效运行时，即需要合作共治时就需要政府建设多边公共平台。平台型治理模式综合运用了市场机制、政府机制和社会机制等三种基本的资源配置机制，有助于弥补各自单独运行的缺陷，矫正单一治理机制的失灵。

第二，在什么实践情境下或应用领域中选择平台型治理是合适的。具有庞大的潜在用户流的地方就需要平台，这是多边平台模式成功的必要条件③。从"庞大用户流"这个命题可以产生如下几个推论：推论一，用户需求具有多元性、多层次、柔性化特征；推论二，庞大用户流容易产生聚集效应并节约供给成本、交易成本；推论三，庞大用户流需要把不同

---

① Kevin Boudreau, Andrei Hagiu. Platform Rules: Multi-sided Platforms as Regulators. Working Paper, Harvard University, 2008: 2.

② Andrei Hagiu, Julian Wright. Multi-Sided Platforms. International Journal of Industrial Organization, 2015 (43): 162-174.

③ 王昢：《平台战争》，北京：中国纺织出版社，2013 年，第 86 页。

的、分散的供给主体汇聚在一起实现一站式整体性供给。政府等公共部门因其公共性，往往具有庞大的用户群和需求规模。尤其在公共服务和社会治理领域，诸如公共交通、大众休闲娱乐、公共文化与教育培训、会展与博览、社会保障、体育竞技均是人流聚集之地，平台型治理大有用武之地。

第三，多边公共平台在价值网络中是否发挥着必不可少的价值。有潜力的多边平台须具备两个基本前提：第一，它必须在整个公共服务价值网络中承担至少一项必不可少的功能或流程，或者为公共治理解决至少一个最重要的关卡——基础设施、资金供给、内容供给、服务供给、信息获取、渠道中介。而判断这一点需要审视：整个公共服务体系如果离开了该关卡及其服务后还能否正常运转。第二，它必须把多边用户群体连接在一起或能够让别的平台很容易对接，使它们在平台上互动合作以不断扩充公共服务体系。判断这一点，可以考查是否有合作伙伴开发互补产品、服务或更多链接。例如，传统社区服务中心要转型为多边平台，必须找到社会组织来生产运作社区服务。

第四，公共部门生态系统中是否存在发挥网络效应的条件。这需要预判拟开展平台型治理的业务或服务项目的多类用户群体间是否存在相互依赖、互动互利的关系网络。这需要确定两点：其一是针对不同用户群的政策或策略必须是可以独立运作的，即可以用某种方式来识别并区别对待不同的用户群体；其二是当其中一个用户群数量增加或参与性提高后，必然对另一个用户群产生正向影响。即用户群之间的网络效应为正时，多边平台才能够正常运作。例如，当广交会采购商与参展商彼此匹配、相互吸引、互利共赢时进出口交易才能实现，规模才能不断壮大。政府主办的其他博览会、公共服务平台、社会治理平台也是这个道理。

三、研究结论

基于以上反思，笔者把多边公共平台及其替代品——公共政策、生产平台、科层制生产、经销模式、社会自组织、网络治理等治理工具或供给方式作为因变量，根据公共产品的供求特征，如供给强制性程度、供给的多元协作性、生产成本的高低、供求直接互动的必要性、需求多样性程度、用户流规模、网络效应等自变量，构建了多边公共平台及其平台型治理模式的适合性判定模型，见图6-1。其中，供给的多元协作性主要取决于生产者的资源与能力约束，反映了生产能力的强弱和生产权开放的必要性；供求直接互动是指生产者与消费者直接交易互动，反映了生产者对生产经营的控制权要求。

从图 6-1 中可以看出，平台型治理模式往往适合于以下场景：公共品供给具有非强制性、多元协作性，必要的供求间直接互动，用户需求具有多样性，用户流规模庞大，用户群体间网络效应较强的场景。从治理工具的视角看，多边公共平台是一种包容性、综合性很强的治理工具体系。即多边公共平台不仅仅是单一的治理工具，而且可以融入公共品供给方式及其他多种治理工具，从而构成混合平台模式——即公共部门的部分服务按照纯多边平台模式运作，而其他服务按照其他各种方式运作。从这个意义上讲，平台型治理模式适用范围会更加广泛。

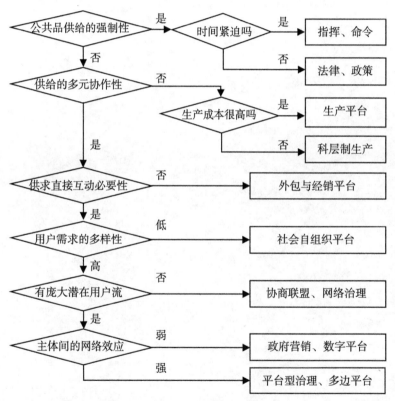

图 6-1　平台型治理模式选择逻辑及适合性判定模型
图形来源：作者自制。

综上所述，平台型治理具有十分广泛的适用性。平台思想不仅应用于政府的技术工程项目，政府在社会中所扮演角色的每个方面都可以应用平台思想①。平台型治理模式存在的必要前提之一是平台拟连接的多边群体之间缺乏合作机制或者互动合作的交易成本过于高昂。因此可以大胆地预测与展望，需要多元主体广泛互动合作的地方就需要平台型治理。

---

① Tim O'Reilly. Government as a Platform. Innovations，2010，6（1）：13-40.

第七章　平台型治理的未来展望

平台革命时代与平台经济社会召唤政府的平台型治理，平台型治理是政府平台革命的重要组成部分。那么，政府的平台革命呈现怎样的逻辑理路与发展图景，其总体样态及发展趋势是怎样的？平台型治理在政府平台革命进程中处于怎样的历史阶段，政府自身会转型为平台组织即平台性政府吗？平台性政府的边界在哪里？如何生成平台性政府？这些都是平台型治理实践发展和未来研究值得探索的问题。为此，本章研究展望了政府平台革命的逻辑与图景，从多边平台视域解析了平台性政府的概念与价值。平台型治理作为一种治理范式，未来必然应用于推进政府治理能力现代化的进程，助力中国式现代化的征程。共同富裕作为中国式现代化的本质，最能考验中国政府的治理体系与治理能力。为此本章最后展望了平台型治理推动共同富裕的可能性与可行性、实现机制与主要策略。

第一节　平台时代政府平台革命的逻辑与图景

一、问题提出

时代环境变迁是政府自身改革与治理变革的原动力，近现代史中的重大时代革命无不推动着政府的革命性变革。工业化革命推动着政府规模的快速膨胀和科层组织及科层治理的兴起，信息技术及互联网革命推动着电子政务继而是数字政府的广泛应用和数字治理对科层治理的重大修补。从某种意义上讲，政府的重大改革与革命无不是政府顺应时代发展趋势、适应现代经济社会的历史变迁过程。

人类社会进入 21 世纪后，多边平台模式与互联网技术平台的融合叠加激发了前所未有的爆发力，平台经济在数字技术的助推下对传统的各行各业、各类组织和整个人类社会产生了深远的革命性影响，形成了席卷全球的平台革命浪潮。回眸现实我们发现，社交、出行、购物等社会生活再也离不开平台；许多组织都在建设平台、开展平台业务或推动平台化转型。平台已成为一种常态的经济景观、社会景观与组织景观，平台经济已成为驱动中国经济乃至全球经济增长的新动力。平台革命驱动着经济、社会和科技的变革，正在形成平台"吞食整个世界"的态势①。因此，平台革命时代已成为各界人士的共同世界观②。平台革命已超越了经济领域、技术领域，逐渐演变为一场全方位的社会革命，由此平台社会已悄然来临③。

平台具有优良的互动结构和巨大的创价潜能，推动了 21 世纪的产业升级、技术革新、服务创新和政策变革。平台已经在世界各国，尤其在中国的政治社会生活中成为一种普遍趋势④。在公共治理领域，多边平台不断渗入和扩散，赋予公民创造公共价值权利的平台型治理范式正在全球范围内悄然兴起⑤，多边平台模式正在推动政府的治理创新并展示重要的治理价值⑥。在当今的平台革命时代，每个组织都要彻底思考自己的战略选择、组织范式、运作方式与治理机制。多年前，国内外政界与学界的很多人士就开始预言政府可以应用多边平台模式或推进自身的平台化革命⑦，这些预言实现了吗？在平台革命的时代背景下，政府会以什么样的方式介入平台革命？政府会发生平台革命吗？政府发生平台革命的逻辑是什么？其图景以何样态和方式呈现？这些是平台革命时代推进政府治理现代化要考虑的重大理论和实践问题。

---

① ［美］杰奥夫雷·G.帕克、马歇尔·W.范·埃尔斯泰恩、桑基特·保罗·邱达利：《平台革命：改变世界的商业模式》，志鹏译，北京：机械工业出版社，2017 年，第 16 页。

② Phil Simon. The Age of the Platform, Las Vegas：Motion Publishing LLC，2011：2.

③ José van Dijck, Thomas Poell, Martijn de Waa. The Platform Society：Public Values in a Connective World. New York：Oxford University Press，2018：7.

④ De Blasio Emiliana, Selva Donatella. Implementing Open Government：A Qualitative Comparative Analysis of Digital Platforms In France, Italy and United Kingdom, Quality & Quantity, 2019, 53（2）：871-896.

⑤ Janowski Tomasz, Elsa Estevez, Baguma Rehema. Platform governance for sustainable development：reshaping citizen-administration relationships in the digital age, Government Information Quarterly, 2018, 35（4）：1-16.

⑥ Christopher Ansell, Satoshi Miura：Can the Power of Platforms be Harnessed for Governance? Public Administration, 2020, 98（1）：261-276.

⑦ 丁元竹：《积极探索建设平台政府，推进国家治理现代化》，《经济社会体制比较》2016 年第 6 期。

二、平台革命驱动政府治理的变革

正确理解平台革命的性质与影响，才能深刻认识平台革命带来的政府治理挑战及政府平台革命的逻辑。平台革命实际上是多边平台模式与互联网平台叠加融合的应用推广过程及产生的重大冲击力与颠覆性影响。这里不单纯讨论互联网平台革命对政府的影响及政府借助互联网平台发生的变革，而将研究范畴界定为政府的多边平台革命或多边平台与互联网相融合引致的政府革命。多边平台模式的核心特质是把供需两侧的用户联结起来匹配、互动并创造价值。因此，多边平台既可以是组织的运作模式与合作战略，还可以延伸出一种治理机制与组织模式。

（一）平台革命及其性质

有了信息技术的推动与互联网平台的支撑，多边平台模式才以席卷全球之势表现出全新的内涵、庞大的规模、广泛的影响和巨大的冲击。因此，平台革命是互联网平台革命的延续和新样态，又是多边平台模式加速推广应用的过程并与互联网平台交融后对各行各业发生的巨大冲击和影响。多边平台模式一旦架设在互联网上，其产生的冲击力是巨大的，竞争力是威慑性的，增长力是爆炸性的，这就是平台革命的颠覆性力量。

首先，平台革命是经营模式与发展战略的革命。多边平台模式放弃了依靠传统的自有资源、核心竞争力，转变为调用外部资源和激发社群活力。平台战略颠覆了组织的运营模式，模糊了其资源能力、业务边界，促使组织由内部聚焦——关注价值链、核心资源和竞争力，转向外部聚焦——关注生态系统、价值网络、社群互动、合作共赢[①]。因此，基于价值网络的多边平台战略模式是对价值链、"五力模型"等战略模式的颠覆。

其次，平台革命是组织范式的革命。平台作为一种组织模式，那些发展最快、市值最高的企业尤其是互联网平台公司无一例外都是平台组织。不仅传统的制造与零售企业，如海尔、沃尔玛等均在纷纷寻求平台化转型，很多社会组织也在发生平台化转型。

最后，平台革命不仅是科技革命，更是一场观念、制度与治理机制的全方位社会变革。因为借助数字技术的多边平台模式广泛联结的是多元利

---

① ［美］马歇尔·范阿尔斯丁、杰弗里·帕克、桑杰特·保罗·乔达例：《平台时代战略新规则》，《哈佛商业评论》2016 年第 4 期。

益群体，整合汇聚的是这些主体的资源与能力，促成的都是不同人群及个体之间的交互，并为不同利益主体创造和分配各种价值。在连接互动的背后，人类社会介入平台世界的观念与行为、创造及分配价值的规则、互动合作与共建共治共享的机制均随之改变。

（二）平台革命的影响范围与趋势

以互联网+多边平台模式为核心特征的平台革命延续了互联网革命的冲击性，同时借助多边平台模式的强大网络效应，产生了叠加的爆发力。多边平台模式通过联结供需多元主体、整合供给侧资源、匹配并促成供需之间的互动，将双边市场的经济机制和生态系统的价值网络引入组织运作，发挥了市场和组织各自在配置资源中的优势，拓展了组织的边界，打破了合作的障碍，尤其是降低了各种互动的交易成本，因而极大了提高了资源配置效率。平台革命对人类的贡献不仅在于推动经济快速增长、高效满足人类的需求，还在于为各类经济社会主体的潜能释放、价值实现创造了广泛的机会，为全球各行各业、各个角落的人们之间的合作、创新、交流提供了平等的、开放的支撑体系与互动结构。平台革命推动着社会的平坦化进程，平台能够使任何地方的任何组织或个体之间的互动合作得到推动和强化，从而汇聚越来越多的权力和财富。

平台革命是一场改变组织范式和治理模式的巨变，必将深刻影响经济社会的每个角落，尤其是信息敏感性行业更容易发生平台革命。随着时间的推进和信息技术的渗入，在那些受平台革命影响较小的行业中，也会有越来越多的业务、工具和资源连接到互联网、物联网以提高运作效率。每个行业都有可能成为信息密集型行业，因而终将受到平台革命的冲击、渗透。综上，平台革命的影响是广泛而深远的，无论是传统行业还是新兴产业，无论是公共部门还是私营机构，平台革命均以不同的方式施加了不同维度、不同程度的影响。平台革命还远没有结束，不仅正在颠覆广泛的经济领域，继续影响劳动力市场、专业服务市场，而且正在向社会治理与公共服务领域扩散蔓延。例如，高等教育的多边平台化转型与混合平台建设正在如火如荼地开展，平台在促进师生互动交流方面的灵活性和影响力将使教育平台化成为大势所趋。在民主协商、廉政治理以及公共服务供给与社会治理领域，平台已成为相关主体参与公共治理不可回避的话语。

（三）平台革命给政府治理带来的挑战

平台联结着多元利益主体，推动着形形色色的各种交互。各种交互中产生了大量机遇并创造着各类价值，同时充斥着不确定性与风险。平台革命通过改变、征服传统的行业而颠覆了市场，改变了竞争思想、竞争战略和竞争格局，也对经济社会产生了负面影响，并给政府治理带来了挑战。平台革命造成的潜在负面影响可能包括：造成垄断势力，损坏公平竞争、阻碍技术创新或损害消费者权益，例如"二选一"等霸王条款；垄断与信息不对称造成消费者权益的损害，例如押金问题、产品质量问题、安全问题和艰难的维权；逃税漏税、商业欺诈等商业诚信问题和负外部性问题；平台间的互不兼容、排他访问甚至相互"打架"引致的消费者权益保障问题；个人隐私泄露的信息安全问题以及信息、技术的泄露可能涉及的公共安全问题；平台企业利益凌驾于社会利益之上引发的社会和谐与公平问题；对传统行业的颠覆性影响及由此造成的公民失业、部分行业衰退、实体经济不景气等经济社会问题；规模庞大的平台社群或平台帝国还可能对政治及公共政策、公共舆论造成负面影响和压力。

平台对传统行业的颠覆和对竞争格局的冲击，不可避免地引发利益相关者的权益保障难题，继而引发政府的监管困境。平台经济模式及其垄断引致的监管难题可能包括：法律责任问题，涉及民商法、劳动法规等，如侵权赔偿、劳动纠纷的法律责任认定难题；诚信问题、质量问题、安全问题及其信息不对称带来的外部监管难题；数据隐私和安全问题及其产生的监管难题；平台企业的逃税漏税及税收政策难题，诸如在哪一个环节以及对谁收税的问题；平台访问及监管难题，诸如平台的排他性访问权、独占权是否合理，是否涉嫌垄断，是否抵制有益的创新，是否影响了平台兼容从而给消费者造成不必要的困扰；平台定价及监管问题，诸如平台的定价是否涉嫌不正当竞争，是否存在对消费者和市场的潜在操控，过低价格是通过不对称定价激发网络效应还是赶走竞争对手①。

此外，在平台经济社会，存在特殊利益群体如儿童及青少年的网络沉迷问题、老年人群体的信息技术阻隔问题以及具有负外部效应的不良行为、有违公序良俗的不良文化、破坏国家安全的不良意识形态的监管难题。进一步地，涉及平台算法的监管难题。平台算法一般具有高智能性、高保密性等复杂性、隐蔽性特征，平台经济社会具有跨界跨越性、开放共

---

① ［美］杰奥夫雷·G.帕克、马歇尔·W.范·埃尔斯泰恩、桑基特·保罗·邱达利：《平台革命：改变世界的商业模式》，志鹏译，北京：机械工业出版社，2017年，第239~252页。

享性、生态网络性、规模经济性、高频互动性和技术智能性等特征。显然，传统的经济规制、社会规制等政府监管难以应对平台革命带来的上述难题。平台经济要健康规范发展，平台社会要高质量有序发展，均超越了任何单方行动的范畴与任何单方掌控的边界。因此，一方面，政府要创新性地制定平台经济政策、平台社会政策；另一方面，还需要从政府及平台企业的分散监管走向多元相关利益主体及多重机制的协同共治。同时，政府在参与弥补和纠正平台经济失灵、平台社会风险的协同共治过程中，不能压抑有益的各类创新，即政府要拿捏好介入平台经济社会的尺度及方式，这更是平台革命时代政府治理变革面临的挑战。

三、政府平台革命：条件与力场分析

平台革命冲击了组织的运作模式与发展战略，不仅是一场科技革命，更是一场改变组织范式和治理模式的全方位社会变革。无论是积极影响还是消极影响，平台革命的影响是广泛而又深远的。平台革命正在由经济领域、科技领域向社会领域、政治领域扩散，其时代大势不可逆转。

（一）平台革命发生的条件及检视

平台革命已发生在经济、社会生活的很多行业，发生平台革命的这些行业往往具备如下条件：信息密集或信息敏感性较高，信息不对称比较严重，治理主体多元、分散且互动频繁①。一般来说，信息资源的敏感性与重要性程度越高或信息越密集，该行业越需要平台尤其是互联网平台这样的信息收集、筛选、甄别及反馈机制；信息不对称越严重，该行业越需要多边平台这样的信息沟通与供需匹配机制来降低交易成本和交互风险；治理主体越分散多元或互动越频繁，搜索成本或连接成本降低不确定性或提升互动质量的交易成本越高昂，该行业越需要多边平台这样的多元连接、生态汇聚及资源整合机制。

政府作为管理国家事务与社会事务的公共机构，掌管着整个辖区内的人财物及技术资源，掌控覆盖面广泛的基础设施和公共空间等具有平台化潜力的互动支撑结构，"天然"地拥有最广大的公民客户群体和最庞大的

---

① ［美］杰奥夫雷·G.帕克、马歇尔·W.范·埃尔斯泰恩、桑基特·保罗·邱达利：《平台革命：改变世界的商业模式》，志鹏译，北京：机械工业出版社，2017年，第263页。

用户规模，自然地持有涉及公共事务、公共利益及公民的最广泛信息资源，政府职能及公共政策牵涉辖区最广泛利益群体的切身权益。因此，政府机构具有高度的信息密集性与信息敏感性。由于各种主客观的因素，在某些政府治理领域也存在一定程度的信息不对称问题。这些是政府官网、电子政务、数字政府存在并可持续发展的根源。政府虽然作为公共利益的代表，但不能代替亦无法取代广大公民及利益相关者之间的直接互动。政府需要为公共事务、公共生活提供元治理的空间、渠道与机制，需要联络分散而又多元的利益主体参与治理、民主协商、互动合作，更需要企业和社会组织参与公共品的供给与公共服务的创新。因此，在学理上政府完全具备平台革命容易发生的条件。当多元治理主体缺乏互动机制或交易成本过于高昂时，当公共产品需要多元合作供给或协作创新时，以多边平台模式推广应用为主题的平台革命的时机就来临了。多边平台并不总是由营利性的企业来经营，政府过去经营的广场、支票都是传统的多边平台①。因此，在实践中政府完全可以成为多边平台的搭建者、所有者或主办方。尤其是在网络数字技术的支撑下，无论在学理逻辑上还是现实可行性方面，政府完全具备平台革命发生的必要条件。

（二）政府发生平台革命的动因

在当下的平台时代，应对平台冲击的自然法则就是适应平台时代的发展自觉地发生平台革命。平台革命正在向社会领域、政治领域扩散，政府的治理变革与平台化革命成为大势所趋。多边平台模式不仅连接了治理生态中的多元主体，汇聚并整合了市场资源与社会力量，而且调动了治理的积极性并释放了治理能力。平台型治理在复杂社会中能够增加政府的开放性、回应性、高效性、创新性，促进多元利益主体间的互动与共治②，还有助于提高民主治理的协同水平③。多边平台模式能够使政府流程更加透明、政府回应性更加友好和迅速、公共服务更富于创新，能够有效减少公

① ［美］戴维·S. 埃文斯、理查德·施马兰西：《触媒密码——世界最具活力公司的战略》，陈英毅译，北京：商务印书馆，2011 年，第 25 页。

② De Blasio Emiliana, Selva Donatella. Implementing Open Government: a Qualitative Comparative Analysis of Digital Platforms in France, Italy and United Kingdom, Quality & Quantity, 2019, 53（2）: 871-896.

③ Aaron Wachhaus: Platform Governance: Developing Collaborative Democracy, Administrative Theory & Praxis, 2017（39）: 206-221.

民对政府的不满，而且公务员和市民、社会组织、企业都渴望多边平台模式应用于政府的各个层面①。因此，政府多边平台建设与平台运作模式是提高政府影响力和公权力的必然选择②。

多边平台凭借强大的连接与整合、促进互动与合作的功能以及相对于科层组织的巨大优越性，有助于促进政府组织机制的转型，更是促进国家治理能力现代化的重要抓手。以垂直管理和属地管理为基本原则和行为逻辑的政府科层制难以适应高度复杂及快速发展的社会制度环境，必然要求构建新型的政府组织模式以实现对科层制政府组织的替代③。多边平台模式有助于公共部门应对平衡稳定和变化的需求④。很多科层制企业转型为平台组织后，以非常灵活的形式来满足市场需求，包括参与公共服务的有效供给。为满足跨界跨域治理的需求及突破科层治理的困境，政府应成为一个整合各方治理资源的平台，通过跨界跨域整合助推多元主体的协同治理⑤。此外，蓬勃发展的移动互联网、物联网、大数据、云计算等数字技术为平台增加了新的互动工具和连接功能，能够为政府平台革命的发生增添技术动能。

(三) 政府发生平台革命的阻力

平台革命的大势所趋及政府具备发生平台革命条件的学理逻辑，并不意味着政府已经发生或全面彻底地发生平台革命。政府的平台革命在现实中遭遇巨大阻力和难以摆脱的窘境。首先，政府中根深蒂固的官僚政治文化、牢不可破的科层组织、集权而又敏感的权利配置、顽强的科层治理路径依赖和强大的科层制度惯性等因素成为政府平台革命的重要阻力，集权取向的政治领导风格很容易排挤或埋没平台的开放性、网络性和授权性。其次，处于权力丛林的政府不仅身受法律法规的限制，还受到公共预算的约束，面向生态系统成员的价值网络联结、治权开放与赋权释能可能"身不由己"，抑或面对多边平台模式的庞大成本投入可能"力不从心"。

---

① [美] 杰奥夫雷·G. 帕克、马歇尔·W. 范·埃尔斯泰恩、桑基特·保罗·邱达利：《平台革命：改变世界的商业模式》，志鹏译，北京：机械工业出版社，2017 年，第 279~281 页。

② Howard Rubenstein, The platform-driven organization, Handbook of Business Strategy, 2005, 6 (1): 189-192.

③ 张康之：《走向合作制组织：组织模式的重构》，《中国社会科学》2020 年第 1 期。

④ Chris Ansell and Alison Gash. Collaborative Platform as a Governance Strategy. Journal of Public Administration Research & Theory, 2018, 28 (1): 16-32.

⑤ 韩万渠：《跨界公共治理与平台型政府构建》，《科学社会主义》2020 年第 1 期。

再次，政府在很多时候都表现为一个僵化保守的权力集团和固步自封的金字塔结构，不仅对社会、市场和公民的参与诉求相对封闭，政府系统内部各个职能部门之间亦相互隔塞，这与平台开放、包容、赋权、互动的运作模式与治理理念格格不入，因而无法成为一个面向所有人开放、联结社会群体的公共平台①。最后，政府部门长期受到官僚政治及其垂直思维的洗脑，根深蒂固的管控思维也是政府平台革命的极大障碍。由于缺乏先进的价值理念，无法正确把握公民的权益诉求，因而难以设计合理的平台运行模式②。

在现实中，政府凌驾于社会之上的强势地位很容易将利益相关者排斥在平等协商与互动共治之外，领导集权与主政的运作模式很容易抵制赋权释能与用户主权的平台运作模式，科层治理的惯性与属地管理的局限很容易抵触跨界跨越整合、多元合作共治的平台型治理机制。同时，政府属于高监管、高风险的行业。在传统的政府一元治理模式及公共部门主导公共品生产的运作模式中，政府更容易驾驭秩序、管控风险；而治权一旦开放后就形成多元主体参与治理、公共品合作供给的格局，不仅造成政府权力和利益的流失，而且造成政府治理责任的分散和治理风险的扩散，甚至造成政府对治理体系"失控"的忧虑。集权管控的思维惯性、规避责任的行为心理及逃避风险的价值偏好，很容易阻止政府真正的开放共享、平等协商与互动共治。因而，政府与医疗等高监管、高风险性行业受到平台革命的影响较小，发生平台革命的阻力较大。

通过对平台革命发生条件、动因与阻力的学理分析，我们发现政府最有条件、最有能力建设多边平台并应用多边平台模式，政府拥有潜在庞大的平台用户规模，而且公民最需要政府的平台运作模式、平台组织模式与平台型治理机制。而现实中的政府意识形态偏好、科层治理惯性、集权控制取向及权责风险困局，使得政府最没有自觉发生平台革命的动力。这就是政府平台革命的悖论：平台革命发生的时代逻辑、理论逻辑与制度逻辑、现实逻辑之间的张力。政府只可能在这种张力和阻力中自觉不自觉地发生平台革命。

四、政府平台革命：向度与样态描绘

在平台革命时代，面对平台经济与平台社会中的新问题、新挑战以及

① 彭箫剑：《平台型政府及行政法律关系初论》，《兰州学刊》2020 年第 7 期。
② 王旸：《平台战争》，北京：中国纺织出版社，2013 年，第 106 页。

多边平台模式、平台技术带来的发展机遇，政府不可能熟视无睹、置身事外。在平台革命浪潮中，政府如何对平台经济和平台社会做出回应，如何做好自身建设并调适平台经济政策与平台社会政策？政府如若发生平台革命，将呈现怎样的方向与维度、形式及样态？

（一）政府平台革命的向度

政府不仅需要对商业平台革命和平台社会的到来做出回应，促进平台经济的健康规范发展和平台社会的有序良治；还需面对平台经济社会中的新问题、新挑战，政府需要在治理角色与职能、监管政策与方式等方面做出调整。平台革命还可能触及政府自身建设，引发政府在组织形态、公共品供给与公共服务创新、治理机制等方面的变革。根据平台革命的性质、影响及趋势与政府回应的势态，政府的平台革命大体上朝着三个方向迈进：

一是政府对平台经济与平台社会的治理应对，这是平台革命的重要组成部分，是政府自发参与平台革命的"革命"，源自平台经济社会给政府治理带来的问题、挑战及由此触发的政府治理创新与政策调整。

二是多边平台模式在公共服务供给及公共事务治理中的实践应用，不仅源于多边平台商业模式的示范与启发，而且根源于多边平台相对于单边生产平台的比较优势。多边公共平台承担了越来越多的公共品供给、公共服务创新、公共事务治理等原由政府主要履行的公共职能，同时延展出部分社会公权力。由此，政府平台实践构成了治理变革与创新的重要维度①。

三是政府形态及结构的平台化转型，涉及政府平台组织建设与治理范式的颠覆性改革，不仅源自平台组织的相对优势与平台企业的示范，更是服务型政府与整体性政府、精益政府、平台组织融合发展的需要。只有政府自身具有像平台那样的结构与属性，才能更好地应用多边平台模式及推行平台型治理。

三个方向的政府平台革命不可能一蹴而就，而是呈现出一定的层次性与阶梯性演进的趋向，具体可见表 7-1 对政府平台革命三个层次的进阶描述。第一，在平台经济与平台社会治理方面，面对平台经济社会的风险及问题，出台监管政策一直是政府的最初反应，由起初的平台经济规制转向

---

① 王谦、何晓婷：《场域拓展、资源整合与平台实践：信息社会政府治理创新的认知维度》，《中国行政管理》2019 年第 12 期。

平台经济规制与平台社会监管二者并重①，并正在向生态系统成员参与的协同监管、适度监管演进②。第二，在政府多边平台模式应用方面，首先，多边平台模式重新定义了公共服务的生产方式，能够广泛动员和利用社会资源，推动公共服务的创新③，因而平台模式为政府的公共服务提供了一种革命性解决方案④。其次，在政府多边平台基础上延伸了平台型治理模式，这是对科层治理、网络治理的混合与补充⑤，推进政府治理走向生态系统的协作治理⑥。第三，在政府形态及结构的平台化转型方面，平台组织是政府借助技术进步对自身结构及功能的调适，依托科层组织的运作但形成了特定的组织属性⑦，"政府即平台"作为协同治理的数字化方案⑧，可能走向平台性政府模式。

表 7-1 　　　　　　　　　政府平台革命的向度与进阶

方向 / 层级	平台经济与平台社会的治理应对及创新	多边平台模式及平台型治理的推广应用	政府形态及结构的平台化转型
初级	平台经济规制 平台社会监管	政府搭台 公共基础设施的开放	电子政务 阳光政府
中级	平台经济规范健康发展 平台社会政策 促进平台型创新与创业	数字治理 治权开放与赋权释能 公共品的多边平台式供给	数字政府 开放性政府 "政府即平台"

---

① Victoria Nash, Jonathan Bright, et al. Public Policy in the Platform Society. Policy & Internet, 2017, 9 (4): 368-373.

② Plantin J C. Review essay: How Platforms Shape Public Values and Public Discourse. Media, Culture & Society, 2019, 41 (2): 252-257.

③ Shin S Y, Suh C K. Exploratory Analysis of Platform Government Research. The Journal of Information Systems, 2020, 29 (1): 159-179.

④ Reponen Sara. Government-as-a-platform: Enabling Participation in a Government Service Innovation Ecosystem. Aalto University School of Business, 2017.

⑤ Haveri A, Anttiroiko A V. Urban Platforms as a Mode of Governance. International Review of Administrative Sciences, 2021: 1-18.

⑥ Hyungjun Seo, Seunghwan Myeong. The Priority of Factors of Building Government as a Platform with Analytic Hierarchy Process Analysis. Sustainability, 2020, 12 (14): 1-28.

⑦ A Brown, J Fishenden, et al. Appraising the Impact and Role of Platform Models and Government as a Platform (GAAP) In UK Government Public Service Reforms. Government Information Quarterly, 2017, 34 (2): 167-182.

⑧ 胡重明：《"政府即平台"是可能的吗？——一个协同治理数字化实践的案例研究》，《治理研究》2020 年第 3 期。

续表

方向 层级	平台经济与平台社会的 治理应对及创新	多边平台模式及 平台型治理的推广应用	政府形态及结构的 平台化转型
高级	算法治理促进平台自治 促进平台生态共治	公共事务的平台型治理与 生态共治	智慧政府 平台性政府

资料来源：作者自制。

（二）政府平台革命的样态

政府的平台革命在总体方向上呈现出三个向度：平台经济与平台社会的治理应对、多边平台模式及平台型治理的推广应用、政府形态及结构的平台化转型，具体表现为互联网平台与多边平台融合发展及多边平台模式推广应用后，政府在思维观念、职能角色、运作模式、治理模式、组织形态等方面的重大变革，具体可见表7-2对三个向度政府平台革命样态的演绎推理。

表7-2　　　　　　　　　　　　政府平台革命的样态

	平台经济社会治理创新	平台型治理	政府平台化转型
思维观念 革新	世界观：世界是平的、平台革命时代，价值观：稳定可控转向合作共赢	控制取向转向平等互动与合作共治、开放共享，垂直思维转向水平思维	官本位思想转向用户主权、平等互动
政府职能 调整	平台经济政策 平台社会政策	推动平台型创新与创业，公共品生产转向平台式供给	政府搭台、生态系统构建
政府角色 转变	规制者转向生态治理助推者，权益的协调者和价值创造的促进者	共同生产的协调者和推动者，平台领导，用户召集者、治权授予者、规则安排者	平台提供者、主办方
运作模式 改变	经济规制、社会规制转向规范健康发展政策	多边平台模式，注重资源连接与整合，领导主政转向用户主权，网络效应激发与互动促进	平台第三方、第四方，政府工作在平台间切换

续表

	平台经济社会治理创新	平台型治理	政府平台化转型
治理模式变革	算法治理，监控遏制到合作治理，共建共享共治	平台主办方和多边用户相结合的生态治理，如社区平台型治理	政府即平台，数字政府
政府形态转型	精益政府、透明政府	集市型政府、平台+不同价值创造体的组织模式	平台组织建设、平台性政府

资料来源：作者自制。

第一，在思维观念革新方面，平台革命要求政府在世界观上由单中心、一元化、同一性转向多元论、平坦化与复杂性，在价值观上由追求秩序稳定可控、部门利益最大化转向权益动态均衡、合作共赢及生态系统价值最大化，在思维方式上由单向控制的垂直思维转向网络连接的水平思维，在权力取向上由领导集权、层级节制转向用户主权、开放共享，在治理观念上由官本位的控制取向转向平等互动与合作共治。

第二，在政府职能调整方面，面对平台经济社会的风险及挑战，平台革命要求政府由传统的单一监管转向平台经济社会的规范健康发展，推动社会平台型创新与平台型创业；基本职能由公共品生产转向公共品的平台式供给，继而转向平台型治理，具体表现为政府搭台的职能延伸：提供平台服务、安排平台型治理规则以推动用户连接、资源整合、供需匹配、互动促进与合作共治。

第三，在政府角色转变方面，政府不再是公共服务的唯一生产者而是共同生产的协调者和推动者[1]，更是基于多边平台的公共品供给者与公共平台的提供者；同时需要政府在生态系统中放弃部分治权，角色转向多元权益的协调者和价值创造的促进者[2]；不仅如此，还需要政府作为平台用户的召集者与生态系统的构建者、平台治权的授予者、治理规则的安排者，以第三方甚至第四方的身份作用于平台式治理、供求、协商等具体事务，而公民应被授予广泛权力以激发改进治理方式和公共服务的各种创新。

---

[1] Eaves D, Pope R, Mcguire B. Government as a Platform: How Policy Makers Should Think about the Foundations of Digital Public Infrastructure. Kennedy School Review, 2019 (19): 128.

[2] Jeremy Millard. Open Governance Systems: Doing More with More. Government Information Quarterly, 2018, 35 (4): 77-87.

第四，在运作模式改变方面，首先平台革命意味着政府工作人员的工作环境、工作性质与工作方式的改变①；其次意味着基于价值链的公共品管道式生产转向基于价值网的分布式生产②；再次在资源利用方面，由注重开发利用内部资源、独自拥有资源转向注重外部资源的连接与整合；最后在运行机制上，权力行使方式由领导主政转向用户主权，由传统单一的科层机制转向政府机制、市场机制与社会机制的有机融合③。

第五，在治理模式变革方面，政府的平台革命要求传统的单中心垂直管控转向多元化的合作治理，积极推动基于多边公共平台的平台型治理，在开放公共品生产经营权、监督评价权等相关治权的基础上，通过平台的互动机制、创价模式与网络效应，借助平台用户群体之间的相互依赖、良性交互，推动平台主办方和多边用户相结合的生态治理。例如，平台商业模式应用于智慧型城市建设与合作治理④以及社区平台型治理⑤。

第六，在政府形态转型方面，只有政府成为平台组织，运用平台思维和平台模式建设平台性政府，才能更好地融入平台时代、迎接平台革命，领导平台型治理。平台组织赋予了员工更多的权责，应采取"平台+不同价值创造体"的组织模式，激发员工与用户形成供需间的高效连接和高质量互动⑥。平台性政府是政府像平台组织那样运作的形态，即创建平台载体、主办平台业务、对员工赋权释能、联结与整合供需主体并促进其互动的组织模式。

五、结论与讨论

（一）研究结论

平台革命实质是多边平台运作模式及其组织范式、治理范式对传统组

① Luciana Cingolan. The survival of open government platforms：Empirical Insights from a Global Sample. Government Information Quarterly，2021，38（1）：4.
② Sandhu A B S：Government Service Delivery in India A Platform-based Framework to Handle Complexity and Scale，SGGS Collegiate Public School，2020.
③ Marijn Janssen and Elsa Estevez. Lean Government and Platform-based Governance—Doing More with Less. Government Information Quarterly，2013，30（1）：6.
④ Walravens N，Ballon P. Platform Business Models for Smart Cities：from Control and Value to Governance and Public Value. IEEE Communications Magazine，2013，51（6）：72-79.
⑤ 闵学勤：《从无限到有限：社区平台型治理的可能路径》，《江苏社会科学》2020 年第 6 期。
⑥ 穆胜：《释放潜能：平台型组织的进化路线图》，北京：人民邮电出版社，2018 年，第 71 页。

织与行业的治理范式及运行模式的冲击与颠覆。在平台革命时代，应对平台冲击的自然法则就是适应平台时代的发展而悄然发生平台革命。政府平台革命是政府应用多边平台模式、推进平台型治理及自身平台组织建设的过程，是政府适应平台时代、迎接平台革命继而完善治理体系、提升治理效能的应然回应。经济基础决定政府模式、政府形态等上层建筑。在当今的平台经济时代，政府同样存在着组织建设与治理变革的经济基础与重大机遇。无论在学理逻辑上还是现实可行性方面，政府已完全具备平台革命发生的必要条件。政府平台革命具有较强的时代逻辑、理论逻辑，但却遭遇来自制度和现实的阻力。政府平台革命虽是一种渐进的调适性变革，却表现出运作模式、治理模式与组织模式的根本性变革。其中，平台型治理模式与平台性政府组织形态更是革命进程中的标志性"里程碑"。

从政府的实践来看，平台几乎渗透到中国国家治理的各个领域，不仅改变了政社互动关系，还改变了央地互动过程，形成了政府公务人员在"不同平台之间切换"的工作环境与平台必不可少的工作方式[①]。政府工作环境与工作方式的平台化变革，只是政府平台革命样态的表层，国内外的一些地方政府正在开始采用多边平台模式改进其运作管理和公共服务，例如旧金山市的城市数据平台和城市服务卡提供一站式服务，还如我国一些城市的社区社工服务中心、继续教育中心、就业服务中心、妇女儿童服务中心、残联服务中心在治权开放的基础上引入外部组织参与公共品的生产运作。在国家政策层面，党的十九大报告指出，大力建设国际交流合作平台、公共服务平台和监督举报平台；2018 年，中央提出建设全国一体化在线政务服务平台，注重政府服务的一体化供给与整体性治理，在此前后的电子政府、数字政府建设如火如荼；2019 年国务院出台了关于促进平台经济规范健康发展的指导意见。因此，政府的运作模式、治理模式与组织模式已悄然发生着变革。

对照政府平台革命的应然向度和样态，检验发现：第一，在平台经济与平台社会的治理应对方面，中国政府已走出单纯的平台经济规制、平台社会监管等初级阶段，正处于平台革命的中级阶段——促进平台型创新与创业、平台经济规范健康发展与平台社会政策，在政府职能、政府角色、治理模式与应对方式维度已发生明显的调整与转变。第二，在多边平台模式应用及平台型治理方面，中国已走出政府单方单向的政府搭台、开放公共基础设施这样的初级模式，正在由数字治理、赋权释能、公共品平台式

---

① 宋锴业：《中国平台组织发展与政府组织转型》，《管理世界》2020 年第 11 期。

供给的中级阶段开始向平台型治理迈进，政府的治理理念、职能与角色、公共品供给模式与治理模式已发生显著的变革与进化。第三，在政府形态及结构的平台化转型方面，在数字技术的赋能支撑下，正在由数字政府、开放性政府等中级阶段向智慧政府演进，政府的职能、角色与运作模式在自觉渐进地转型，数字治理模式已然成型，然而政府的组织形态难以发生颠覆性替代。

综上，中国政府的平台革命已在一定范围内、一定程度上发生，总体上表现为平台经济与平台社会的治理应对、多边平台模式及平台型治理的推广应用、政府形态及结构的平台化转型等三个向度且处于中级过渡阶段，并在思维观念革新、政府职能调整、政府角色转变、运作模式改变、治理模式变革等维度均有所表现。如同学理分析的那样，三个向度的政府平台革命均不是一蹴而就的，而是呈现出一定的层次性与阶梯性演进趋向。

由于政府的基因条件、制度逻辑与现实逻辑，政府平台革命不会像商业平台革命那样彻底，平台革命对政府的渗透力与颠覆性仍然有限。平台型治理虽然投入了政府的实践应用，但并未广泛推广而形成稳定的公共事务治理范式，而且平台性政府并未进入政府的建设议程。政府平台革命的范围比较狭窄，当前更多地发生在数字治理、公共服务、社区治理领域。在未来，政府平台革命可能向着促进平台经济社会自治与生态共治、平台型治理模式生成与平台性政府建设的方向继续演进，还将在国际合作、民主政治、智慧城市、创新创业、公共服务、社会治理等更多领域渗透发展。政府平台革命领地的拓展、层次的升级、程度的深化、样态的丰富，不仅取决于平台革命浪潮席卷世界的进程与冲击力，更取决于政府在治理观念、职能与形态上的自觉革新。

（二）进一步讨论

根深蒂固的官僚政治文化、层级节制的官僚控制取向、坚固庞大的科层组织系统、集权而又敏感的权责配置、顽强的科层治理路径依赖等因素是政府平台革命的重要阻力，那么，在政府平台革命进程中，多边平台模式、平台型治理与平台性政府能否对应替代科层制、科层治理与科层组织？或者如何兼容并包、分工协作？这是政府平台革命实践及理论研究不可回避的讨论。政府部门长期以来的改革都在与科层制作斗争，如精简机构、大部制改革、放管服改革以及服务型政府、整体性政府与开放性政府建设。多边平台模式虽是对科层制模式的冲击、颠覆与替代，但不是完全替代、非此即彼、有你无我的关系。在科层制的既有制度框架和组织体系中，既可以通过开放治权、生态连接而催生新的平台业务、平台组织和平台型治理模式，还可以通过开放共享、赋权释能而实现既有业务与机构的平台化转型。多边平台模式天生就要在科层制系统中诞生并且依赖其开放尤其是治权开放的程度。这也是平台型治理应用与平台性政府建设相对滞缓的根本原因。但多边平台模式凭借强大的时代逻辑、互动功能、制度优势与治理效能，吸引甚至倒逼科层制系统的变革。

但多边平台模式给科层制系统留下了喘息的余地和继续运转的空间。多边平台模式开放包容与互动合作的生态共治机制、模块化与动态演化的结构体系以及灵活多样的创价方式，完全可以融合科层机制、市场机制和社会机制，以发挥各自的资源配置功能和制度优越性。这就意味着在多边平台模式中，平台所有者与主办方对自有员工、资源和业务仍然可以实现科层治理，对其他的生态系统成员、外部用户及其业务、资源推行平台型治理。因此，科层制模式和多边平台模式可以你中有我、我中有你，相互依赖、彼此共存，也可以此消彼长、相互替代。二者都作为公共品供给的方式与治理机制，到底谁多一点谁少一点，不仅要考虑业务性质、公共需求、资源限制，还要考虑法律法规、公共权力、财政预算、价值取向、治理成本等制约因素。那些具有高风险性、高紧急性、高标准性、高强制性特征之一的公共事务或公共产品，仍可以沿用科层制生产或科层治理模式，政府的基础框架与内部事务仍是科层制及其生产模式，而很多具有供给协作性、需求多样性、互动性程度高、创新性要求高的公共事务或公共产品完全可以通过多边平台来提供和平台型治理模式来运作。

作为政府平台革命最高进阶的平台性政府，到底是怎样的一种政府形态，是与政府数字能力对应的技术形态[①]，还是一种组织形态或是治理模式？根据平台革命的性质及影响，笔者初步认为，平台性政府是具有像多边平台那样的互动结构质地及属性的组织形态与运行模式，是与平台型治理范式对应的政府组织模式。"平台型治理范式将政府定位于助推自身与市场、社会、个体互动协作的平台构建者"，平台性政府是通过搭建开放共享平台、处理跨界治理问题的政府形态[②]。因此，平台性政府不仅是政

---

① 李锋、周舟：《数据治理与平台型政府建设：大数据驱动的政府治理方式变革》，《南京大学学报（哲学社会科学版）》2021年第4期。

② 韩万渠、柴琳琳、韩一：《平台型政府：作为一种政府形态的理论构建》，《上海行政学院学报》2021年第5期。

府形态与模式的实践创新，还是政府组织理论的突破与政府治理范式的颠覆，其理论形态及生成逻辑以及实践中的实现机制、运作模式、创价机制都值得进一步探讨。

第二节　多边平台视域下平台性政府的构念

多边（双边）平台已存在几个世纪，政府过去经营的广场、支票、证券交易所都是典型的双边平台。平台就像触媒那样，并非都是谋求利润的，并不总是由营利性企业来经营，政府组织也是平台运营者之一①。所以，平台型组织不是平台型企业的专有名词，政府组织、社会组织也可以转型为平台型组织。事实上，平台是一种组织供给产品、实现产品创新的开放合作模式。平台作为一种改进组织绩效、使组织充满活力的运作模式，已成为一种新的组织范式。因此，组织最高层不应该把大部分时间花在解决问题上，而是要创建一个或多个包含有规则、行为期望、质量控制和组织认同的平台②。伴随着合作治理时代和平台时代的到来，政府多边平台的供给与平台性政府建设势在必行。只有政府自身成为平台组织即平台性政府，应用平台思维和平台运作模式，才能更好地发展平台经济、适应平台社会与领导平台型治理。

一、问题提出

我们知道，生产力决定生产关系，经济基础决定政府模式、政府形态等上层建筑。工业经济极大地发挥了科层制政府的价值魅力，互联网经济催生了数字政府和电子政务建设的热潮。在当今的平台经济时代，政府同样存在着组织建设与治理变革的重大机遇和经济基础。平台经济的核心特征是多边与互动，其应用领域非常广泛，已成为跨域、跨界的新兴经济业态和中国乃至全球经济增长的新动力。平台经济在数字技术的助推下，形成了席卷全球的平台革命浪潮，对各行各业及各类组织和整个经济社会产生了深远的革命性影响，必然推动政府模式的变革、政府形态的升级和政府治理的创新。而且，平台在实践中承担了越来越多

① ［美］戴维·S. 埃文斯、理查德·施马兰西：《触媒密码——世界最具活力公司的战略》，陈英毅译，北京：商务印书馆，2011年，第7页。

② Howard Rubenstein. The Platform-driven Organization. Handbook of Business Strategy, 2005, 6 (1)：189-192.

的公共品供给与创新等原由政府主要履行的职能，为此平台构成了政府治理变革的重要维度。① 在平台时代，建设一个什么样的政府形态以及相应地选择怎样的治理模式，正在成为政界和学界共同思索的重大理论与实践问题。

在平台时代，单一组织仅凭自有资源与能力，难以满足用户多样化的选择权利。只有像多边平台这样的市场与计划协作型组织和基于生态系统的价值网络才能够在供给侧纳入各类供给主体，整合它们的资源和能力，继而才能在需求侧满足用户的多样化需求。为此，政府理应向公务员赋权释能并提供价值实现的工作平台，同时为多元权力主体的政治参与、互动共治及合作供给提供高效有序的平台。要提高政府等组织的权威、影响力和领导力，供给和经营平台是必然的选择。② 平台连接着生态系统成员并汇聚了资源和权利，有了生态系统成员共同认可的平台，政府等平台主办者或所有者就有了安排治理规则并主导生产创新与资源配置的公共权利。事实表明，近年来那些发展得最快、市值最高的企业几乎都是平台型组织，制造商、房地产商、零售商等很多传统行业的企业，如华为、海尔、万达、苏宁都纷纷平台化转型，同时有些政府机构和社会组织正在创建平台型组织并搭建多边平台，开展平台型治理。由此，平台已成为一种新的组织范式。③ 在平台革命的浪潮下，政府的平台化转型与治理变革势在必行。

以垂直管理和属地管理为主要逻辑的政府科层制组织难以适应高度复杂且快速发展的社会环境，必然要求构建新型的政府组织模式以实现对科层制的替代。④ 政府组织具有信息密集性、机构分散、信息不对称等容易发生平台革命的多个条件，而且平台组织模式能够使政府流程更加透明、政府回应性更加友好和迅速、公共服务更富于创新，能够有效减少公民对政府的不满。因此，公务员和市民、企业、社会组织都渴望多边平台模式应用于政府的各个层面。⑤ 为此，多边平台+政府的平台革命成为大势所

---

① 王谦：《场域拓展、资源整合与平台实践：信息社会政府治理创新的认知维度》，《中国行政管理》2019 年第 12 期。

② Howard Rubenstein. The Platform-driven Organization. Handbook of Business Strategy，2005，6（1）：189-192.

③ 刘绍荣等：《平台型组织》，北京：中信出版社，2019 年，序。

④ 张康之：《走向合作制组织：组织模式的重构》，《中国社会科学》2020 年第 1 期。

⑤ Sangeet Paul Choudary，Marshall Van Alstyne，Geoffrey Parker. Platform Revolution：How Networked Markets Are Transforming the Economy & How to Make Them Work for You. W. W. Norton & Company，2016：279-281.

趋，平台性政府呼之欲出。政府的平台型组织建设与平台型治理就是自身适应平台时代、顺应平台革命的最好回应。事实上，平台已经在世界各国，尤其在中国政治社会生活中成为一种普遍趋势。①

综上，平台经济时代与平台社会呼唤着政府的平台型组织建设，平台性政府是与平台经济与平台社会相适应，与平台型治理相对应的政府形态及运作模式。那么，平台性政府在学理上如何辨识及界定，如何厘定其边界以及平台性政府的提出有何价值，就成为有待深入研究的具体问题。对于纷繁复杂的平台类型和莫衷一是的平台概念，建立在平台概念基础上的平台性政府的理论界定及其边界厘定尤为重要。这不仅是科学认识平台性政府内涵及外延的基础，更是避免平台性政府建设偏误与替代性实施偏差的前提。为此，本书拟从概念考察、内涵解析、外延辨析等维度厘定平台性政府的理论边界，并据此进一步发掘平台性政府的学理价值与平台性政府建设的现实意义。

二、平台性政府：概念界定

概念是演绎推理的逻辑起点，更是边界厘定的突破点。平台概念非常庞杂，一般将平台分为技术平台、生产平台、双边（多边）平台等三大基本类型；其中，多边平台最适合作为多元互动的结构，最契合合作共治的意蕴。而且，以平台经济学、平台战略学、平台组织学为核心的多边平台理论有着浓厚的时代基因、肥沃的实践土壤、丰硕的研究成果，因而逐渐成为一门显学并大放光彩。为此，多边平台理论能够成为平台性政府研究的理论基础和切入视角。本研究从多边平台的视域初步探索与展望平台性政府的理论边界与潜在价值。平台组织是双边（多边）平台的一种表现样态。像平台企业那样，平台组织是双边（多边）平台载体的所有者与平台业务的主办者。

平台性政府以政府多边平台为空间载体和运作基础。政府多边平台是促进多元利益相关群体进行价值互动的支撑结构，向两类或更多类型的用户群体开放公共品生产运作、公共服务开发创新、公共事务合作共治、监督评价等治权的政府平台才能称为政府"多边平台"。政府在其中扮演治理权力的授予者、价值网络的联结者、用户供需的匹配者、互动合作的促

---

① De Blasio Emiliana, Selva Donatella. Implementing Open Government: A Qualitative Comparative Analysis of Digital Platforms in France, Italy and United Kingdom. Quality & Quantity, 2019, 53 (2): 871-896.

进者和平台结构体系的设计者及治理规则的安排者等角色。平台性政府被称为以多边平台为基础的"集市型政府",不同于以行政服务中心等生产平台为基础的"自动售货机"政府。①

平台性政府,简言之是政府像多边平台那样运作的形态,即创建多边平台载体、主办平台业务的政府模式。因此,平台性政府是致力于推动基于多边平台的公共品供给、公共服务创新和公共事务合作治理的政府模式。平台性政府以多边平台建设为主线,以掌舵和领导平台型治理为主题,以建设公共平台和支持平台经济产业为己任,通过向相关利益群体开放资源和治理权力,构建平台价值网络与平台型治理模式,实现基于平台空间及规则的公共品多元供给、公共服务协作创新,最终实现政府的平台生态领导和平台型良治的目标。

平台型组织一般有需求侧、供给侧的用户群体和联结用户群体并促进互动的机制。② 相应地,平台性政府有三个核心要素:一是在需求侧,能够灵敏响应公民的动态需求;二是在供给侧,能够快速整合吸收市场力量与社会资源,释放治理动能;三是政府职能部门其公务员被赋权释能去联结并组织各种资源以满足公民的多元化需求。因此,平台性政府首先是对公务员赋权释能的平台组织,是公务员施展才能、调动积极性的平台,是公务员与公务员之间协作、公务员与广大公民之间交互的平台;其次,平台性政府是公共品供需匹配继而发生价值交互的平台,是供给资源整合的平台,是需求侧用户集中的平台;最后,平台性政府是平台用户(公共品生产者、互补服务提供者、互补应用开发者)的生产经营与技术开发平台、创新创业平台、协作沟通平台、合作与共治平台,也是广大公民参与治理及权益实现的平台组织样态与运作模式。

三、平台性政府:内涵解析

性质、要素与特征构成了概念的基本内涵,也是确立理论边界的逻辑维度。信息技术与数字技术的发展致使"平台"脱颖而出,促使各级政府实现"重新组织"③。虽然表面上平台是由数字技术所支持的,但它根

---

① Tim O'Reilly. Government as a Platform. Innovations, 2010, 6 (1): 13-40.
② 穆胜:《释放潜能:平台型组织的进化路线图》,北京:人民邮电出版社,2018 年,第 75~78 页。
③ Jacob Torfing, Eva Sørensen, Asbjørn Røiseland. Transforming the Public Sector into an Arena for Co-Creation: Barriers, Drivers, Benefits, and Ways Forward. Administration & Society, 2019, 51 (5): 795-825.

本上体现出一种新的组织逻辑及治理价值。① 平台性政府在政府系统内部，赋予了公务员更多的权力和责任，使之能够在供给侧灵活整合各类资源和能力，在需求侧灵敏获取并积极响应公民的个性化需求，激发供需之间的高效连接和高质量互动；在政府系统外部，平台性政府开放了公共资源与治理权力，以开放共享与合作共赢的机制，允许并促进利益相关方直接互动、合作共治、生产运作公共品。因此，平台性政府不仅是一种组织形态，也是一种公共事务的治理机制，还是公共服务合作供给的运作模式。

（一）组织形态

平台性政府在组织形态上表现为价值互动的结构与治理支撑的体系。基于多边平台，平台性政府能够允许并促进政府各部门之间、政府与企业之间、政府与社会组织之间、公务员与公务员之间、公务员和市民之间互动，甚至公民与公民之间、其他群体之间开展各种互动，为他们直接的合作共治提供支撑体系。平台性政府如同平台型企业一样，也是一种平台组织形态。平台组织是政府借助技术进步对自身结构及功能的调适，在依托科层组织展开运作的基础上形成了自身特定的组织属性。② 各级政府机构、政府所有的企业和政府主办或主管的公立事业组织、枢纽性社会组织、基金组织、慈善机构等公共组织通过开放治权、赋权释能均可以是多边平台的主办者、所有者，都可以转型为平台组织。

治权开放基础上的互动成为平台性政府的最基本组织属性。平台互动是参与者经过筛选和匹配后，围绕着公共事务、公共产品、公共利益等价值单元开展的交互。平台性政府的交互以政府对公务员的赋权释能、权责授予为前提，以公共事务治权、政府基础资源的开放为基础，旨在提高工作积极性和公务员权责履行的效果、促进公共服务供求匹配和供需互动、推动多元利益相关者之间的合作共治。于是，对于公务员来说，政府就是他们施展才能、履行职责、实现自我价值的平台组织；对于企业、社会组织等外部资源方来说，政府通过主办供求之间互相匹配与相互满足的平台，成为这些公共服务生产运作者的平台性政府；对于其他利益相关者来

① Christopher Ansell, Satoshi Miura. Can the Power of Platforms be Harnessed for Governance? Public Administration, 2020, 98（1）: 261-276.

② A Brown, J Fishenden, et al. Appraising the Impact and Role of Platform Models and Government as a Platform（GAAP）In UK Government Public Service Reform. Government Information Quarterly, 2017, 34（2）: 167-182.

说，政府开放共享了自己拥有的基础设施、基金、数据等平台资源及相关权益，围绕着共享资源和权益分配，利益相关者之间实现了公共事务的合作共治，因此作为平台所有者的政府就成为利益相关主体的平台性政府。

创建平台性政府的关键就是把公共服务供求主体及利益相关者联结起来，形成平台体系架构（见图 7-1），吸引他们进驻平台，整合他们的资源与能力，促进公共服务供需匹配与高质量互动，推动公共事务的合作共治。

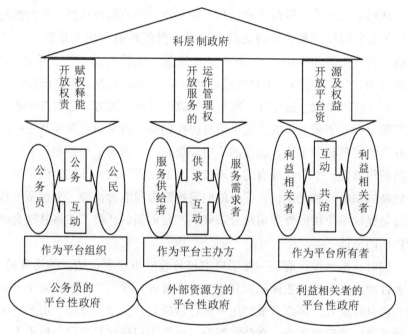

图 7-1　平台性政府的形态及框架

图形来源：作者自制。

（二）治理机制

平台性政府不仅仅是一种互动结构与治理支撑载体，更是一套基于多边平台的治理机制与治理模式。多边平台机制形塑每一个公共与私人领域，成为最活跃的扩张力量。[1] 平台性政府正是通过平台机制把内部主体、市场主体、社会主体聚合在一起，通过开放治理权力、共享平台资

---

① José van Dijck, Thomas Poell, Martijn de Waa. The Platform Society: Public Values in a Connective World, Oxford University Press, 2018: 139-148.

源，促使它们交互并实现互利共赢，政府为这些参与者提供平台基础设施、交互渠道、治理规则，让交互更加便捷、低成本、高质量。平台性政府摒弃了控制取向的垂直管理模式和管道式自主生产模式、行政化的社会管理模式和单一的市场机制，发挥了行政力量、市场力量和社会力量各自的优势，调动并整合了政府内外各种资源和能力，激发了各类主体的治理积极性。因此，平台性政府是科层制运作机制、市场化竞争机制、网络化社会机制的融合模式，产生了基于生态系统价值网络的公共品多元供给与合作治理优势。

从根本上来说，平台性政府是一种开放合作的治理机制。平台性政府模糊了公共资源与私人资源之间的边界，促使政府由内部聚焦（关注价值链、自有资源和控制力），转向外部聚焦（关注行政生态、价值网络、社群互动、合作共治）。平台性政府通过对内外部治理主体赋权授能、放权让利，将决策权、运作权、收益权开放给外部资源方，整合与积累供给侧资源，促进了公共品的多元供给与协作创新；将平台资源及其生产运作权开放给利益相关主体，既盘活了内部资源，又调动了利益相关主体合作共治的积极性。平台性政府的治理目标是调动发挥内外部供给侧用户生产与创新的积极性和自主权，促进他们发挥资源与能力优势，平台型治理的关键是提供一个供内外部用户分布式生产与创新的环境，并将其整合成一个协同的整体。[①]

同时，平台性政府是一种用户主权与政府主政有机结合的治理模式。平台性政府对内外部主体赋权释能，让所有内外部用户及其资源平等联结在一起进行交互，围绕着最终用户进行价值创造、互动合作，由最终用户评价并决定价值的大小。在公共部门，最终用户往往是公民、纳税人、社区居民、社会大众、公共品消费者、公共事务利益相关方。由最终用户而非上级领导评价并决定价值是对科层制逻辑的颠覆，体现了用户（人民）主权的根本原则。因此，平台性政府模式体现了人民主权的权利取向、平权意识和水平思维。但人民主权的实现依赖政府作为平台主办方或所有者的主政权力和行为，诸如安排治理规则并开放治权、吸引并联结多边用户、提供一揽子服务与交互工具促进并保障高质量互动等。从这个意义上讲，政府高层领导只有打破自己的"金字塔王国"，愿意信任公民、成就他人，让"他们"互动合作、相得益彰、相互满足，才能够建成平台性

---

① ［美］阿姆瑞特·蒂瓦纳：《平台生态系统：架构策划、治理与策略》，候赟慧、赵驰译，北京：北京大学出版社，2018年，第119页。

政府。

（三）运作模式

平台性政府采取"政府多边平台+不同价值创造主体"的运作模式。政府通过多边平台的创办与平台业务的主办，吸引、整合政府内外不同类型的价值创造主体，促进这些价值主体的价值创造并推动他们与利益相关方的高质量交互，在此过程中巧妙地履行着政府职责。平台性政府在运作过程中扮演着中介或中间人的角色。中间人就是多边平台，在一个实体的或虚拟的空间中运行，以便帮助不同类型的用户群体聚集在一起互动、合作与共治。①

平台性政府运作模式有几个特征：一是治权开放与赋权释能，让最了解社会和公民需求的基层公务员拥有一定的决策权和灵活处置权，让各类价值创造主体拥有自主经营与运作管理的控制权，能够根据市场、社会的变化和用户的柔性化需求，独立运作与做出人性化响应；二是政府与价值创造主体之间是网络合作的平等关系，不是指挥与被指挥的上下级关系，价值创造主体对承运项目要承担运营风险并享有相关权益；三是"共担+共创+共享"的运作机制，共担风险和治理责任，共建平台共同体与共创平台价值，共享平台资源、权利与红利。

平台性政府是基于政府多边平台的公共品开放式合作供给与公共服务协作创新的模式，以激发多边用户间互相吸引、相互促进的网络效应为核心运作机理。平台性政府放弃了公共品的封闭式管道生产、自主创新与买入卖出的生产经销模式，引入并整合供给侧的广泛资源，促进供需之间的高效连接和高质量互动，挖掘并激发供需群体之间的跨边网络效应，使得生产者与消费者之间相互吸引、相互满足。基于政府多边平台的公共品供给模式不仅提高了供需之间的匹配度和交互质量，而且降低了交易成本并产生需求方规模经济，且多元供给主体的引入和供需群体之间的直接互动与匹配直接推动了公共服务的创新。

（四）优势特征

平台性政府实质是履行治理职能、供给公共品的一种开放式合作模式，不同于科层制范式下的行政化管理与自主生产经营模式。平台性政府

---

① ［美］戴维·S.埃文斯，理查德·施马兰奇：《连接：多边平台经济学》，张昕译，北京：中信出版社，2018年，第14、60页。

供给平台不生产产品，体现了供给与生产的差异，彰显了政府有所为、有所不为的公共品供给策略和政社分离的职能转型方向。同时，平台性政府通过吸引相关群体进驻平台实现公共事务的合作共治，而不是垂直控制型的管理，体现了治理与管理的区别。平台性政府在平台型治理过程中是召集者、授权者和规则制定者，而不是公民行动的直接参与者，公民应被授予广泛的治理权力去激发改进治理的各种创新。平台性政府理应要符合双边市场（平台）的典型特征，包括开放共享性、网络外部性、相互依赖性和互补性。① 具体来说，其组织模式具有如下特征：

其一是开放共享性。只有向两类或更多类型的群体开放公共品生产运作、决策参与、协商互动、监督管理等治理权力，才能称其为政府双边（多边）平台，才能把这些平台的主办者或所有者称为平台性政府。仅向消费者这一类同质群体开放的政府平台往往是传统的公共服务经销模式，充其量是产品生产平台（如行政服务中心），不能视为双边（多边）平台。除了治权的开放，平台性政府的开放共享性还体现在基础设施与公共资源的开放、标准与平台规则的开放、技术与数据的开放、业务流程的开放。

其二是互动共治性。权力开放基础上的互动是识别多边平台的关键标准。多边平台通过推动两组或更多相互依赖的客户群体之间的互动合作而创造价值。如果没有供给权力和治理权力开放基础上的互动，而是公共部门的自主生产或经营，那就不是多边平台模式，而是经销模式或生产平台模式。通过平台用户之间的互动合作而不是政府的"替民做主"与命令指挥来治理公共事务。

其三是生态网络性。在平台性政府形态中，政府与生态系统中多元利益相关群体结成公共价值网络，通过吸收和运用社会和企业的智慧、资源来解决公共治理中出现的共同难题。在平台价值网络中，多边群体之间相互依赖、互动合作、互利互惠、相互满足。政府在平台用户群体的权益实现过程中，自动地履行公共服务供给和公共事务治理的职能。

其四是整体协作性。政府将公共品生产和公共服务供给的权力开放给社会组织或企业，通过整合多方的资源、能力和权责，基于平台的空间与渠道，实现公共服务的开放式创新和一站式整体供给，增加公共服务的多样性和完整性。同时，政府的平台领导、激发网络效应的运行机理、平台

---

① ［法］让·梯若尔：《创新、竞争与平台经济》，寇宗来、张艳华译，北京：法律出版社，2017年，第75页。

型治理规则的制约以及平台的资源汇聚与一站式供给模式，共同保障了平台性政府运作的整体性及协作性。

四、平台性政府：外延辨析

理论边界的厘定必然要求比较与分辨其与相对应的以及替代性的概念间的关系与界限。平台性政府是一种颠覆传统的组织形态与政府治理模式，既不同于传统的科层制政府，又有别于新兴的数字（网络）政府。辨析平台性政府与科层制政府、数字（网络）政府之间的关联，不仅在理论边界厘定时有助于确立其不是什么，更能在平台性政府实践中避免概念混淆带来的替代性实施偏差。

（一）平台性政府相对于科层制政府

在科层制模式中，很多组织都跳不出员工工作被动、积极性不高的怪圈和机构臃肿、效率低下、创新乏力的困境。公共部门通过精简机构、定岗定编、"放管服"、去行政化等改革与科层制作斗争，但都难以清除科层制的弊病。政府更是如此，这就需要新型组织形态的修正、补充甚至是替代。

平台性政府脱胎于科层制政府，离不开科层制政府的支持。科层制组织早已形成了制度惯例和惯性，并降低了组织及治理的不确定性，产生了供给方规模经济，同时让生产运作更加标准、高效。尤其在公共领域，科层制政府是必须的，因为其权威和强制力需要科层组织来执行，紧急性与刚性需求的公共事务需要科层制组织来治理，公共品的安全性、标准化与均等性需求需要科层制组织来保障。平台性政府建设需要科层制政府的资源开放、治权开放及治理模式变革。科层制组织难以从外部攻破，只有最高领导才是打破金字塔组织的最大动力。因此平台性政府建设需要科层制政府的"解冻"与高层领导的支持。

平台性政府是对科层制政府的颠覆与替代，但不是"有你无我"的完全替代关系。平台性政府对下属部门及公务员赋权释能，而非传统科层制的层级控制与高压型管理模式；平台性政府纳入并整合外部供给资源，向外部用户群体开放了治理权力，让公民与公民之间直接互动、相互满足，而不是由政府代替甚至控制互动。这些都是对科层制政府的颠覆与替代。政府的科层制组织及其管道式生产模式，远不能满足多元化、平坦化世界中公共服务供给与公共事务治理的需求。政府应该允许来自市场与社会的扩充和修补，多边平台模式及其思维就是政府什么都要详加规定的

"解毒剂"①。

平台性政府与科层制政府优势互补、相互包容。一方面，二者都是资源配置的方式，就像企业与市场的关系那样，到底谁多一点、谁少一点，主要取决于治理成本与效果的权衡，还受到公共事务性质和法律法规的约束；另一方面，二者都是公共事务的治理之道，单中心的一元治理与基于价值网络的多元合作治理，在不同的领域二者可以同时并存。最重要的是，平台性政府可以包容科层制、市场机制和社会机制，以发挥各自的资源配置功能、制度优势和治理效能。因此，平台性政府与科层制政府可以混同在一起，相互依赖、优势互补、各司其职、各尽其能。政府的基础框架与部分事务仍是科层制及其生产模式，但很多公共产品的合作供给、服务项目的运作都可以通过多边平台模式来完成。事实上，很多平台企业也并非纯粹的平台型组织或全是多边平台业务，它们可能有自营业务，如亚马逊、沃尔玛、京东初期都有自营业务，只是后来随着平台业务的增加即平台化转型，组织才得以急速发展，但它们仍保留了科层制运作模式及部分自营业务。因此，平台组织代表着组织发展的趋势，未来平台性政府还会更多地替代科层制政府。

（二）平台性政府有别于数字（网络）平台政府

首先，平台性政府及其多边平台基础与互联网、数字（电子）平台技术没有必然关联，因此平台性政府并不必然是数字（网络）平台政府。多边平台是一种能够促进参与者互动的抽象层次，与互联网等数字技术没有必然关联②。数字（网络）平台只是促进互动的一种具体形式。基于多边平台的平台性政府完全可以脱离网络信息技术而独立存在。例如，早期的广交会、当今的社区社工服务中心、已开放服务生产与运作管理权的残联服务中心等多边平台的政府主办方或所有者都可以称为"平台性政府"。为此，在平台时代、数字时代之前，"平台性政府"仅是零星、自发地局部性存在。在广交会的示范下，高交会、园博会、进博会、大博会等纷纷主办，但作用于互动共治的实体性平台性政府及其应用领域仍是冰山一角。因此，在数字技术和互联网平台设施对互动促进的作用下，当今时代为平台性政府建设提供了时代机遇和技术基础。

其次，数字（网络）政府往往属于但也不全是平台性政府。政府数

① Tim O'Reilly. Government as a Platform. Innovations, 2010, 6 (1): 13-40.
② Russ Abbott. Multi-sided Platforms. Working Paper, California State University, 2009.

字（网络）平台一般具有四通八达、开放共享、联动互动等特质，而且不自觉地向网络参与者开放了知情权、直接沟通权、参与和反馈权、监督评价权等有助于互动合作的权力和权利，自然就符合了多边平台的识别逻辑。因此，政府数字（网络）平台往往属于以多边平台为基础的平台性政府。但是，如果政府数字（网络）平台仅仅停留在垂直的信息发布、静态的数据库平台建设和单向的业务流软件层次，而忽略了治权开放的核心特质和在此基础上参与者之间的直接互动，那么政府数字（网络）平台仅是纯粹的网络技术平台或数据库平台，而不是平台性政府。

最后，平台性政府往往以数字（网络）平台建设为依托，数字（网络）平台政府是平台性政府建设的起步阶段、切入点，但非终点。因为在今天的网络时代、数字时代，信息技术无疑能够大大提高政府平台的运行效率。信息技术越发达，越能够促进参与者之间的供需匹配与互动合作，合作交易成本就越低，平台运作就越容易成功①。因此，平台性政府建设会不自觉地应用数字技术、网络技术和数据库等平台着力点②。但数字（网络）平台政府往往属于体制外的技术创新，可能倒逼但不必然触及治权及规则的开放。没有赋权释能的规则创新和治权开放的治理前提，平台性政府只能停留在时髦但粗浅的网络技术形式，多元治理主体的积极性难以激发，深层次的合作共治难以开展。

综上所述，不能将平台性政府简单地理解为数字（网络）平台政府，更不能忽略平台性政府的多边平台根基及其治权开放基础上的互动合作特质。平台性政府一旦架设在互联网上，其覆盖性更加广泛，运作效率大大提升，影响力更加显著，这就是"互联网+多边公共平台"模式的平台革命的颠覆性力量。但这并不意味着，平台性政府就是互联网平台政府。因此，平台性政府可以将数字（网络）平台政府建设作为突破口和初级阶段，但要推动实现治理主体的联结互动、合作共治、互利共赢，就一定要赋权释能。

五、平台性政府：价值析论

厘定平台性政府的理论边界，不仅是科学认识其是什么、不是什么的基础，还是发掘其理论价值以及推动平台性政府实践的前提。在平台时

---

① ［韩］赵镛浩：《平台战争》，吴苏梦译，北京：北京大学出版社，2012年，第199页。
② 丁元竹：《积极探索建设平台政府，推进国家治理现代化》，《经济社会体制比较》2016年第6期。

代，多边平台模式在政治、经济、社会、科技领域应用广泛，资源与权力越来越多地汇聚到平台组织，价值生产与价值分配越来越多地发生在平台组织。平台革命大势与平台经济社会呼唤政府平台组织的创建、政府多边平台的供给与平台型治理模式的推行。因此，平台性政府模式的提出不仅具有时代意义与理论价值，平台性政府建设更是具有推动政府治理现代化及提升效能的重大实践意义。

（一）平台性政府提出的理论价值

当前，以多边（双边）平台为研究对象的平台经济学、平台战略学逐渐成熟，平台组织学、平台型治理等相关理论不断拓展创新。然而在公共服务与公共治理领域，对政府多边平台原理与治理模式的研究处于开拓性阶段，政府平台组织及治理模式的研究成果极少，研究相对滞后。虽然在各类中英文数据库中可搜到大量政府平台文献，但是既有的文献成果在研究视角方面主要从技术和运行角度出发，探讨政府平台的技术框架、运行管理经验；既有成果的研究对象往往是单边生产平台或技术平台，忽略了多边平台这种适合于多元供给与合作共治的新平台模式；而且，既有研究成果在概念界定及逻辑论证方面，多数文献只是提及"政府平台"或"公共服务平台"，但是没有进行概念界定。平台概念模糊、类型庞杂甚至平台话语泛滥很可能直接导致平台性政府理论、平台型治理模式难以建构。因此，从多边平台的视角界定与阐释平台性政府的概念、内涵及其实质，是研究政府平台组织与治理模式的逻辑起点，也是构建政府多边平台理论的基础前提。

最新国际研究动态是借鉴平台商业模式及理论来建构政府多边平台与平台型治理模式。合作治理理论已研究多年，网络治理、协同治理、整体性治理、嵌入性治理、界面治理陆续提出。"治理理论丛林"试图整合政府、市场与社会的三重机制，但无法建构完整清晰的实施框架。随着国家治理现代化的推进和平台革命时代的发展，平台性政府及其治理模式可能成为继服务型政府、协同治理之后的重大理论创新和实践创新。从多边平台及治理能力现代化的视角探索平台性政府的理论边界与潜在价值，不仅有助于推动国内政府多边平台及平台型治理研究与国际前沿的接轨，继而推动多边平台商业理论向平台性政府及平台型治理理论的拓展；而且有助于推动行政生态学与政府组织理论的创新，继而推动政府治理理论的发展和形成政府平台型治理的中国治理特色及智慧。

（二）平台性政府建设的实践意义

政府创建的平台不仅仅有行政服务中心、市民服务中心那样的生产平台和电子政务、门户网站、公共数据库形态的互联网平台或数字平台，还有多边平台。因为多边平台本质是互动的结构，能够真正地成为治理支撑体系。事实上在多边平台模式兴盛的背景下，政府运作管理的许多传统平台向多边平台转型，例如社区服务中心、公共就业服务中心、残联服务中心、妇联服务中心、教育培训中心。多边平台以其强大的供给侧资源整合、促进供需匹配、推进互动合作、降低交易成本、推动协作创新等功能受到企业组织的青睐。近年来，多个国家的政府部门也开始重视多边平台模式的推广应用。我国政府多边平台建设也如火如荼，如各种博览会、产业园、科技园、听证会、创新创业中心如雨后春笋般涌现，并正在向社会治理领域推进。其中，2018 年"进博会"成功举办并创造了 578 亿美元的成交额；广交会、社区社工服务中心分别是经济发展、社会治理领域最成功的典范。然而，政府的平台革命不仅仅是多边平台模式在公共品供给中的推广应用，还必将触及政府自身组织形态及治理模式的变革。因此，提出基于多边平台的平台性政府组织形态及运作模式，虽然具有前瞻性但其实践意义是显著的。

平台性政府建设有助于走出传统平台实践局限及科层组织困境。传统政府生产平台的开放性、互动性、创新性往往不足，仅凭政府自有资源和能力难以满足多元化、柔性化的公民需求，难以调动市场力量和社会主体的积极性，而且容易陷入行政化和机构臃肿的困境。政府平台组织能够在传统科层组织的基础上，促进政府与社会间的灵活互动，实现对复杂社会需求的有效回应。[1] 基于多边平台的政府治理有助于推广公共服务创新和精简高效政府建设。[2] 针对政府科层组织的困境，面对公共部门平台建设的浪潮，为了调动政府工作人员的积极性，满足公民多元化的需求和公共事务合作共治的需要，平台性政府建设势在必行。只有政府自身像平台组织那样赋权释能激发内外部主体的能量，才能更好地引领平台社会与平台经济的发展以及公共事务的平台型治理，善治与善政就更容易实现。

平台性政府建设助推国家治理体系与治理能力的现代化。作为平台性

① 宋锴业：《中国平台组织发展与政府组织转型》，《管理世界》2020 年第 11 期。

② Marijn Janssen, Elsa Estevez. Lean Government and Platform-based Governance——Doing More with Less. Government Information Quarterly, 2013, 30（1）：1-8.

政府根基的多边平台是一种操作性很强的治理支撑体系与互动结构,有一套自己的工具集和创价路径。多边平台从根本上说就是解决合作阻力的,其核心功能在于降低交互成本;平台作为一项重要的政府治理战略与工具,有助于政府平衡处理稳定和变化的公共需求。① 此外,平台型治理有助于推动民主治理的协同水平。② 平台型治理在复杂社会中能够增加政府的开放性、回应性、高效性、创新性,促进多元利益主体间的互动与共治。③ 平台性政府的核心功能为跨界合作治理提供制度环境和服务保障,理应成为国家治理现代化的目标。④ 因此,基于多边平台结构及模式的平台性政府有助于推动国家治理体系和治理能力现代化。

六、总结与启示

在平台经济时代,平台已成为一种新的组织范式。政府多边平台是政府与公民互动的支撑结构,表现出独特的组织形态、运行方式和治理模式。政府多边平台有助于促进政府组织机制的转型,更是促进政府治理能力现代化的重要抓手。当前,以"多边平台+互联网平台"融合叠加为核心特征的平台革命席卷全球。多边平台模式+政府的平台革命成为大势所趋,平台性政府是融入平台时代、迎接平台革命的组织模式。只有政府自身像平台组织那样,应用平台思维和平台模式建设平台性政府,才能更好地融入平台时代、发展平台经济与领导平台型治理。由此,深入厘定平台性政府的理论边界对于科学认识其学理定位及发掘其价值功能,继而在建设平台性政府中避免理解偏误和实施偏差尤为必要。

平台性政府,即创建多边平台载体、主办平台业务的政府模式。平台性政府是致力于推动基于多边平台的公共品多元供给和公共事务合作治理的政府模式。平台性政府通过赋权释能,成为公务员履行职责、施展才能、展现价值的平台组织;通过公共品生产经营权的开放成为公共品多元供给、供需匹配与交互的平台运作模式;通过治权开放成为利益相关者参与治理、互动合作的平台组织。平台性政府在组织形态上表现为价值互动

① Chris Ansell, Alison Gash. Collaborative Platform as a Governance Strategy. Journal of Public Administration Research & Theory, 2018, 28 (1): 16-32.

② Aaron Wachhaus. Platform Governance: Developing Collaborative Democracy. Administrative Theory & Praxis, 2017 (39): 206-221.

③ De Blasio Emiliana, Selva Donatella. Implementing Open Government: a Qualitative Comparative Analysis of Digital Platforms in France, Italy and United Kingdom. Quality & Quantity, 2019, 53 (2): 871-896.

④ 韩万渠:《跨界公共治理与平台型政府构建》,《科学社会主义》2020 年第 1 期。

的结构与治理支撑的体系，治权开放基础上的互动是平台性政府的最基本组织特征。平台性政府是水平思维指导下用户主权与政府主政有机结合的治理模式。其基本运作模式是政府多边平台+不同价值创造主体，即基于政府多边平台推动多元价值主体实现公共品开放式供给与协作创新。

综上，平台性政府是一种新型的政府组织形态与运作模式，是对科层制政府的颠覆与部分替代，脱胎于科层制但回避了其诸多弊端，可以与科层制政府优势互补、各司其职并相得益彰。平台性政府概念的提出不仅具有时代意义，而且具有理论价值和现实意义。但平台性政府建设不能简单等同于数字（网络）平台政府建设，因为多边平台与互联网、数字（电子）平台技术没有必然关联。平台性政府可以以数字（网络）平台建设为依托和初级阶段，但须秉承多边平台的根基及治权开放基础上的交互特质。

第三节　平台型治理助推共同富裕的逻辑、机制与策略①

平台型治理是平台方主政与用户主权的有机统一，是整合政府、市场和社会三种配置资源机制并实施三次分配的操作指南。平台型治理作为一种新兴的治理范式，必然也必将推进政府治理现代化，助力中国式现代化征程。中国式现代化本质的全体人民的共同富裕，实质是共创共建、共治共享。平台型治理完全契合共同富裕的理念内涵。为此本节从共同富裕的概念、本质及核心要求出发，聚集于平台型治理实现共同富裕的逻辑缘由、过程机理与推进策略。其中，"基本逻辑"部分从宏观层面分析了平台型治理能够推动实现共同富裕的原因及可能性是符合时代大势的、具有理论支撑和实践基础的。在基本逻辑分析并得出平台型治理实现共同富裕的可能性基础上，进一步从学理上在微观层面论证平台型治理实现共同富裕的过程机理及具体运行机制是怎样的，从理论上的可能转向理论上的可行。最后，在实践操作层面，根据学理分析得出过程机理及运行机制，提出平台型治理实现共同富裕的对策建议。

一、问题提出：新时代共同富裕需要何种政府治理

中国十四五规划和二〇三五年远景规划拉开了新时代实现共同富裕的

———————

① 本节内容源自刘家明：《平台型治理助推共同富裕：逻辑、机制与策略》，《人文杂志》2023 年第 5 期。

序幕，从此共同富裕由愿景描绘、全面脱贫阶段正式进入整个国家的战略行动议程。党的二十大报告指出，中国式现代化实质是全体人民共同富裕的现代化，共同富裕是中国特色社会主义的本质要求，而分配制度是促进共同富裕的基础性制度。新时代的共同富裕是以人民为中心推进高质量均衡发展和共有共治、共建共享有机统一的中国式现代化征程。中国式现代化要主动解决地区间、城乡间的经济社会差距和人群间的收入分配差距，促进经济社会均衡发展与公平正义①，核心在于实现人民的全面自由发展②，显著标志是全体人民拥有参与共创共建现代化的人力资本③。共有共治、共建共享是共同富裕的本质内涵④。共同富裕是人类社会的至善追求，是社会公平正义的最大体现，最能彰显社会主义的制度优势和中国政府的治理效能。当然，也最能考验中国政府的治理体系与治理能力。以共同富裕的概念及本质作为逻辑推理的起点，我们不禁在想：

第一，政府治理如何促进经济社会的高质量均衡发展。高质量发展要求高效的社会生产与再生产的组织形式以发挥生产模式、技术模式、商业模式与制度模式的协同效应；高质量发展要求经济资源尤其是人力资源的高效配置与人力潜能的充分释放，特别是低耗能、高活性生产要素（如数据、技术和管理才能）的高质量利用、多种生产要素的协调组合、多元经济社会主体动能的充分发掘；高质量发展还要求三大产业的升级发展与协同推进，尤其是现代服务业对工农业现代化的有效支撑，更需要新经济、新业态、新动能对经济高质量增长的有力支撑。均衡发展则要求优化经济资源和发展机会的分配格局，通过跨地域、跨行业、跨部门地集成社会生产、分配、交换与消费，提升发展能力和资源的均衡水平，矫正和补偿制度性因素导致的不均衡和不平等⑤，激活各类要素主体和市场主体公平地参与生产和创新。那么为了实现共同富裕，政府如何设计激励相容的治理框架体系以激发社会生产的协同效应，如何整合市场机制、政府机制与社会机制以高效地配置资源，如何利用平台经济业态的新动能与新机遇弥补发展的不均衡？

---

① 习近平：《十九大以来重要文献选编（中）》，北京：中央文献出版社，2021 年，第 823 页。
② 张占斌：《中国式现代化的共同富裕：内涵、理论与路径》，《当代世界与社会主义》2021 年第 6 期。
③ 刘培林等：《共同富裕的内涵、实现路径与测度方法》，《管理世界》2021 年第 8 期。
④ 杨文圣、李旭东：《共有、共建、共享：共同富裕的本质内涵》，《西安交通大学学报（社会科学版）》2022 年第 1 期。
⑤ 郁建兴、任杰：《共同富裕的理论内涵与政策议程》，《政治学研究》2021 年第 3 期。

第二，政府治理如何推动经济社会的共有共治、共建共享。共有是从产权维度对共同富裕实现前提的界定，是实现共同富裕的权利基础；共治是从治理维度对共同富裕实现范式的框定，是实现共同富裕的治理框架；共建是从生产维度对共同富裕物质基础的规定，是实现财富共创的生产组织模式；共享是从结果维度对共同富裕根本宗旨的锚定，是实现共同富裕的落脚点。那么政府如何处理主权与治权间的关系以扩大对内开放的水平，从而实现共治、共建与共享的可能？政府如何赋权释能以激发全体社会成员共治、共建的积极性以及共创、共富的致富能力？政府如何放权让利以推动社会财富的合理分配与均衡共享？政府如何选择网络治理、生态治理的机制来调动多元主体的共治动力、共建活力与共享激情？

新时代推动实现共同富裕到底需要怎样的政府治理模式？历史告诉我们，政府单方推动的计划体制或单纯的市场体制都是无法奏效的。推进共同富裕应是在有为政府、有效市场与有爱社会的融合驱动下，通过三次分配体系共享发展成果并不断缩小差距的渐进过程[①]，要从高质量均衡发展、收入分配体系改革和还权赋能三个维度寻求切入点[②]。一个好的治理模式，关键要通过激励相容的机制诱导生产共建的努力，通过技术和制度降低共治的交互成本，通过利益均衡维系共同体的持续发展。这样的治理模式必须与当今的经济社会环境一致并从中探寻。当今的时代是平台经济革命的时代，当今的社会是平台化的社会。平台作为集技术变革、商业模式变革和治理结构变革于一体并聚合经济资本和社会关系的经济组织形式，正在推动根本性的治理模式转变和全球性的经济新一轮增长。平台型治理正在成为各国开展国际竞争和推动国家善治的关键场域，正在成为新时代治理能力现代化的重要抓手；"以人民为中心"和"共建共享"理念下的平台型治理有助于将中国的国家能力和市场优势转化为治理的制度优势[③]。因此，平台时代的平台型治理模式为新时代实现共同富裕提供了机遇、思路和进路。

二、平台型治理推动共同富裕的根本逻辑

平台型治理是平台革命在公共治理领域纵深推进的结果，是与平台经

---

① 唐任伍、李楚翘：《共同富裕的实现逻辑：基于市场、政府与社会"三轮驱动"的考察》，《新疆师范大学学报（哲学社会科学版）》2022年第1期。

② 韩文龙、蒋枢泓：《新发展阶段实现共同富裕的理论逻辑与实现路径》，《社会科学战线》2022年第4期。

③ 王震宇、张晓磊：《平台治理的制度之维：基于中美英三国模式的比较》，《国际关系研究》2021年第6期。

济社会相适应的治理模式。具体地，平台型治理是把利益相关群体联结在多边平台上，通过开放治权和促进互动来实现多元供给、协作创新与合作共治。平台型治理是一种基于多边平台的共创、共治、共享的治理模式，是政府通过平台（数字平台或多边平台）将数据、服务、技术和人员聚集在一起，赋予公民自身创造公共价值权利的治理范式①。作为现代化征程的新时代共同富裕，必然要从当今的平台革命大势与平台经济社会中探寻时代逻辑，从而顺应时代潮流，抓住时代机遇，注入时代动力；新时代共同富裕必然要有理论支撑与治理共识：多边平台理论已成为平台经济社会政策与平台型治理的重要理论基础，为实现共同富裕提供了理论支撑与治理共识；新时代共同富裕必然要有现实诱因与实践条件：财富和权利的平台式聚集现实已经证实了多边平台的巨大优势，为平台型治理推动共同富裕提供了最根本的实践逻辑，而且中国有着平台型治理实践的气候、土壤和现实经验。基于此，平台型治理推动共同富裕有三大根本逻辑：时代逻辑、理论逻辑与实践逻辑。

（一）基于平台革命的治理趋势及时代逻辑

进入 21 世纪，数字平台技术革命与多边平台商业革命交融发展引致的平台经济革命与平台社会革命席卷全球，带来了惊人的爆发力、增长率、扩张性与冲击性，不仅成为全球经济新一轮增长的引擎，而且对整个社会的生产力发展与生产关系重塑产生了深远影响，还对经济社会中的价值创造方式与价值分配格局产生了重要影响。多边平台与数字平台（"双平台"）融合叠加引致的平台革命几乎渗透到国家治理和经济社会发展的各个领域，并深刻地、持续地、全方位地改变着整个世界。平台已经在世界各国，尤其在中国的政治社会生活中成为一种普遍趋势：从中央到基层，平台几乎渗透到国家治理的各个领域②。平台已经成为全球最为活跃的扩张力量，"无论是市场还是公地，无论是私人领域还是公共领域，平台机制形塑着生活的每一个领域"③。由此，整个世界和人类社会进入了

---

① Janowski Tomasz, Elsa Estevez, Baguma Rehema. Platform Governance for Sustainable Development: Reshaping Citizen-administration Relationships in the Digital Age. Government Information Quarterly, 2018, 35 (4): 1-16.

② De Blasio Emiliana, Selva Donatella. Implementing Open Government: a Qualitative Comparative Analysis of Digital Platforms in France, Italy and United Kingdom. Quality & Quantity, 2019, 53 (2): 871-896.

③ José van Dijck, Thomas Poell, Martijn de Waa. The Platform Society: Public Values in a Connective World, New York: Oxford University Press, 2018: 139-148.

平台时代、平台经济社会。平台时代呼唤政府的平台经济政策、平台社会政策与平台型治理。

平台革命集成了科技革命、经济革命和社会革命。由此，平台汇聚了财富和权利，"平台将处于一切事务的中心"。① 作为科技革命、经济革命，"双平台"极大地解放了生产力并提高了资源配置的效率，为共同富裕与高质量发展提供了生产力基础。平台经济的开放包容性、广泛覆盖性、网络外部性、扩张渗透性为均衡发展、共有共治、共建共享提供了经济基础和经济动能。平台革命作为社会革命，连接并覆盖了各个领域、各行各业、各个角落的人们，改变了他们的生产与生活、就业与创业、社会关系与价值分配，为共同富裕的实施提供了政治社会空间。平台式的财富和权利汇聚，直接让平台成为政府治理的抓手与共同富裕的焦点，从而为共同富裕提供了治理操作空间。因此在平台时代，平台型治理必然成为实现共同富裕的治理模式与治理趋势。

（二）基于多边平台及其网络外部性的治理共识及理论逻辑

自诺贝尔经济学奖得主 Tirole 研究双边市场（平台）以来，在哈佛大学、麻省理工学院、芝加哥大学和美国平台思维实验室的大批学者的研究推动下，平台经济学逐渐成熟，并逐渐开拓了平台战略学、平台组织学、平台领导学，形成了比较完整的多边平台理论体系，成为平台社会政策、经济政策与平台型治理研究及政府实践的重要理论基础。平台不限于互联网平台或数字平台，表现形式多种多样，实质是多元主体间价值互动的结构②。作为互动结构的平台，实质是合约控制权开放作为标志的多边平台③。互联网平台、数字平台因其开放共享、多边互动的特质，其实质也是多边平台。但其技术属性及其基础上的技术治理路径被过于倚重，而组织属性与治理属性往往被政府治理研究者与实践者所忽略。尽管如此，多边平台概念为企业平台治理、平台组织建设和政府的平台型治理、平台经济与社会政策提供了逻辑起点与理论共识。总的来说，除了平台组织的内部治理即平台自治外，平台外部或社会意义上的"平台治理"存在两种

---

① ［美］托马斯·弗里德曼：《世界是平的：21 世纪简史》，何帆等译，长沙：湖南科学技术出版社，2008 年，第 157~159 页。

② ［美］杰奥夫雷·G. 帕克、马歇尔·W. 范·埃尔斯泰恩、桑基特·保罗·邱达利：《平台革命：改变世界的商业模式》，志鹏译，北京：机械工业出版社，2017 年，第 16 页。

③ Andrei Hagiu, Julian Wright. Multi-Sided Platforms. International Journal of Industrial Organization, 2015 (43): 162-174.

理解和两种研究倾向：

一是对平台的治理，尤其是对互联网平台、大型企业平台的监管，即对平台风险、平台失灵、平台挑战的应对性治理，其实质是对平台所有者或政府监管部门的管控型治理，其基本假设是平台存在负外部性和垄断，即假设平台市场是失灵的①。平台尤其是垄断性数字平台帝国冲击了传统的国家治理、市场治理与社会治理，产生了层出不穷的社会风险、市场失灵和政府治理挑战，各国政府通过法律手段、经济手段和行政监管来应对平台经济社会中的问题与挑战，包括调节生产与分配。中国选择了安全优先、旨在保障国家对数字空间秩序支配能力的调节型治理模式②。

二是对基于平台的治理，是基于平台的生态辐射性与正外部性，强调平台对参与互动、合作共治的治理支撑功能。平台有助于公共部门应对平衡稳定和变化的需求③，在自我演化为生态共同体的进程中平台承担了越来越多的公共品供给、公共事务治理等原由政府主要履行的公共职能，由此平台实践构成了政府治理创新的重要维度④。平台通过利益整合推动着政府跨领域、跨部门的协同治理⑤。相对于媒介化治理、信息化治理，平台化治理是国家治理的新阶段⑥。在平台经济社会，国家治理体系需要探索基于平台的协作式治理机制，致力于公众、企业和社会组织等多元行动者的合作共治⑦。平台型治理可以借鉴平台经济和平台企业的理念、技术和方法，以平台思维创新政府治理理念和治理模式⑧。平台型治理能够促进公共品的多元供给和协作创新，增强政府的开放性、回应性、高效性，

① Robert Gorwa. What is Platform governance? Information Communication and Society, 2019, 22（6）：854-871.

② 王震宇、张晓磊：《平台治理的制度之维：基于中美英三国模式的比较》，《国际关系研究》2021 年第 6 期。

③ Chris Ansell, Alison Gash. Collaborative Platform as a Governance Strategy. Journal of Public Administration Research & Theory, 2018, 28（1）：16-32.

④ 王谦、何晓婷：《场域拓展、资源整合与平台实践：信息社会政府治理创新的认知维度》，《中国行政管理》2019 年第 12 期。

⑤ Heewon Lee. Collaborative Governance Platforms and Outcomes：An Analysis of Clean Cities coalitions. Governance, 2022：1-21. wileyonlinelibrary. com/journal/gove.

⑥ 姬德强：《平台化治理：传播政治经济学视域下的国家治理新范式》，《新闻与写作》2021 年第 4 期。

⑦ 李辉、张志安：《基于平台的协作式治理：国家治理现代化转型的新格局》，《新闻与写作》2021 年第 4 期。

⑧ 陈水生：《数字时代平台治理的运作逻辑：以上海"一网统管"为例》，《电子政务》2021 年第 8 期。

并推动多元利益主体之间的互动合作①。

"对平台的治理"模式，遵循的是安全优先、规范健康的价值逻辑，强调的是对平台风险及失灵的被动回应与行政管控，最终致力于实现市场公平、均衡共享。"基于平台的治理"模式，遵循的是发展优先、共创共享的价值逻辑，强调的是对平台网络性与开放互动性的主动吸收和合作共治，直接有效地解决社会公平和治理效率问题，仍然可以应对平台失灵及风险挑战。无论是对平台的治理还是基于平台的治理，都要依托平台治权关系和平台生态体系，以平台为切入点，实现平台经济社会的共建、共创、共治、共享与健康发展。笔者提出的平台型治理模式倾向于基于多边平台的治理，包括政府主办的多边公共平台及其治理、政府的平台经济社会政策及其推动的商业平台生态治理，来实现整个经济社会的共建共治共享与高质量均衡发展，这是平台型治理助推共同富裕的治理共识与理论逻辑。

（三）基于多边平台强大功能的治理经验及实践逻辑

首先，中国拥有全世界最庞大的网络社会规模、平台经济市场规模、平台组织数量规模、平台用工数量规模，意味着平台连接着经济社会的各类主体、各种组织，撬动着整个经济社会的运作与循环，由此能够支撑经济社会的生产、分配与治理。而且中国政府掌控全世界最完善、最庞大的平台基础设施——平台价值创造的首要关卡，由此支配其他平台要素的投入并能够主导对平台经济与平台社会的治理。中国政府多年来推行"政府搭台、市场运作与社会唱戏"的治理模式，搭建了面向各个领域、各个行业的多种类型的公共平台，成为政府施政施策的重要治理工具。这些都为平台型治理推动共同富裕的实现提供了现实可行性。

其次，财富和权利的平台式聚集预言已经被实践所验证，为平台型治理推动共同富裕的实现提供了最根本的实践逻辑。由此，平台组织崛起，平台经济兴盛，社会平台化加速，政府的平台政策与平台型治理已被提上议事日程。中国政府主办的广交会、进博会等城市会展平台已取得举世瞩目的经济成就，政府主办的经开区、产业园区、科技园区、自贸区、创新创业中心以及数字平台推动着城市和产业的快速发展，政府主办的各类公共品供给平台、公共服务平台诸如就业服务中心、社区服务中心、养老服

---

① Marijn Janssen, Elsa Estevez. Lean Government and Platform-based Governance—Doing More with Less. Government Information Quarterly, 2013, 30（1）: 1-8.

务中心及数字政府平台，为公共服务的均等化及普惠共享提供了实践路径。

再次，平台创造了社区共同体和多边市场，整合了政府、市场和社会三种资源配置机制，融合了平台价值的共创共治共享，为平台型治理推动共同富裕的实现提供了体制机制。平台兼具市场和组织的特征，实质是有计划的多边市场，平台方通过投资平台设施和互动工具来支持和拓展网络化的市场和社群、协调了多边用户间的大量经济行为。平台经济是有计划的、协调的和网络治理的市场经济，平台适用于平台主办方和主管方的计划与调控。政府作为公共平台的主办方、平台经济社会的主管方，可以借助平台实施对社会的计划、对市场的调控并推动对平台经济社会的生态治理以及对财富创造与分配的掌舵。而且，政府平台直接在创造和协调公共价值①。

最后，平台凭借强大的连接与整合、促进互动与合作的功能以及相对于科层治理的巨大优越性，成为促进经济社会治理的重要抓手。依赖数字平台技术与平台商业模式，平台经济跨时空、跨国界、跨行业、跨部门地集成社会生产、分配、交换与消费，大力促进了生产力的发展，强化了共同富裕的增长基础②。事实上，平台企业也在参与公共服务的有效供给与治理，同时在经济发展、平台用工和社会治理领域发挥着功不可没的作用。各类平台经济体必然成为政府平台型治理的重要参与者，为推动实现共同富裕发挥不可替代的重大作用。

综上，集科技革命、经济革命和社会革命于一身的平台革命深刻改变了平台经济社会的生产力与生产关系、价值创造与价值分配格局，生成了平台型治理范式并为共同富裕注入了时代逻辑；基于多边平台概念及理论的平台型治理为推动实现共同富裕提供了逻辑起点与理论共识；平台式的财富和权利汇聚为实现共同富裕提供了经济动能和分配基础，整合了三种资源配置机制的平台型治理为推动共建共治、共创共享提供了实现机制，基于多边平台强大功能的治理经验为平台型治理实现共同富裕注入了实践逻辑和操作框架。因此，平台型治理是契合共同富裕理念、支撑共同富裕实现的一种治理新范式，作为现代化征程的新时代共同富裕亟须平台化的政府治理及运行机制。

---

① Antonio Cordella, Andrea Paletti. Government as A Platform, Orchestration, and Public Value Creation: The Italian Case. Government Information Quarterly, 2019, 36 (4): 1-15.

② 谢富胜、吴越、王生升：《平台经济全球化的政治经济学分析》，《中国社会科学》2019年第12期。

三、平台型治理赋能共同富裕的运行机制

平台型治理基于平台的互动结构与空间载体，充分发挥平台的两项根本功能：降低交易成本与推动互动合作，充分利用平台的运行模式——多边用户连接、供需匹配、激发网络效应、推动高质量交互、保障交互权益与利益均衡①，来实现多元供给、协作创新与生态共治。因此，平台型治理可以使用广泛的运行机制来促进互动并为用户创造价值，兑现平台与供给侧用户间基于合作的收益分成模式，实现平台生态共同体的价值共创共享与社会均衡发展。根据平台型治理运行系统的流程及核心要素，结合共同富裕的本质及要求，平台型治理赋能共同富裕的核心运行机制依次体现在平台共同体共建、生态共治、价值共创、利益共享与权利保障等五个方面。

（一）平台生态联结与社区共同体

平台提供的是互动结构和生态网络（而非产品），平台的基本模式就是把供求两侧的多边用户联结、汇聚在一起互动，直接目标就是促成交互并实现互惠互利。多边平台模式的精髓在于基于平台思维组建平台生态系统，供多边用户群体彼此互动协作，以发挥出整体网络效应，实现多方共赢继而增进平台共同体价值。平台思维实质是"连接即拥有"、互动共治的水平思维，利用网络外部性和广泛的生态系统推动平台共同体的共建共创共享。平台生态化、生态网络化、网络扩张化是平台演化发展的核心特征，表现为平台对供求两侧多边用户的强大汇聚力、对上下游大量中小企业的吸附力，在同边网络效应和交叉网络效应的吸附中，平台成为联结紧密的社区共同体，而且像滚雪球那样不断增长。平台经济实际上就是把人和人、人和平台组织、平台组织和其他组织连接起来，以平台企业为主体、平台生态系统为载体的新经济业态。在平台经济业态中，平台作为生态治理支撑结构与"社区共同体"②，其生态联结与社区共同体为"共同"富裕提供了运行机制。平台以用户为中心的联结互动机制、价值网络共创机制、社区共同体共建共享机制，为以人民为中心的共同富裕提供

① ［美］戴维·S.埃文斯、理查德·施马兰奇：《连接：多边平台经济学》，张昕译，北京：中信出版社，2018年，第33~35页。
② ［美］戴维·S.埃文斯、理查德·施马兰西：《触媒密码——世界最具活力公司的战略》，陈英毅译，北京：商务印书馆，2011年，第25页。

了实现"共同"的运行模式。

（二）平台赋权释能与生态共治

平台的生态网络联结、社区共同体建设与生态系统共治，是建立在对用户赋权释能的基础上的。赋权的核心是放权让利，让用户主权；释能的核心是提供一揽子治理工具与规则，在促进互动并保障高质量互动过程中创造价值、获取价值与分配价值。多边平台摈弃了集中式命令和控制治理的结构[1]，赋予了更多的公民话语权并重塑了公共价值[2]。合约控制权（在公共领域表现为话语权、生产经营权等治权）的开放是多边平台的根本标志，更是平台生成共同体、实现生态共治的前提。平台型治理是主办方或（和）所有者等多"方"主体与多边用户协作参与的生态治理，是平台方主政与用户主权的有机统一。平台方主政体现在主办方对治理规则的安排与治权的赋予，平台提供方对用户的连接与互动促进、规则的执行与所有者对权益均衡的保障。治权安排的核心是在平台方与用户之间分权与集权的安排以及责任与利益的配置[3]。在所有权与经营管理权分离和供给侧生产经营权、互补服务开发权、决策权及剩余索取权的授予以及需求侧监督评价权、话语权等治权开放的基础上，用户主权体现在用户能够在供给侧灵活整合各类资源和能力，在需求侧灵敏地获取并满足用户的多元化需求，高效促进供需匹配的同时保障高质量互动。平台型治理正是通过赋权释能、放权让利，调动了多边用户内容生产、服务创新的动能及用户广泛参与治理的积极自主性，治理参与才得以分享平台利益[4]。由此，平台上的承办方、协办方、生产者、服务者、开发者、广告商、经销者、监督评价者以及各种生产要素的提供者，才有动能在平台上开展创新创业、互动合作，基于平台共建、生态共治的基础上的价值共创、利益共享才得以实现，这就是共同创富的保障机制与基本前提。

---

① Constantinides Panos, Henfridsson Ola, Parker Geoffrey. Introduction—Platforms and Infrastructures in The Digital Age. Information Systems Research, 2018, 29（2）: 253-523.

② Jean-Christophe Plantin. Review Essay: How Platforms Shape Public Values and Public Discourse. Media, Culture & Society, 2018, 41（1）: 1-6.

③ ［美］阿姆瑞特·蒂瓦纳：《平台生态系统：架构策划、治理与策略》，北京：北京大学出版社，2018 年，第 119~126 页。

④ Sam Kasimba, Päivi Lujala. Community Based Participatory Governance Platforms and Sharing of Mining Benefits: Evidence from Ghana. Community Development Journal, 2022, 57（4）: 635-654.

（三）平台开放共享与价值共创

不同于企业的管道式生产及其价值链基础上的合约控制，平台是在治权开放、资源共享基础上推动两组或多组依赖共生的用户群体之间的互动而共创价值。开放共享、网络互动与促进互动是平台创造价值的基本过程。平台方通过提供有效的治理系统来为平台共同体创造价值。平台对于多边用户乃至整个社会创造的价值体现在：交易成本的节约，推动着交互频率的提高与交互规模的扩大；需求方规模经济和范围经济，源自资源整合与汇聚、供求匹配、协作创新的平台配置机制；用户主权推动着交互质量与产品质量的提升；平台主政即平台方提供开放共享的参与架构、互动合作的治理规则与互动质量的保障体系①。平台具体从四个方面为多边用户创造价值：提供价值网络，提供市场，提供工具与提供内容管理机制②。而多边用户基于平台的开放共享成为直接的价值创造主体。平台遵循的是"共享平台+不同价值创造主体"的价值共创模式，不同价值创造主体（尤其是供给侧的多边用户）在平台赋权释能的激励中和资源开放共享的支撑下，依据数据进行资源配置并且自主经营、独立核算，由此平台和不同价值创造主体实现了价值共建与利益共享③。平台的开放共享与价值共创机制，推动着平台多边用户与多方主体各行其责、各施其能、各得其所，是高质量发展、价值共创、财富共享的基础，因此是推动实现共同富裕的根基。

（四）平台价值分配与利益均衡

多边平台模式的核心是关注平台的价值创造、价值分配与价值获取。平台通过联结网络和促进互动来实现价值创造，并让多边用户从平台互动中分享价值。价值分配与价值创造密切相关，价值分配影响价值创造，具有利益平衡的作用，并且强化了平台对用户的吸引力。平台必须平衡生态系统成员间的权益，以维系平台共同体的结构稳定、用户流量和持续繁荣。在平台共同体中，每个平台要素的提供者、创价关卡的设置者均能从

---

① David Evans. Governing Bad Behavior by Users of Multi-sided Platforms. Berkeley Technology Law Journal, 2012, 12 (27)：1201-1250.

② ［美］杰奥夫雷·G. 帕克、马歇尔·W. 范·埃尔斯泰恩、桑基特·保罗·邱达利：《平台革命：改变世界的商业模式》，志鹏译，北京：机械工业出版社，2017年，第111~112页。

③ 穆胜：《释放潜能：平台型组织的进化路线图》，北京：人民邮电出版社，2018年，第75~78页。

平台中分得"一杯羹"。包括基础设施支持（如空间、场地、资金和中介渠道）、数据及信息工具（浏览、营销媒体、信息获取）、产品及内容生产、互补服务开发、内容及服务的消费等创价关卡及其提供者的互动合作构成了平台价值网络。任何一个能够把持住创价关卡的守护者都能获得巨大的利益①。平台的每一个参与者，正是凭借提供的生产要素和创价关卡获得相应的要素报酬和创价回报。平台生态系统的分工越细致、价值网络越完善，价值创造的利润池就越庞大，价值的分享就越广泛，共同富裕的覆盖面与共享性越容易得到保障。平台战略的精髓在于共建一个多方共赢的平台生态共同体，妥善经营价值网络，在权利平衡中推进平台成长。而包含免费、补贴在内的不对称定价的价格策略及分配机制是利益均衡的关键因素。不对称定价也是多边平台（市场）区别于一般市场的基本战略②。在不对称定价的平台价格结构中，网络效应弱势的一方，例如普通大众或弱势群体更容易享受到免费和补贴的福利。综上，平台价值分配与利益均衡机制为共同富裕的实现直接提供了操作路径。

（五）平台服务供给与权利保障

在平台运行模式中，用户主权是其基本逻辑，平台方的主政围绕着用户互动及其需求管理而展开。由此，平台型治理以扩大用户规模、用户流量为直接操作路径，以提升用户黏性（用户对平台的满意感和平台对用户的吸附力）为基本操作目标，不断输出服务效用。而这些均依赖于高质量的平台服务体系和服务机制来保障。平台及生态系统促进社会的数字化转型，以公民为中心并且公平高效地向公民提供服务③。从某种意义上讲，作为互动结构的多边平台实质就是一种基础性的公共服务（包含互动的空间、框架与规则），借此供求两侧的多边用户得以交互、平台生态得以共治。因此，平台经济本质上是一种高级的服务性经济。"服务，而不仅仅是平台"，是平台战略及平台可持续发展的基本准则④。平台方为多边用户提供的基础设施、工具、技术与一揽子服务是平台运作的基本工具，以促进供需匹配和高质量交互。而平台向整个社会提供的服务，以平

---

①　王䑞：《平台战争》，北京：中国纺织出版社，2013年，第15～16页。

②　E Glen Weyl. A Price Theory of Multi-sided Platforms. American Economic Review, 2010, 100 (4): 1642-1672.

③　Parijat Upadhyay, et al. Continual Usage Intention of Platform-based Governance Services: A Study from an Emerging Economy. Government Information Quarterly, 2022, 39 (1).

④　[美] 迈克尔·A. 库斯玛诺：《耐力制胜：管理战略与创新的六大永恒法则》，万江平等译，北京：科学出版社，2013年，第228页。

台互补服务的形式由第三方开发与协作创新来实现。平台对外部第三方的产权保护、创新激励与收益保障为互补服务的生产开发提供了核心动能，并通过服务体系模块化、流程平坦化、规格标准化与供给多元化，推动实现平台服务的一站式、多元化、协作性供给。平台服务的供给机制为公共服务的平台式供给提供了运作机制，有助于政府推进基本公共服务均等化继而推动实现共同富裕。

四、平台型治理促进共同富裕的基本策略

平台革命的时代逻辑、多边平台网络外部性的理论逻辑与平台功能强大的实践逻辑，构成了平台型治理促进共同富裕的基本规律及策略依据。共同体共建、生态共治、价值共创、服务共享与分配均衡等运行机制，为平台型治理实现共同富裕提供策略操作路径。为此，政府应积极抓住平台革命的机遇，积极推动政府搭台策略的转向、公共平台的多边化转型与公共服务的平台式供给；积极利用多边平台的网络外部性与强大功能，推出"平台+"战略以加强平台体的辐射带动能力，保障人民平等发展、平等参与经济社会的权利和公平分享经济社会成果的机会。同时，结合平台经济潜在的失灵风险与社会矛盾，优化平台经济政策、健全平台社会政策，以保障平台参与者的公平权益与均衡发展。

（一）政府搭台策略的转向

在平台经济时代，政府搭台、经济社会唱戏已成为中国之治的一个缩影与常态。为推动经济社会的高质量均衡发展，政府搭台可以向欠发达地区、弱势产业或劳动密集型产业、低收入人群覆盖倾斜。第一，政府可以在更多的地区尤其是中西部、东北等欠发达地区搭建经济技术开发平台、产业展览与地区博览平台、对外交流合作平台、数字经济平台与社会治理平台，为文化、旅游等更多产业与乡村振兴搭建产业融合发展平台、城乡融合发展平台与公共服务平台，为更多的人群尤其是中低收入群体搭建创新创业、就业培训、社会保障领域的公共平台。通过为欠发达地区、乡村、弱势行业及产业搭建开发平台、融合平台与振兴平台，补齐共同富裕的短板，实现平台经济社会发展的机会公平。第二，政府需要完善农村及其他欠发达地区的平台基础设施与技术基础，提高中低收入人群的数字技术采纳能力与平台接入水平，推动其共享平台经济与数字经济的发展红利。政府可以创建大量公共平台，投入庞大资源支持平台所需的技术，推动建设后资本主义平台，利用平台收集的数据来分配资源，并将其用于公

共事业发展和实现民主参与①。第三，加强政府多边平台的创建，推动跨越区域、跨越产业、跨越行业、跨越组织的平台搭建与平台间的互联互通，不断提升平台的连接与覆盖能力，并从政府搭台走向平台主政，强化平台生态共建共治、共创共享，推动基于平台的可持续繁荣与均衡发展。

（二）公共平台转型与治权开放

传统的公共平台往往是政府单边的生产平台或纯粹的技术平台，生产和运作等治权没有对外开放，没有激活市场和社会力量参与的共建共创共治，价值和收益自然难以外溢。通过推动单边生产平台、基础性公共产品、公共基础设施、数字技术架构的多边平台化转型、数字化转型，向社会和市场开放平台承办与协办、运作与管理、生产与开发、监督与评价等治理权力，就会有更多的利益主体参与平台互补产品的生产、互补服务的开发以及平台的共治、价值的共创，与这些治权相联系的权益就得以共享。传统平台的多边化、数字化转型，不仅降低了平台的进入门槛，提升了平台的开放共享性，还会提高互补品开发的速度和开放创新的有序性，而且有利于保障相关方的知识产权与创新权益②。"平台化"转型构成了一种全新的经济结构与社会生活形态，已在新技术驱动下实现了对社会生产与再生产过程的重塑，而且平台的基础设施化与基础设施的平台化转型已成为新的社会变革力量③。互联网、物联网、大数据、云计算、数字政府与智慧政府等信息技术为传统公共平台的多边化、数字化转型提供了前所未有的契机。

多边公共平台在治理网络中处于非常有利的位置，能够充分发挥政府的生态领导力、主政能力和元治理功能。平台型治理基于平台主办方的赋权释能，通过把利益相关者连接起来互动来实现价值共创与生态共治，平台的生态共治与价值共创必然带来平台利益的共享。公共企业或基础性公共产品通过合约控制权的开放，也可以实现平台化转型与生态化发展，这样不仅能够提高公共企业、公共产品对整个国民经济的渗透力、覆盖面与外溢性，还可以推动公共企业的全民共建、财富共创与利益共享。此外，

---

① ［加］尼克·斯尔尼塞克：《平台资本主义》，程水英译，广州：广东人民出版社，2018年，第141页。

② Kevin Boudreau. Open Platform Strategies and Innovation: Granting Accessvs. Devolving Control. Management Science, 2010, 56（10）: 1849-1872.

③ 席志武、李辉：《平台化社会重建公共价值的可能与可为》，《国际新闻界》2021年第6期。

政府还可以进一步推动自贸区、经开区、高新区、创新创业中心的治权开放与生态化拓展，并在国际交流合作领域如"一带一路"建设和公共服务领域提高开放水平，加快形成双循环的发展格局，以高水平开放助力实现"共同富裕"①。

（三）平台经济政策的优化

平台经济给社会秩序带来了风险与挑战，尤其是大型平台依托数字技术带来的垄断问题及监管难题，成为困扰各国政府和社会的突出问题②。平台经济垄断及负外部性风险，拉大了竞争的不公平和收入分配的差距。为此，必须推动平台经济规范健康发展，有序建立健全平台经济法治与生态共治体系，监控数字剥削，破解平台经济发展的单纯"数字资本逻辑"③。但旨在促进平台经济规范健康的反垄断与监管政策仅仅解决了平台经济的风险与失灵，而应对平台经济的生产力促进、网络外部性等正外部性，则是平台经济政策的另一面。因此，应对平台经济负面性与正面性的政策，不可偏废且缺一不可。政策优化的关键是在平台经济风险与发展活力、安全优先还是发展优先中加以权衡与统筹。统筹的前提是正确认识平台经济运行规律，承认平台经济促进生产力发展与推动共同富裕的潜力，承认平台经济的正面性是主要的而负面性是次要的。在资本的裹挟和垄断逐利的驱使下，平台经济助推共同富裕更离不开平台经济政策的优化。

平台经济尤其是数字平台经济具有收入分配的普惠分享效应。平台经济的各种要素的所有者以及产品供给者、内容生产者、服务开发者与平台承运管理者及创办者等主体共同参与收入分配，共建平台社区共同体、共创平台经济成果、共享平台经济财富。因此，平台经济政策首先要强化推动平台连接、数字联通、用户覆盖以及平台产业化与产业平台化的融合发展，为平台经济财富共创共享提供更优的基础设施与营商环境。其次，通过财税政策、社保政策积极引导平台企业在推进共同富裕中的主体作用。具有生态普惠性和网络外部性的"新型平台企业"在优化资源配置及促

---

① 张二震、李远本、戴翔：《高水平开放与共同富裕：理论逻辑及其实践路径》，《南京社会科学》2022年第4期。
② 江小涓、黄颖轩：《数字时代的市场秩序、市场监管与平台治理》，《经济研究》2021年第12期。
③ 马云志、王寅：《平台资本主义批判和社会主义平台经济建构》，《福建论坛》2021年第11期。

进共同富裕方面具有突出作用，平台企业是推进共同富裕的重要主体①。平台经济创业及平台企业用工直接关系到数千万人口的创业收益与劳动报酬，理应成为平台经济政策促进共同富裕的一个重要切入点。再次，针对新兴的脆弱性或风险性平台产业，如互联网医院、带货直播平台、民宿平台、跨境电商平台等，在包容审慎性政策监管的同时，注重政策扶持与规范引导；针对大型的平台经济带或平台企业，则加强引导其在城乡之间、地区之间、产业之间的覆盖、辐射与带动能力，增强其溢出效应、协同效应与普惠效应，推动平台经济红利的均衡发展与社会共享。最后，引导平台生态"多元共治"以回应利益各方诉求，以"敏捷适应"理念快速响应平台引发的新兴问题，用"技术"赋能平台搭建、平台监管并及时跟踪平台治理的不同场景，以推动平台治理科学化②。

（四）平台社会政策的健全

以人为中心的高质量发展与共同富裕，还需平台社会政策的保障。中国拥有全世界最庞大的平台网络社会与虚拟社会，平台社会具备了公共权力及公共生活的功能。平台社会的良性有序发展直接关系到人的身心健康、权益保障、生活质量以及社会的公序良俗与公共价值。为此，政府应促进平台系统捍卫公共价值，通过政府机制、社会机制和市场机制将公共价值植入平台生态系统，探讨市场主体、公民社会、政府对平台社会的公共价值重建，保障平台隐私、安全尤其是消费者的合法权益、平台参与者的合理收益，积极引导平台社会在市场、国家和公民社会之间取得平衡，促进平台的可持续发展③。具体来说，有以下几条建议：

第一，积极孵化中介机构、行业组织、第三方评估机构、社工机构等平台社会组织，以承接平台经济的专业化分工和政府对平台经济社会的公共服务，培育更多社会力量参与平台经济分工协作与治理。第二，制定平台网络社会规范有序发展的公共政策或法律法规，重点治理平台社会网络安全、信息安全与网络诚信，专项治理网络水军、网络谣言、网络技术攻击与网络人身攻击，大力推动网络诚信建设和网络舆论的监管、疏通与引

---

① 朱太辉、林思涵、张晓晨：《数字经济时代平台企业如何促进共同富裕》，《金融经济学研究》2022年第1期。

② 梁正、余振、宋琦：《人工智能应用背景下的平台治理：核心议题、转型挑战与体系构建》，《经济社会体制比较》2020年第3期。

③ José van Dijck, Thomas Poell, Martijn de Waa. The Platform Society：Public Values in a Connective World, New York：Oxford University Press, 2018：139-148.

导，保障公民隐私，规范数据的获取、使用及受益。第三，大力发展平台社会慈善业，推动慈善平台健康有序发展，引导发挥其在第三次分配中的重大作用。一方面拓展公益基金会、红十字会等传统实体平台的网络渠道，增强其网络连接与覆盖能力以提升募集和救济能力；另一方面，引导和规范水滴筹、轻松筹等众筹平台慈善组织的平台自治与生态共治，并通过法律法规强化外部监管。第四，积极引导和支持公共教育、医疗、环保、文化等领域的平台社会治理，及时应对该领域出现的新问题，规范治理秩序并促进其健康持续发展。例如"双减"政策实施后，随着义务教育学科培训的关停，教育部门的智慧云课堂培训相继推出，如何保障"双减"政策的继续落实与教育培训服务的社会公平正在考验政府的平台型治理能力与政策创新。第五，建构完善的高质量社会保障体系。促进社会保障高质量发展是实现共同富裕的重要路径和制度保障①。在平台社会需重点关注平台型就业与创业的社会保障与平台用工政策。

（五）"平台+"战略的推出

当前，"互联网+"经济发展战略已取得不错的成绩。"平台+"是"互联网+"升级，互联网其实本质也是多边平台。但"平台+"战略强调多边平台或多边平台商业模式与数字平台技术模式的融合叠加对欠发达地域、传统市场、行业、组织、个人的连接与覆盖、渗透与交融，以推动经济社会高质量均衡发展和基于平台的财富共创与共享。"平台+"战略实际是遵循平台经济革命的趋势与规律，是平台经济体对传统落后经济体的辐射、渗透与融入升级过程，实质是推动经济高质量均衡发展和先进带动"后进"、先富帮助后富的普惠共享与共同富裕模式。政府的"平台+"战略的实施路径主要有：

其一，推动平台+区域形成平台区域经济带。即通过在欠发达地区创建经开区、自贸区、高新区、产业园区，推进平台产业或大型平台企业进驻欠发达地区及乡村，以平台区域经济带推动区域高质量经济循环与区域间、城乡间的经济均衡发展。其二，平台+传统市场（或市场渠道）形成电商平台经济带。电商平台经济带能够整合产供销网络并加快经济循环，高效覆盖欠发达地区、乡村及低收入群体，在提高资源配置效率的同时推动电商经济的普惠共享。其三，平台+产业形成平台产业经济带。平台产业经济带能够推动传统产业向高附加值的现代服务业、高新技术产业转型

①　金红磊：《高质量社会保障体系推进共同富裕》，《社会主义研究》2022年第1期。

升级及融合发展，促进产销融合与供需间的衔接匹配，以推动产业高质量发展转型。其四，平台+组织尤其是企业组织形成平台创新经济带。在平台创新经济带，大量的新经济业态及中小企业都可以进驻平台创新经济带开展互补品的开发与创新，不仅带来了创新者收益的增加，还推动着平台经济带创新效益的辐射与外溢。其五，平台+个体创业形成平台创业经济带与平台型创业模式。即社会大众进驻平台经济体开展基于平台生态和价值网络的创新创业，由此借助平台的创业网络，提升创新创业的成功率并取得相应收入。其六，政府率先垂范，通过自建多边平台+产业+企业，推动形成政府搭台型经济体。如政府主办城市博览或产业博览平台、出口促进平台，辐射并带动所在城市、相关产业的发展和大量相关企业与个人收入的增长。

（六）公共服务的平台式供给与均等化共享

平台型治理的实质就是基于多边平台的公共事务治理与公共服务供给。公共服务的平台式供给既有利于实现公共服务的多元供给与协作创新，又有助于促进公共服务供给的标准化与均等化，最重要的是提高了公共服务供给的效能：规模经济与范围经济、便捷性与回应性、透明性与整体性。多边平台的生态化连接、平坦化流程、模块化结构、网络化覆盖的运行优势是实现上述功能优势的保障。政府可以利用平台的易访问、易连接、可复使用、易演化等结构特征及功能优势，实现公共服务的多元供给与均衡化发展[1]。因此，供给多边平台是政府供给公共服务，继而推动公共服务的普惠共享、标准化与均等化发展的重要对策。区域经济与产业经济布局的均衡化、基本公共服务的均等化是实现共同富裕的基本前提和重要路径[2]。实现共同富裕，首先要求保障人民平等发展、平等参与经济社会的权利，在基本公共服务均等化和向欠发达地区及困难群体倾斜的过程中促进机会均等[3]。公共服务供给方式的平台化及数字化、整体推动和重点突破并行、政府主导与社会参与联动、法制保障和技术协同推动是公共服务均衡化的重要策略[4]。具体而言，借助数字政府以及市民服务中心、

---

① 宋锴业：《中国平台组织发展与政府组织转型》，《管理世界》2020 年第 11 期。
② 习近平：《扎实推动共同富裕》，《求是》2021 年第 20 期。
③ 张来明、李建伟：《促进共同富裕的内涵、战略目标与政策措施》，《改革》2021 年第 9 期。
④ 李实、杨一心：《面向共同富裕的基本公共服务均等化：行动逻辑与路径选择》，《中国工业经济》2022 年第 2 期。

党群服务中心、社会保障系统、社区服务中心、就业服务中心、养老服务中心、残联服务中心、妇儿服务中心以及公立事业组织的平台化转型与生态化发展，推动民生福利、社会保障、公共服务及公共事业的平台式供给与均等化共享，重点突破政府就业服务、公共教育服务等直接关系公民发展权利公平的平台式均等化供给。

五、结语

平台型治理模式并不是为了实现共同富裕而生成的，而是平台时代与平台革命的产物，其广泛应用于公共服务的协作创新、公共品的多元供给与公共事务的合作共治。平台型治理是与平台经济社会相适应的治理范式，自然也是推动实现新时代共同富裕的治理模式。平台型治理不仅是安全优先、秩序稳定原则下对平台的政府管控型治理，在经济社会的微观治理领域也是可以遵循发展优先、兼顾安全的开放性生态共治。赋权释能、放权让利是平台型治理的精华，也是成功的基础。治权的开放、权能的释放与权利的让渡才是利益共同体共建共治、价值共创、财富共享的前提，自然是共同富裕的根基。在新时代，改革开放已推至深水区。改革从国内体制改革转向国际秩序改革，开放由对国际社会开放市场转向对国内社会开放权利，都成为必然趋势，也是国强民富的必经之路。

在平台型治理推进共同富裕的进程中，政府需要做出如下改变：一是观念变革，摒弃传统的垂直性思维、政治管控型思维，树立价值网络联结的水平思维与生态共治的合作思想。二是职责转变，深耕微观的精准治理与平台型治理，注重联络用户、赋权释能、促进互动、推动共治。三是角色转换，由传统的公共品生产者、供给规则安排者转化为公共平台的供给者、平台事务的主办者、平台治权的授予者、平台规则的安排者、平台共治的促进者，由传统的政府平台第二方转型为多边公共平台的第三方甚至第四方。四是结构的转型，平台性政府建设可以提上议事日程。平台性政府是适应平台经济社会、融入平台型治理的政府形态及运作模式，是推动公共服务平台式供给、公共事务平台型治理的政府模式，是对公务员和公民赋权释能的平台型组织。共同富裕是人类史上的伟大创举，平台经济社会及平台型治理为其提供了契机和范式。

参 考 文 献

一、中文文献

[1] 阿里研究院:《平台经济》,北京:机械工业出版社,2016 年。

[2] 阿姆瑞特·蒂瓦纳:《平台生态系统:架构策划、治理与策略》,候赟慧、赵驰译,北京:北京大学出版社,2018 年。

[3] 埃莉诺·奥斯特罗姆:《公共服务的制度建构》,宋全喜等译,上海:上海三联书店,2000 年。

[4] 安德烈·哈丘、西蒙·罗斯曼:《规避网络市场陷阱》,《哈佛商业评论》2016 年第 4 期。

[5] 蔡剑:《协同创新论》,北京:北京大学出版社,2012 年。

[6] 曹佳:《平台经济、就业与劳动用工》,北京:研究出版社,2020 年。

[7] 曹剑光:《社区虚拟公共服务平台创新研究》,《理论导刊》2011 年第 12 期。

[8] 陈韩晖、吴哲、黄颖川:《广交会:海上丝绸之路的新生与发展》,广州:广东经济出版社,2015 年。

[9] 陈水生:《数字时代平台治理的运作逻辑:以上海"一网统管"为例》,《电子政务》2021 年第 8 期。

[10] 陈威如、王诗一:《平台转型》,北京:中信出版社,2016 年。

[11] 陈威如、余卓轩:《平台战略》,北京:中信出版社,2013 年。

[12] 崔晓明、姚凯、胡君辰:《交易成本、网络价值与平台创新——基于 38 个平台实践案例的质性分析》,《研究与发展管理》2014 年第 3 期。

[13] 戴维·S. 埃文斯、理查德·施马兰西:《触媒密码——世界最具活力公司的战略》,陈英毅译,北京:商务印书馆,2011 年。

[14] 戴维·S. 埃文斯、理查德·施马兰西:《连接:多边平台经济学》,

张昕译，北京：中信出版社，2018 年。

[15] 丁元竹：《平台型政府运行机制的设计思路》，《中国浦东干部学院学报》2017 年第 2 期。

[16] 菲利普·海恩斯：《公共服务管理的复杂性》，孙健译，北京：清华大学出版社，2008 年。

[17] 傅瑜：《网络规模、多元化与双边市场战略——网络效应下平台竞争策略研究综述》，《科技管理研究》2013 年第 6 期。

[18] 高鉴国：《社区公共服务的性质与供给》，《东南学术》2006 年第 6 期。

[19] 韩万渠、柴琳琳、韩一：《平台型政府：作为一种政府形态的理论构建》，《上海行政学院学报》2021 年第 5 期。

[20] 韩万渠：《跨界公共治理与平台型政府构建》，《科学社会主义》2020 年第 1 期。

[21] 韩万渠：《政民互动平台推动公众有效参与的运行机制研究——基于平台赋权和议题匹配的比较案例分析》，《探索》2020 年第 2 期。

[22] 韩文龙、蒋枢泓：《新发展阶段实现共同富裕的理论逻辑与实现路径》，《社会科学战线》2022 年第 4 期。

[23] 贺宏朝：《平台：培育未来竞争力的必然选择》，北京：机械工业出版社，2004 年。

[24] 洪银兴：《论中国式现代化的经济学维度》，《管理世界》2022 年第 4 期。

[25] 胡重明：《"政府即平台"是可能的吗？——一个协同治理数字化实践的案例研究》，《治理研究》2020 年第 3 期。

[26] 黄颖：《从进博会便利化措施看中国扩大进口的路径选择》，《对外经贸实务》2019 年第 1 期。

[27] 姬德强：《平台化治理：传播政治经济学视域下的国家治理新范式》，《新闻与写作》2021 年第 4 期。

[28] 纪汉霖、王小芳：《双边市场视角下平台互联互通问题的研究》，《南方经济》2007 年第 11 期。

[29] 江小涓、黄颖轩：《数字时代的市场秩序、市场监管与平台治理》，《经济研究》2021 年第 12 期。

[30] 杰奥夫雷·G. 帕克，等：《平台革命：改变世界的商业模式》，志鹏译，北京：机械工业出版社，2017 年。

[31] 金红磊：《高质量社会保障体系推进共同富裕》，《社会主义研究》

2022 年第 1 期。

[32] 敬乂嘉：《从购买服务到合作治理——政社合作的形态与发展》，《中国行政管理》2015 年第 7 期。

[33] 李锋、周舟：《数据治理与平台型政府建设：大数据驱动的政府治理方式变革》，《南京大学学报（哲学社会科学版）》2021 年第 4 期。

[34] 李辉、张志安：《基于平台的协作式治理：国家治理现代化转型的新格局》，《新闻与写作》2021 年第 4 期。

[35] 李静：《网络治理：政治价值与现实困境》，《理论导刊》2013 年第 7 期。

[36] 李雷、赵先德、简兆权：《以开放式网络平台为依托的新服务开发模式》，《研究与发展管理》2015 年第 1 期。

[37] 李平、曹仰锋：《案例研究方法：理论与范例——凯瑟琳·艾森哈特论文集》，北京：北京大学出版社，2012 年。

[38] 李实、杨一心：《面向共同富裕的基本公共服务均等化：行动逻辑与路径选择》，《中国工业经济》2022 年第 2 期。

[39] 李小玲：《基于双边市场理论的搜索广告平台动态运作机制研究》，武汉：武汉大学出版社，2013 年。

[40] 梁正、余振、宋琦：《人工智能应用背景下的平台治理：核心议题、转型挑战与体系构建》，《经济社会体制比较》2020 年第 3 期。

[41] 刘学：《重构平台与生态：谁能掌控未来》，北京：北京大学出版社，2017 年。

[42] 刘家明，等：《多边公共平台的社会网络结构研究》，《科技管理研究》2018 年第 4 期。

[43] 刘家明、耿长娟：《从分散监管到协同共治：平台经济规范健康发展的出路》，《商业研究》2020 年第 8 期。

[44] 刘家明、胡建华：《多边平台创建与平台型治理：地方公共卫生应急体系优化的对策》，《中国矿业大学学报（社会科学版）》2020 年第 2 期。

[45] 刘家明、蒋亚琴：《如何提高公共就业培训服务绩效：多边平台战略的启示》，《中国人力资源开发》2020 年第 7 期。

[46] 刘家明、柳发根：《平台型创新：概念、机理与挑战应对》，《中国流通经济》2019 年第 10 期。

[47] 刘家明：《多边公共平台的运作机理与管理策略——基于社区社工

服务中心的跨案例研究》，《理论探索》2020 年第 1 期。

［48］刘家明：《多边公共平台战略模式研究》，北京：中国社会科学出版社，2018 年。

［49］刘家明：《多边公共平台治理绩效的影响因素分析》，《江西社会科学》2019 年第 7 期。

［50］刘家明：《高校人才培养平台模式及其向多边平台转型的思考》，《国家教育行政学院学报》2019 年第 9 期。

［51］刘家明：《公共部门的多边平台战略》，《中国社会科学文摘》2019 年第 5 期。

［52］刘家明：《公共平台建设的多维取向》，《重庆社会科学》2017 年第 1 期。

［53］刘家明：《广交会平台模式转型发展思考》，《开放导报》2018 年第 5 期。

［54］刘家明：《国外平台领导研究：进展、评价与启示》，《当代经济管理》2020 年第 8 期。

［55］刘家明：《平台型治理：内涵、缘由及价值析论》，《理论导刊》2018 年第 8 期。

［56］刘家明：《平台型治理：一种新的公共治理范式》，《甘肃行政学院学报》2021 年第 6 期。

［57］刘家明：《平台型治理助推共同富裕：逻辑、机制与策略》，《人文杂志》2023 年第 5 期。

［58］刘家明、李静：《中国式政府治理现代化：新时代搭台型治理的样态、逻辑与启示》，《江西师范大学学报（哲学社会科学版）》2023 年第 5 期。

［59］刘建颖：《多棱镜视角中的中国国际进口博览会》，《国际贸易》2019 年第 1 期。

［60］刘金河：《权力流散：平台崛起与社会权力结构变迁》，《探索与争鸣》2022 年第 2 期。

［61］刘京华：《广交会发展中存在的问题及转型之路》，《对外经贸实务》2015 年第 5 期。

［62］刘培林，等：《共同富裕的内涵、实现路径与测度方法》，《管理世界》2021 年第 8 期。

［63］刘绍荣，等：《平台型组织》，北京：中信出版社，2019 年。

［64］刘伟忠：《协同治理的价值及其挑战》，《江苏行政学院学报》2012

年第 5 期。

[65] 卢小平：《公共服务 O2O 平台建设研究》，《中国特色社会主义研究》2017 年第 3 期。

[66] 罗宾·蔡斯：《政府，做伟大的平台创建者》，《中国战略新兴产业》2016 年第 5 期。

[67] 罗伯特·K. 殷：《案例研究：设计与方法》，周海涛等译，重庆：重庆大学出版社，2010 年。

[68] 马可·扬西蒂、罗伊·莱维恩：《共赢：商业生态系统对企业战略、创新和可持续性的影响》，王凤彬、王保伦译，北京：商务印书馆，2006 年。

[69] 马歇尔·范阿尔斯丁、杰弗里·帕克、桑杰特·保罗·乔达例：《平台时代战略新规则》，《哈佛商业评论》2016 年第 4 期。

[70] 马云志、王寅：《平台资本主义批判和社会主义平台经济建构》，《福建论坛》2021 年第 11 期。

[71] 迈克尔·A. 库斯玛诺：《耐力制胜：管理战略与创新的六大永恒法则》，万江平等译，北京：科学出版社，2013 年。

[72] 满振良、马海群：《总体国家安全观下平台经济的信息规制》，《情报杂志》2021 年第 10 期。

[73] 闵学勤、陈丹引：《平台型治理：通往城市共融的路径选择》，《同济大学学报》（社会科学版）2019 年第 5 期。

[74] 闵学勤：《从无限到有限：社区平台型治理的可能路径》，《江苏社会科学》2020 年第 6 期。

[75] 穆胜：《释放潜能：平台型组织的进化路线图》，北京：人民邮电出版社，2018 年。

[76] 尼克·斯尔尼塞克：《平台资本主义》，程水英译，广州：广东人民出版社，2018 年。

[77] 欧黎明、朱秦：《社会协同治理：信任关系与平台建设》，《中国行政管理》2009 年第 5 期。

[78] 彭禄斌、刘仲英：《物流公共信息平台治理机制对治理绩效的影响》，《工业工程与管理》2010 年第 1 期。

[79] 彭箫剑：《平台型政府及行政法律关系初论》，《兰州学刊》2020 年第 7 期。

[80] 让·梯若尔：《创新、竞争与平台经济》，寇宗来、张艳华译，北京：法律出版社，2017 年。

[81] 斯蒂芬·戈德史密斯、威廉·D. 埃格斯：《网络化治理：公共部门的新形态》，孙迎春译，北京：北京大学出版社，2008 年。

[82] 宋刚、孟庆国：《政府 2.0：创新 2.0 视野下的政府创新》，《电子政务》2012 年第 2 期。

[83] 宋锴业：《中国平台组织发展与政府组织转型》，《管理世界》2020 年第 11 期。

[84] 孙晋：《数字平台的反垄断监管》，《中国社会科学》2021 年第 5 期。

[85] 唐任伍、李楚翘：《共同富裕的实现逻辑：基于市场、政府与社会"三轮驱动"的考察》，《新疆师范大学学报（哲学社会科学版）》2022 年第 1 期。

[86] 陶希东：《平台经济呼唤平台型政府治理模式》，《浦东发展》2013 年第 12 期。

[87] 田培杰：《协同治理概念考辨》，《上海大学学报（社会科学版）》2014 年第 1 期。

[88] 托马斯·弗里德曼：《世界是平的：21 世纪简史》，何帆等译，长沙：湖南科学技术出版社，2008 年。

[89] 汪玉凯、高新民：《互联网发展战略》，北京：学习出版社，2012 年。

[90] 王诚、刘玉杰：《论进口博览会的政府监管体制创新》，《国际商务研究》2018 年第 6 期。

[91] 王谦、何晓婷：《场域拓展、资源整合与平台实践：信息社会政府治理创新的认知维度》，《中国行政管理》2019 年第 12 期。

[92] 王旸：《平台战争》，北京：中国纺织出版社，2013 年。

[93] 王彦华：《中国第一展：广交会文库》，北京：中国商务出版社，2015 年。

[94] 王勇、刘航、冯骅：《平台市场的公共监管、私人监管与协同监管》，《经济研究》2020 年第 3 期。

[95] 王玉梅、徐炳胜：《平台经济与上海的转型发展》，上海：上海社会科学院出版社，2014 年。

[96] 王昭慧、张洪：《基于双边市场的平台所有权研究》，《管理工程学报》2011 年第 1 期。

[97] 王震宇、张晓磊：《平台治理的制度之维：基于中美英三国模式的比较》，《国际关系研究》2021 年第 6 期。

[98] 习近平：《十九大以来重要文献选编（中）》，北京：中央文献出版社，2021 年。

[99] 席志武、李辉：《平台化社会重建公共价值的可能与可为》，《国际新闻界》2021 年第 6 期。

[100] 谢富胜、吴越、王生升：《平台经济全球化的政治经济学分析》，《中国社会科学》2019 年第 12 期。

[101] 谢晓燕、刘洪银：《平台经济推进制造业创新发展机制及其建设路径》，《广西社会科学》2018 年第 9 期。

[102] 熊励、季佳亮、陈朋：《基于平台经济的数字内容产业协同创新动力机制研究》，《科技管理研究》2016 年第 2 期。

[103] 徐晋：《平台经济学》，上海：上海交通大学出版社，2013 年。

[104] 徐晋：《平台竞争战略》，上海：上海交通大学出版社，2013 年。

[105] 徐井宏、缪纯：《聚合——国内外创新创业平台案例研究》，北京：清华大学出版社，2014 年。

[106] 许源源、涂文：《对立还是共生：政府与社会组织间的信任关系研究》，《甘肃行政学院学报》2018 年第 5 期。

[107] 亚历克斯·莫塞德、尼古拉斯·L. 约翰逊：《平台垄断：主导 21 世纪经济的力量》，杨菲译，北京：机械工业出版社，2017 年。

[108] 杨传张、祁述裕：《互联网文化内容规制：基本框架、现实困境与优化路径》，《中国海洋大学学报（社会科学版）》2021 年第 5 期。

[109] 杨立红：《北京和多伦多社区服务中心管理体制比较研究》，《北京行政学院学报》2005 年第 4 期。

[110] 杨清华：《协同治理的价值及其局限分析》，《中北大学学报（社会科学版）》2011 年第 1 期。

[111] 杨瑞仙、毛春蕾、左泽：《我国政府数据开放平台建设现状与发展对策研究》，《情报理论与实践》2016 年第 6 期。

[112] 杨文圣、李旭东：《共有、共建、共享：共同富裕的本质内涵》，《西安交通大学学报（社会科学版）》2022 年第 1 期。

[113] 姚引良、刘波、汪应洛：《网络治理理论在地方政府公共管理实践中的运用及其对行政体制改革的启示》，《人文杂志》2010 年第 1 期。

[114] 叶秀敏：《平台经济理论与实践》，北京：中国社会科学出版社，2018 年。

[115] 于凤霞:《平台经济:新商业　新动能　新监管》,北京:电子工业出版社,2020年。

[116] 于萌:《在灵活性与保障性之间:平台劳动者的社会政策保护》,《南京社会科学》2021年第8期。

[117] 俞可平:《治理与善治》,北京:社会科学文献出版社,2000年。

[118] 郁建兴、任杰:《共同富裕的理论内涵与政策议程》,《政治学研究》2021年第3期。

[119] 张鹏:《发展平台经济　助推转型升级》,《宏观经济管理》2014年第7期。

[120] 张婷、刘洪愧:《以进博会创新发展促进高水平对外开放的对策思考》,《国际贸易》2020年第5期。

[121] 张成福:《开放政府论》,《中国人民大学学报》2014年第3期。

[122] 张二震、李远本、戴翔:《高水平开放与共同富裕:理论逻辑及其实践路径》,《南京社会科学》2022年第4期。

[123] 张康之:《合作治理是社会治理变革的归宿》,《社会科学研究》2012年第3期。

[124] 张康之:《走向合作制组织:组织模式的重构》,《中国社会科学》2020年第1期。

[125] 张来明、李建伟:《促进共同富裕的内涵、战略目标与政策措施》,《改革》2021年第9期。

[126] 张小宁、赵剑:《新工业革命背景下的平台战略与创新》,《科学学与科学技术管理》2015年第3期。

[127] 张小宁:《平台战略研究述评及展望》,《经济管理》2014年第3期。

[128] 张占斌:《中国式现代化的共同富裕:内涵、理论与路径》,《当代世界与社会主义》2021年第6期。

[129] 张兆曙:《虚拟整合与平台社会的来临》,《社会科学》2021年第10期。

[130] 赵镛浩:《平台战争》,吴苏梦译,北京:北京大学出版社,2012年。

[131] 郑磊、高丰:《中国开放政府数据平台研究:框架、现状与建议》,《电子政务》2015年第7期。

[132] 郑彬睿:《总体国家安全观视域下平台经济发展规制路径研究》,《江淮论坛》2021年第6期。

［133］朱峰、内森·富尔:《四步完成从产品到平台的飞跃》,《哈佛商业评论》2016 年第 4 期。

［134］朱太辉、林思涵、张晓晨:《数字经济时代平台企业如何促进共同富裕》,《金融经济学研究》2022 年第 1 期。

二、英文文献

［1］Aaron Wachhaus. Platform Governance: Developing Collaborative Democracy. Administrative Theory & Praxis, 2017, 39 (3): 206-221.

［2］Andreas Rasche. Collaborative Governance 2.0. Corporate Governance, 2010, 10 (4): 500-511.

［3］Andrei Hagiu, Julian Wright. Multi-Sided Platforms. International Journal of Industrial Organization, 2015 (43): 162-174.

［4］Andrei Hagiu. Merchant or Two-sided Platform. Review of Network Economics, 2007, 6 (2): 115-133.

［5］Andrei Hagiu. Multi-Sided Platforms, From Microfoundations to Design and Expansion Strategies. Harvard Business School, Working Paper, 2009.

［6］Anmol Rattan Singh Sandhu. Government Service Delivery in India A Platform-based Framework to Handle Complexity and Scale, SGGS Collegiate Public School, 2020.

［7］Annabelle Gawer, Michael Cusumano. How Companies Become Platform Leaders. MIT Sloan Management Review, 2008, 49 (2): 28-35.

［8］Annabelle Gawer, Rebecca Henderson. Platform Owner Entry and Innovation in Complementary Markets: Evidence from Intel. Journal of Economics & Management Strategy, 2007, 16 (1): 1-34.

［9］Annabelle Gawer. Platforms, Markets and Innovation. London: Edward Elgar, 2009.

［10］Antonio Cordella, Andrea Paletti. Government as A Platform, Orchestration, and Public Value Creation: The Italian Case. Government Information Quarterly, 2019, 36 (4): 1-15.

［11］Armstrong Mark. Competition in Two-Sided Markets. Rand Journal of Economics, 2006, 37 (3): 668-691.

［12］Arthur T Himmelman. Collaboration for a Change: Definitions, Decision-making Models, Roles, and Collaboration Process Guide.

Minneapolis: Himmelman Consulting, 2002.

[13] Bennani, Byat, Bernard, Boukharouaa, Berrada, Chaibi Johson Cornell University. The Global Innovation Index 2014. Wipo Economics & Statistics, 2014, 118 (10): 4303-4317.

[14] Bovet David, Marha Joseph. From Supply Chain to Value Net. Journal of Business Strategy, 2000, 21 (4): 24-28.

[15] Brown, Fishenden, et al. Appraising the Impact and Role of Platform Models and Government as a Platform in UK Government Public Service Reform: Toward a Platform Assessment Framework. Government Information Quarterly, 2017, 34 (2): 167-182.

[16] Carliss Baldwin, Jason Woodard. The Architecture of Platform: A Unified View. Working Paper, Harvard University, 2008.

[17] Chris Ansell, Alison Gash. Collaborative Platform as a Governance Strategy. Journal of Public Administration Research & Theory, 2018, 28 (1): 16-32.

[18] Chris Huxham. The Challenge of Collaborative Governance. Public Management, 2000, 2 (3): 337-357.

[19] Christopher Ansell, Satoshi Miura. Can the Power of Platforms be Harnessed for Governance? Public Administration, 2020, 98 (1): 261-276.

[20] Constantinides Panos, Henfridsson Ola, Parker Geoffrey. Introduction— Platforms and Infrastructures in The Digital Age. Information Systems Research, 2018, 29 (2): 253-523.

[21] Dan Jones. Collaborative Governance Depends on Mutual Respect. Community College Week, Sept. 6, 2010.

[22] David Evans, Andru Haigu, Richard Schmalensee. Invisible Engines: How Software Platforms Drive Innovation and Transform, Cambridge: MIT Press, 2008.

[23] David Evans, Richard Schmalensee. Catalyst Code: The Secret behind the World's Most Dynamic Companies. Boston: Harvard Business School Press, 2007.

[24] David Evans. Governing Bad Behavior by Users of Multi-sided Platforms. Berkeley Technology Law Journal, 2012 (27): 1201-1250.

[25] David Evans. Platform Economics: Essays on Multi-Sided Businesses,

South Carolina: Createspace, 2011.

[26] David Evans. Some Empirical Aspects of Multi-sided Platform Industries. Review of Network Economics, 2003, 2 (3): 191-209.

[27] David Evans. The Antitrust Economics of Multi-Sided Platform Markets. Yale Journal on Regulation, 2003, 20 (2): 325-382.

[28] De Blasio Emiliana, Selva Donatella. Implementing Open Government: a Qualitative Comparative Analysis of Digital Platforms in France, Italy and United Kingdom. Quality & Quantity, 2019, 53 (2): 871-896.

[29] Dennis Linders. From E-government to We-government: Defining a Typology for Citizen Coproduction in the Age of Social Media. Government Information Quarterly, 2012, 29 (4): 446-454.

[30] Dong Qiu, Binglin Lv, Calvin M. L. Chan. How Digital Platforms Enhance Urban Resilience. Sustainability, 2022, 14 (3).

[31] Douglas D Perkins, Marc A Zimmerman. Empowerment Theory, Researchand Application. American Journal of Community Psychology, 1995, 23 (5): 569-579.

[32] E. Glen Weyl. A Price Theory of Multi-sided Platforms. American Economic Review, 2010, 100 (4): 1642-1672.

[33] Eaves D, Pope R, Mcguire B. Government as a Platform: How Policy Makers Should Think about the Foundations of Digital Public Infrastructure. Kennedy School Review, 2019 (19): 128.

[34] Eran Vigoda. From Responsiveness to Collaboration: Governance, Citizen, and the Next Generation of Public Administration. Public Administration Review, 2002, 62 (5): 527-540.

[35] Feng Zhu, Marco Iansiti. Entry into Platform-based Markets. Strategic Management Journal, 2012, 33 (1): 88-106.

[36] Geoffrey Parker, Marshall Van Alstyne. Innovation, Openness and Platform Control. Mimeo Tulane University and MIT, 2014.

[37] Geoffrey Parker, Marshall Van Alstyne. Six Challenges in Platform Licensing and Open Innovation. Communication & Strategies, 2009, 74 (2): 17-35.

[38] Gezinus J. Hidding, Jeff Williams, John J. Sviokla. How Platform Leaders Win. Journal of Business Strategy. 2011, 32 (2): 29-37.

[39] Greg Hearn, Cassandra Pace. Value-creating Ecologies: Understanding

next Generation Business Systems. Foresight, 2006, 8 (1): 55-65.

[40] Haveri Arto, Ari-Veikko Anttiroiko. Urban Platforms as a Mode of Governance. International Review of Administrative Sciences, 2021: 1-18.

[41] Heewon Lee. Collaborative Governance Platforms and Outcomes: An Analysis of Clean Cities coalitions. Governance, 2022: 1-21.

[42] Howard Rubenstein. The Platform-driven Organization. Handbook of Business Strategy, 2005, 6 (1): 189-192.

[43] Hyungjun Seo, Seunghwan Myeong. The Priority of Factors of Building Government as a Platform with Analytic Hierarchy Process Analysis. Sustainability, 2020, 12 (14): 1-28.

[44] JacobTorfing, Eva Sørensen, Asbjørn Røiseland. Transforming the Public Sector into an Arena for Co-Creation: Barriers, Drivers, Benefits, and Ways Forward. Administration & Society, 2019: 795-825.

[45] Janowski Tomasz, Elsa Estevez, Baguma Rehema. Platform Governance for Sustainable Development: Reshaping Citizen-administration Relationships in the Digital Age. Government Information Quarterly, 2018, 35 (4): 1-16.

[46] Jean Rochet, Jean Tirole. Platform Competition in Two-Sided Markets. Journal of the European Economic Association, 2003, 1 (4): 991-1205.

[47] Jean-Christophe Plantin. Review Essay: How Platforms Shape Public Values and Public Discourse. Media, Culture & Society, 2019, 41 (2): 252-257.

[48] Jeremy Millard. Open Governance Systems: Doing more with Less. Government Information Quarterly, 2018, 35 (4): 77-87.

[49] Johann PeterMurmann, Koen Frenken. Towards a Systematic Framework for Research on Dominant Designs, Technological Innovations, and Industrial Change. Research Policy, 2006, 35 (7): 925-952.

[50] John Donahue. On Collaborative Governance. Cambridge: Harvard University, 2004.

[51] John Sviokla, Anthony Paoni. Every Product's Platform. Harvard Business Review, 2005 (83): 17-18.

[52] José van Dijck, Thomas Poell, Martijn de Waa. The Platform Society:

Public Values in a Connective World. New York: Oxford University Press, 2018.

[53] Joseph Farrell, Garth Saloner. Installed Base and Compatibility: Innovation, Product Preannouncements, and Predation. American Economic Review, 1986, 76 (5): 940-955.

[54] Kaisu Sahamies, Arto Haveri, Ari-Veikko Anttiroiko. Local Governance Platforms: Roles and Relations of City Governments, Citizens, and Businesses. Administration & Society, 2022: 1-26.

[55] Karin Grasenick, Gabriel Wagner, Kristina Zumbusch. Trapped in a Net: Network Analysis for Network Governance. The Journal of Information and Knowledge Management Systems, 2008, 38 (3): 296-314.

[56] Kathleen Eisenhardt, Melissa Graebner. Theory Building from Cases: Opportunities and Challenges. Academy of Management Journal, 2007, 50 (2): 25-32.

[57] Keon Chi. Four Strategies to Transform StateGovernance, IBM Center for the Business of Government: Washington, DC. , 2008: 25.

[58] Kevin Boudreau, Andrei Hagiu. Platform Rules: Multi-sided Platforms as Regulators. Working Paper, Harvard University, 2008.

[59] Kevin Boudreau. Does Opening a Platform Stimulate Innovation? The Effect on Systemic and Modular Innovations. MIT Sloan Research Paper, 2007.

[60] Kevin Boudreau. Lakhani. How to Manage outside Innovation: Competitive Markets or Collaborative Communities? Sloan Management Rev, 2009, 50 (4): 69-76.

[61] Kevin Boudreau. Open Platform Strategies and Innovation: Granting Accessvs. Devolving Control. Management Science, 2010, 56 (10): 1849-1872.

[62] Liu, Helen K. Exploring Online Engagement in Public Policy Consultation: The Crowd or the Few? Australian Journal of Public Administration, 2017, 76 (1): 33-47.

[63] Louis Meuleman. Public Management and the Metagovernance of Hierarchies, Networks and Markets: The Feasibility of Designing and Managing Governance Style Combinations, Heidelberg: Physica-Verlag,

2008.

[64] Luciana Cingolan. The Survival of Open Government Platforms: Empirical Insights from a Global Sample. Government Information Quarterly, 2021, 38 (1): 4.

[65] Lucinda L. Maine. Viewpoints: Optimizing the Public Health Platform. American Journal of Pharmaceutical Education, 2012, 76 (9): 1-3.

[66] Marco Iansiti, Gregory Richards. The Information Technology Ecosystem: Structure, Health, and Performance. The Antitrust Bulletin, 2006, 51 (1): 77-109.

[67] Marijn Janssen, Elsa Estevez. Lean Government and Platform-based Governance—Doing More with Less. Government Information Quarterly, 2013, 30 (1): 1-8.

[68] Marijn Janssen, Soon Ae Chun, Ramon Gil-Garcia. Building the next Generation of Digital Government Infrastructures. Government Information Quarterly, 2009, 26 (2): 233-237.

[69] Marshall Van Alstyne, Geoffrey Parker. Sangeet Paul Choudary. Pipelines, Platforms, and the new Rules of Strategy. Harvard Business Review, 2016, 94 (4): 54-62.

[70] Michael Cusumano, Annabelle Gawer. The Elements of Platform Leadership. MIT Sloan Management Review, 2002, 43 (3): 51-58.

[71] Michael Cusumano. Staying Powder: Six Enduring Principles for Managing Strategy and Innovation in an Uncertain World. London: Oxford University Press, 2010.

[72] Michael Gawer, Michael Cusumano. Platform Leadership: How Intel, Microsoft and Cisco Drive industry innovation. Boston: Harvard Business School Press, 2002.

[73] Mukhopadhyay Sandip, Bouwman Harry, Jaiswal Mahadeo Prasad. An Open Platform Centric Approach for Scalable Government Service Delivery to the Poor: the Aadhaar Case. Government Information Quarterly, 2019, 36 (3): 437-448.

[74] Parijat Upadhyay, et al. Continual Usage Intention of Platform-based Governance Services: A Study from an Emerging Economy. Government Information Quarterly, 2022, 39 (1).

[75] Phil Simon. The Age of the Platform: How Amazon, Apple, Facebook,

and Google Have Redefined Business, Motion Publishing, 2011.

[76] Reponen Sara. Government-as-a-platform: Enabling Participation in a Government Service Innovation Ecosystem. Aalto University School of Business, 2017.

[77] Robert Gorwa. What is Platform Governance. Information, Communication & Society, 2019, 22 (6): 308-323.

[78] Rolf Sternberg, Sander Wennekers. Determinants and Effects of New Business Creation using Global Enterpreneuship Monitor Data. Small Business Economics, 2005, 24 (3): 193-203.

[79] Roson Roberto. Auctions in a Two-sided Network: The Case of Meal Vouchers. Ca' Foscari University of Venice, 2004.

[80] Russ Abbott. Multi-sided Platforms. Working Papers, California State University, 2009.

[81] Rysman Marc. The Economics of Two-Sided Markets. Journal of Economic Perspectives, 2009, 23 (3): 125-143.

[82] Sam Kasimba, Päivi Lujala. Community Based Participatory Governance Platforms and Sharing of Mining Benefits: Evidence from Ghana. Community Development Journal, 2022, 57 (4): 635-654.

[83] Sangeet Paul Choudary, Marshall Van Alstyne, Geoffrey Parker. Platform Revolution: How Networked Markets Are Transforming the Economy & How to Make Them Work for You. New York: W. W. Norton & Company, 2016.

[84] Sangeet Paul Choudary. Platform Scale: How an Emerging Business Model Helps Startups Build Large Empires with Minimum Investment. Platform Thinking Labs, 2015.

[85] Satish Nambisan, Robert Baron. Entrepreneurship in Innovation Ecosystems: Entreprineurs'self Regulatory Process and their Implication for new Venture Success. Entrepreneurship Theory & Practice, 2013, 37 (5): 1071-1096.

[86] Sergio Fernandez. Understanding Contract Performance: An Empirical Analysis. Administration Society, 2009, 41 (1): 67-100.

[87] Shin S Y, Suh C K. Exploratory Analysis of Platform Government Research. The Journal of Information Systems, 2020, 29 (1): 159-179.

[88] Simon Zadek. Global Collaborative Governance: There is no Alternative. Corporate Governance, 2008, 8 (4): 374-388.

[89] Simone Scholten, Ulrich Scholten. Platform-based Innovation Management: Directing External Innovational Efforts in Platform Ecosystems. Journal of the Knowledge Economy, 2012, 2 (3): 164-184.

[90] Sun Jin. Anti-Monopoly Regulation of Digital Platforms. Social Sciences in China, 2021, 43 (1): 70-87.

[91] Tåg J. Open Versus Closed Platforms. Working Paper, Stockholm: Research Institute of Industrial Economics, 2008.

[92] Tanya M. Kelley, Erik Johnston. Discovering the Appropriate Role of Serious Games in the Design of Open Governance Platforms. PAQ, 2012 (Winter): 504-556.

[93] Thomas Eisenmann, Geoffrey Parker, Marshall Van Alstyne. Platform Envelopment. Strategic Management Journal, 2011, 32 (12): 1270-1285.

[94] Thomas Eisenmann, Geoffrey Parker, Marshall Van Alstyne. Strategies for Two-sided Markets. Harvard business review, 2006, 84 (10): 92-101.

[95] Thomas Eisenmann, Geoffrey Parker, Marshall Van Alstyne. Opening platforms: How, When and Why? Annabelle Gawer. Platforms, Markets and Innovation. London: Edward Elgar, 2010: 131-162.

[96] Thomas R. Eisenmann. Managing Proprietary and Shared Platforms. California Management Review, 2008, 50 (4): 31-53.

[97] Tim O'Reilly. Government as a Platform. Innovations, 2010, 6 (1): 13-40.

[98] Törnberg P. How Platforms Govern: Social Regulation in Digital Capitalism. Big Data & Society, 2023, 10 (1): 1-13.

[99] Victoria Nash, Jonathan Bright, et al. Public Policy in the Platform Society. Policy & Internet, 2017, 9 (4): 368-373.

[100] Walravens N, Ballon P. Platform Business Models for Smart Cities: from Control and Value to Governance and Public Value. IEEE Communications Magazine, 2013, 51 (6): 72-79.

附录：案例访谈提纲

尊敬的受访者：

您好！我是公共平台战略研究项目的负责人。感谢您从百忙之中抽空接受访谈！本项目是为了研究公共平台的建设、运行与管理的过程与方式，归纳其共性和规律，了解社工组织发展中遇到的问题，以便进行理论建构与提出科学对策。

多边公共平台定义：连接公共组织生态系统中的两个或多个群体，在开放共享的基础上提供互动机制，通过价值网络以满足相关群体需求的治理支撑体系。这些群体都是平台的用户。

我们郑重承诺：访谈信息及文档资料完全供学术研究之用，其中涉及贵组织和个人隐私的部分，作匿名、化名及其他保密处理。

一、组织概况

1. 请填写如下基本信息：

组织名称：　　　　　　法人：　　　　　　成立时间：

2. 注册资金：　　　　　注册资金来源：　　　当前资产规模：

3. 注册时的员工数量与结构：　　　　当前员工数量与结构：

4. 组织的使命及业务领域描述：

5. 服务对象有哪些？服务对象的潜在规模和边界范围有多大？

6. 请您描述一下组织的产权或委托代理关系。组织运行管理权与平台所有权是否分离？

7. 组织参与社区治理的领域有哪些：

A. 社区安全　　B. 卫生疾病　　C. 垃圾分类　　D. 社区教育

E. 基建与交通　　F. 其他

8. 您能够谈谈当时组织创立的情形？包括发起者、创建者有哪些？动因是什么？

二、平台建设情况

1. 组织所在地与平台服务地点的选择

（1）怎样确定的组织总部办公地点？

（2）平台常规服务点（社区服务中心、活动中心、服务点）有哪些？选址依据是什么？

2. 平台生态圈与价值网络及其创价关卡建设

（1）基础设施的来源及规模。

（2）后续资金和平台收入的来源及规模。

（3）外部的监督者、评估者有哪些？谁来选择或如何确定他们是评估监督者？

（4）除了平台运行管理者提供的服务外，其他的互补服务有哪些？开放给谁来提供？

（5）还有哪些合作者？他们提供怎样的合作或服务？

3. 功能业务与服务内容

（1）组织有哪些业务或服务内容，哪些属于政府购买的服务项目？有无非政府购买的服务？哪些为自营特色服务？

（2）业务或服务内容如何确立？是由创办者、服务购买者还是运行管理者自行确立？

（3）这些业务和服务是如何分类的，或划分为哪些模块？细分的依据是什么？

（4）服务方式或措施有哪些？有无收费？是否预约？是否上门？有无个案与小组？是否将部分服务外包或转介到其他主体？

（5）平台的规模（包括场地规模和功能覆盖面）如何扩张？

4. 组织制度与结构建设（有文档资料，可以不用访谈）

（1）有无组织使命或愿景、建设规划、发展战略？

（2）有哪些内部规章制度？诸如：行政制度手册，工作职责，服务政策，服务指标，年度服务计划，组织财务制度，信息透明与沟通反馈机制，内部监督评估制度。

（3）组织结构如何设置？组织内部分工与权责如何配置？

5. 您认为，贵组织的平台建设是否顺利？存在哪些困难？最期望获得哪些支持？

三、平台运行及管理情况

1. 服务运作管理方面（这里的服务对象为最终用户）

（1）如何甄别、筛选服务对象或确立用户的资质？

（2）如何吸引服务对象进驻平台；如何留住用户或防止流失，或者如何提高用户满意？

（3）服务对象的进驻率如何？用户流量如何？

（4）服务对象参与方式及程度如何，有哪些权力（反馈、评估监督或话语权、决策权）？

（5）对于平台提供的服务，用户看重什么？

（6）除了进驻你们的平台，用户还有其他选择吗？

2. 价值网运作与网络效应激发

（1）平台连接着外部的哪些群体与组织，平台如何吸引他们的加入？

（2）这些群体或组织如何开展各种互动：资源整合、能力共享、输入输出关系？

提示：组织与政府部门、枢纽性社会组织之间怎样互动合作？含购买服务项目的数量与额度。组织与其他群体（如义工、志愿者、居委会、社区所在单位）间的关系网和互动。

（3）多边群体间如何相互吸引、彼此依赖、互相促进、合作共赢？包含：有没有吸引其他主体加入平台来提供各种其他互补的服务？

（4）除了政府购买，组织收入来源还有哪些？如何获得？各自规模与所占比例如何？

（5）组织对社工人才引进的福利待遇与职业规划是怎样的？

3. 平台业务有哪些营销推广方式、方法？营销的力度（投入）如何？广度如何？

4. 平台运作流程问题：是否有业务流程图？信息公开透明度如何？如何提高流程的顺畅性、便捷性，降低各类用户进驻、使用和退出平台的成本？

5. 平台间互联互通与平台网络合作

（1）平台在创建与运作管理方面，是否接受其他平台的指导、帮扶、孵化、模式移植？

（2）在技术、政策、规则和转接服务等方面，社工组织平台与其他平台（如报警热线、政府服务热线、慈善组织、媒体、公民组织、志愿者组织、政府网站、社交网站等）之间的对接互联、兼容、转接情况。

（3）虚拟平台与信息技术应用，是否有虚拟平台或网络空间？虚实平台间关系是怎样的？

6. 平台失灵与监督管理

（1）平台存在哪些平台失灵的情形：

A. 用户进驻率过低；B. 用户大量退出或流失；C. 资源（资金）或项目匮乏；D. 某些群体的不良行为或群体间外部性；E. 外界过度管制或干预；F. 组织管理及流程混乱；G. 其他

（2）你们采取了哪些防范失灵的对策或管制行为？

（3）来自政府、第三方、协会、资助者的评估与监督政策与制度有哪些？

7. 您如何理解平台的绩效？有哪些评价指标？如何评价，有无相关政策或制度？已经实施的主要监督评估方式有哪些？

8. 您认为，平台绩效主要受到哪些因素的影响，其成败关键取决于什么？对于提高平台绩效，您有何对策或对于其他相关利益方（如政府）有何期待？

期望提供的文档资料：

1. 组织概况资料：组织建设背景、现状、使命、机构设置、服务内容与方式等组织创建、运作及管理方面的文档记录、宣传资料和规章制度。

2. 与其他组织和群体在资源整合、能力共享、互动合作方面的档案记录、合作文本。

3. 政府的相关政策与管理文件。

最后再次感谢您的大力支持！

后　记

我对政府平台型治理的研究始于 2017 年博士毕业。这一年，全球畅销书《平台革命》中文版问世。而在 2011—2016 年，我一直专注于多边公共平台与政府平台战略的研究，受益于麻省理工学院的 Cusumano、Gawer、Hagiu，哈佛大学的 Eisenmann，芝加哥大学的 Evans，美国平台思维实验室的创办人 Choudary 以及 2014 年诺贝尔经济学奖得主 Jean Tirole 等人开拓的平台经济学与平台战略学成果。站在巨人的肩上，沿着巨匠的脚步，我坚定地确立了自己特色鲜明的研究方向：政府多边平台战略、平台型治理与平台经济社会政策。

本书以博士学位论文自主选题《多边公共平台战略研究》为基础。特别感谢我的博士生导师赵丽江教授给予的充分信任及宽松空间。本书与博士论文的时代背景、理论基础大致相同，但在研究视角、研究主题、研究对象、框架结构等方面显著不同，在研究结论、学术创新及学术贡献方面亦显著不同。多边平台虽是一种合作战略，但蕴含治权开放、多元互动的治理底色。由多边公共平台战略研究转向并聚焦于平台型治理，是公共管理范式转向公共治理范式以及平台治理范式兴起的结果。同时，受到学术期刊 Government Information Quarterly 2013 年第 30 卷刊发 "Lean Government and Platform-based Governance—Doing More with Less" 一文的启发。

从多边公共平台研究伊始，至今十载有余。作者多年来能够持续地阅读、思考和写作，本成果得以顺利面世，正是在很多组织的支持和很多人的帮助下实现的。遂借"后记"表达内心诚挚的感谢！

将多边平台战略引入公共治理领域，在国内外均属于开拓性研究。参考平台经济学与平台战略学的国外最新研究成果，结合国内多边公共平台案例进行跨案例复制研究，其过程是艰辛的。有幸得到时在香港学习的刘战国同学传来的宝贵英文文献和江西理工大学图书馆工作人员的文献检索帮助，尤其是在调研过程中得到很多组织和个人的无私帮助，他们分别是：广州启创社会工作机构与海珠区长者综合服务中心的阮荻菲女士、广州明镜社工服务中心及李丹女士、深圳壹家亲社工机构及清湖社区服务中心的郑薇女士、梅州市关爱妇女儿童社会组织服务中心及肖勋铭主任、梅州江南家庭综合服务中心与鼎和社工机构的欧阳瑞婷主任、梅州市社工师联合会及朱宝寿副会长、郑佳琪同学、张智辉同学，在此表示真挚的感谢！

在读博期间及其后的学术生涯中，感谢陈标、宋元武等师兄，谭安富、张景萍等同学，陈海林等师弟给予的大量关心和帮助！特别感谢中南财经政法大学徐双敏教授与庞明礼教授、武汉大学陈世香教授、同济大学吴新叶教授、西安建筑科技大学詹绍文教授的支持和帮助！感谢江西理工大学研究生蒋亚琴、王海霞、李洁莹、张真以及汕头大学研究生田恬、刘悦、王晓琪、李静等同学在文字审校、修改润色等方面做出的贡献，但本书文责由我独自承担。

本书是 2021 年国家社会科学基金后期资助项目"多边平台理论视域下政府的平台型治理研究"（21FGLB077）的结题成果，由国家社会科学基金资助出版。特别鸣谢全国哲学社会科学工作办公室的精心组织与大力支持！也特别感谢三位成果结项鉴定专家的评审意见及五位立项评审专家的修改指导！

近 5 年来，书稿修改完善及其部分内容投稿过程中吸收了《中国行政管理》《人文杂志》《社会主义研究》《电子政务》《甘肃行政学院学报》《经济管理》《江西社会科学》《理论探索》《中国矿业大学学报》（哲社版）《中国人力资源开发》《国家教育行政学院学报》《江西师范大学学报》（哲社版）等刊编辑及匿名评审专家的意见，在此特别鸣谢各位专家和编辑老师的真知灼见和殷切指导！

本成果的前期研究及拓展研究分别得到汕头大学科研启动经费项目"多边平台视域中政府平台型治理机理研究"（编号：STF21018）与汕头大学公共管理学科建设经费、汕头大学地方政府发展研究所 2020 年开放基金项目"社区服务供给的平台型治理模式研究"（编号：07420005）的支持！本成果亦是汕头大学法学院学术创新团队"平台型治理与平台经济社会政策研究中心"和地方政府发展研究所平台治理研究中心的成果。为此，特别感谢学院邓剑光院长、刘明强书记、邱国良副院长等领导和地方政府发展研究所汪文新所长对本人工作及相关研究的大力支持！在此成果发表之际，一并表达诚挚的谢意！

本成果是在武汉大学出版社的推荐下得以成功获批国家社科基金后期

资助项目的。感谢武汉大学出版社组织的专家评审与大力推荐！特别感谢朱凌云编辑的鼎力支持及高效负责的沟通联络，使得本成果顺利立项及最终出版！

最后，衷心感谢所有在事业上支持、生活中关心我的老师、同事、同学、学生、亲人和朋友们！尤其是感谢家人的精神支持及对我事业的默默付出！优秀的儿女及童真的乐趣亦是我前进的重要动力！

刘家明

2023 年 8 月